언어문화콘텐츠 실습 ❶
국어국문학도의 대중매체 언어문화콘텐츠 창작

언어문화콘텐츠 실습 ①

국어국문학도의

대중매체
언어문화콘텐츠 창작

김미형

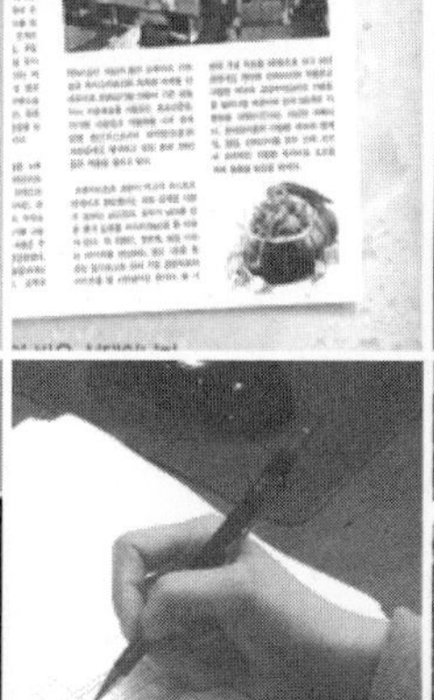

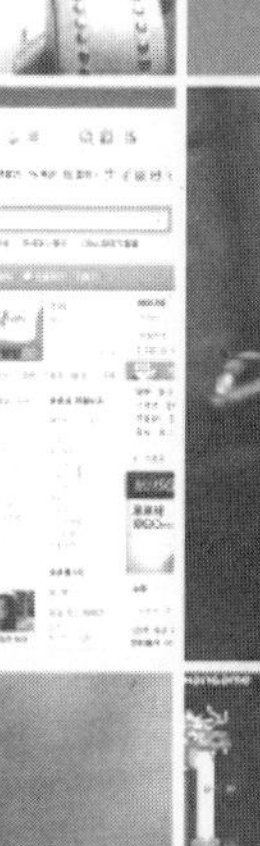

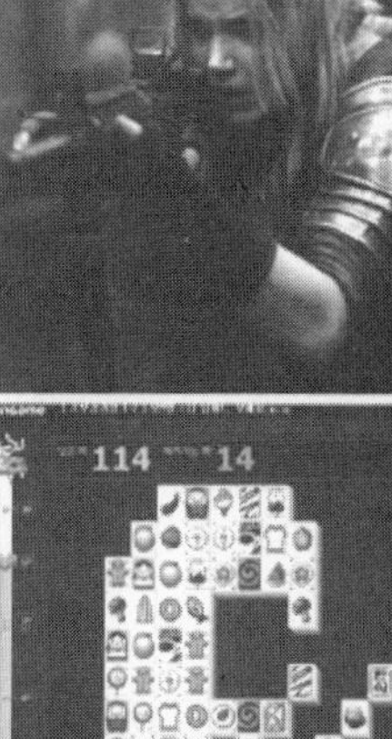

역락

머리말

　우리말과 우리 문학을 심도 있게 연구하는 학과인 국어국문학과에 '언어문화콘텐츠 창작' 또는 '대중매체 언어 실습' 등과 같은 새로운 과제가 주어진 것은 2000년대 초반이었다. 그것은 하나의 시대적 요청이었다. 텔레비전, 컴퓨터, 신문, 잡지 등 대중적인 매체가 우리 사회의 문화에 주도적인 영향을 끼치게 되면서, 그 속에 담겨지는 내용물에 대한 관심이 증대되었다. 그 내용물은 언어, 영상, 음향 등 다양한 구성요소로 이루어지는 종합물이지만, 그중에서도 특히 언어 표현으로써 이루어지는 의미적인 내용의 역할은 이 시대의 문화적 가치를 결정해 주는 가장 직접적인 요소라는 점을 인식하게 되었다. 대중매체에 종사하는 사람들은 '과학적 기술은 발달해 있으나 그 안에 담을 인간의 이성, 감성의 표현이 빈약함'을 문제로 지적하기 시작한 것이다. 이에 우리 국어국문학과에서는 우리 시대의 사고를 형성하고 문화적 감각을 명확하게 표현해내는 것은 바로 '언어적 요소'임을 공감하게 되면서, 인문학의 정수를 만나고 경험하는 국어국문학도들이 그 언어적 콘텐츠 창작을 잘 할 수 있으리라는 인식을 하게 된 것이다.

　원래 국어국문학과에서는 국어의 본질, 문학의 본질 등에 대한 연구를 하면서, 창작을 하더라도 순수 문예 창작의 범주를 벗어나지 않았다. 그런데 인문학과 과학이 만나면서 이루어진 새로운 장르의 문화가 현대 사회의 주류를 형성하였다. 이러한 시대적 요청에 따라, 국어국문학은 전파력 강한 대중매체 속에 들어갈 내용물을 창작에 참여해야 하는 과제를 안게 되었다. 이러한 변화에 의하여 필자도 '대중매체언어'라는 새로운 교과목을 2004년도에 개설하고, 전문가들의 조언을 듣고 관련 분야의 서적을 숙지하면서 수업을 개발해 왔다. 대중을 향한 매체 속 내용물을 창작하기 위해 어떤 장르를 다루어야 하고, 어떤 실습을 해야 할 것인지에 대해 학생들과 함께 고민하였다. '대중매체 언어문화콘텐츠'라고 하는 한 단어 속에는 매우 다양한 장르가 포함되어 있기 때문에, 융복합적인 교과목으로서 인식될 만한 것이었고, 따라서 그 수업 내용을 구성하기에는 많은 노력이 필요했다. 첫 해에는 분야별 전문가를 수업 시간에 초청하여 이 교과목을 담당해 나갈 필자 자신도 학생이 되어 함께 경청을 하며 공부를 했다. 조문형 선생님(징글벨 커뮤니케이션 사장)께서 광고 카피 실습을 위한 특강을, 김민수 선생님(메타브랜딩 부사장)께서 네이밍 실습을 위한 특강을, 이화정 선생님(마이웨딩 피터 에디터)께서 피처 기사 실습을 위한 특강을, 김영희 선생님(구성 작가)께서 구성 작가 실습을 위한 특강을 해 주셨다. 이 특강을 디딤돌로 하여 각 분야의 저서들을 참고하면서, 학생들과 가치 있는 실습을 하기 위해 의견을 다양하게 나누면서 그렇게 진행해 왔다.

이러한 과정을 통해 필자는 '국어학'을 전공하는 사람으로서, 인문학적인 원론 위에, 대중매체에 담길 언어콘텐츠를 개발하기 위한 응용력을 접목하는 새로운 경험을 하게 된 셈이다. 그리고 감히 이 책의 출판을 결심하게 되었다. 다양한 분야를 망라하여 대학의 한 교과목으로 정착되었으므로 적절한 교재가 나왔으면 하는 바람으로, 필자가 그 역할을 하기로 한 것이다. 이 책에서는 대중매체 언어문화콘텐츠 중에서 '네이밍'과 '광고 카피' 장르를 다루었다. 그리고 구체적 장르 창작 이전의 문제로, 상상력과 창의력 키우기, 논리력 키우기의 문제를 다루었다. 우리 국어국문학과 학생들이 이 책을 통해 대중매체의 언어문화콘텐츠에 대한 총체적 인식을 하면서 창작 경험을 효율적으로 할 수 있기 바란다. 한 해, 한 해 변화하는 이 시대 대중의 문화적 감각은 이 책이 고정된 내용으로 정체해서는 안 될 것이라는 것을 예고한다. 그러나 시대가 아무리 바뀌어도 변하지 않는 인간적인 본질을 붙잡고 치열하게 표현할 수 있어야 할 것이라는 신념 속에서, 이 책을 출판하기로 한다. 그 누구보다도 인간성과 감수성 교육을 충실히 받는 것이 보장되는 우리 국어국문학과 학생들이 제대로 형성된 사고를 가지고, 대중을 향해, 이상적인 사고방식과 문화적 감성을 전수할 수 있는 가치 있는 언어콘텐츠를 창작해 주기를 기대한다.

2011년 2월 1일   김 미 형

차례

제1장

대중매체 언어문화콘텐츠와 국어국문학

"국어를 사랑하는 자 세계 위에 있고, 문학을 사랑하는 자 세계의 정신 위에 있다." 이것은 한 대학의 한국어문학과 학생들이 내걸고 있는 신념이다. 튼실한 씨앗에서 건강한 줄기와 무성한 잎, 그리고 아름다운 꽃이 피듯이, 우리의 문화도 가장 본질적인 사람의 정신, 내면, 가치관의 건강함으로부터 퍼져나가야 한다. 사람의 정신, 내면, 가치관은 결국 무엇인가. 그 가장 본질적인 곳에는 '국어'라는 시원(始原)의 옹달샘이 있다. 우리는 이 옹달샘을 귀히 여기고 사랑하고 가꿈으로써 인간의 건강한 정신, 풍성한 내면을 키우고, 현대 사회의 황폐함을 건강한 정신으로 회복할 수 있게 하는 길을 찾을 수 있다. 이 길을 통해 수액을 퐁퐁 펌프질하여 내보내듯, 국어국문학도들이 문학을 감상하고 탐구하는 인문학적 정신으로, 국어를 분석하고 연구하는 지성적 감각으로, 이 사회를 생각하고 사람을 생각하게 하는 다양한 문화 창작 활동을 해야 한다. 이 시대의 중심에 두어야 할 문화의 주제는 무엇일까를 고심하면서, 대중매체에 담을 가치 있는 문화콘텐츠를 만들어내야 한다.

현대 문화산업의 긍정적인 측면은 그 중심 코드가 격려, 응원, 웃음, 희망을 담은 긍정적 메시지로 가고 있다는 점일 것이다. 그리고 여전히, 쉽게 웃기거나 빠져들게 하면 돈이 된다는 윤리성이 결핍된 상행위도 우리 사회에서 활개를 친다. 국어국문학도들은 더욱 세심하게, 그저 추상적인 격려, 응원, 희망 등의 긍정적 메시지가 아니라, 또는 그저 쉽게 웃고 넘기자는 얄팍한 상술에 의한 내용 부실한 문화가 아니라, 이 사회 속에 뿌리내리고 있는 불신, 잔뿌리같이 확산되어 가는 갈등, 나약함, 이기심에 대해 치열하게 고심하면서 그러한 약점을 극복하여 인간다운 사회를 이룰 수 있게 하는 더욱 설득력 있는 언어문화콘텐츠를 만들어내야 한다. 이 시대가 절실히 필요로 하는 것, 그 점을 치열하게 파고들어야 한다. 의식 있는 창작, 그것은 오랜 시간 동안의 인문학적인 성찰을 바탕으로 하여 이루어질 수 있다.

01 대중매체와 언어문화콘텐츠

'대중(大衆)'의 사전적 의미는 '수많은 여러 사람'이다. 사회학 전문어로서 지닌 뜻은 "대량 생산·대량 전달 등을 특징으로 하는 현대 사회를 구성하는 대다수의 사람. 엘리트와 상대되는 개념으로, 수동적·감정적·비합리적인 특성을 가짐. 때로, 농민이나 노동자 계급을 가리키기도 함.”이다. 그런데 과거에는 엘리트와 상대되는 개념으로 인식되기도 했지만, 현대 사회는 대중의 의미를 엘리트와 구분하여 생각하지는 않으며 엘리트도 대중의 한 부류로 생각한다. 생활수준의 향상과 교육보급의 확대에 따라 특별히 계급적인 부류 인식은 사라졌기 때문이다. 따라서 사전에서 정의한 ‘수동적·감정적·비합리적인 특성을 가짐’도 수정되어야 할 것이다. 능동적이고, 이성적이며, 합리적인 측면도 함께 가지고 있는 대상으로서 현대 사회의 대중들을 인식해야 한다.

대중매체란 방송, 신문, 출판물, 영화, 인터넷 통신 등과 같이 대중을 향한 의사소통의 매개물을 말한다. 전파를 통해, 지면을 통해, 대중 상영을 통해, 인터넷 통신을 통해, 대중매체는 사회 구성원에게 지대한 영향을 끼칠 수 있는 내용물을 끊임없이 전달하고 있다. 사회 구성원들은 이러한 대중매체를 접하면서 그 사회의 정보와 문화를 접하게 된다. 대중매체에 의해 전달되는 내용들은 주로 대중이 보편적으로 누리는 대중문화가 되는데, 사람들은 이러한 대중문화 속에서 좋은 영향과 나쁜 영향을 동시에 받을 수 있으며, 사고방식과 가치관을 형성하기도 한다.

대중매체를 통해 대중에게 전달되는 내용이 바로 콘텐츠이다. 방송이라는 대중매체를 통해 뉴스, 다큐멘터리, 오락 프로그램, 드라마 등의 각종 콘텐츠가 대중에게 전달된다. 신문이라는 대중매체를 통해 보도 기사, 기획 기사, 사설, 칼럼, 만화 등이 대중에게 전달된다. 출판물이라는 대중매체를 통해, 시, 소설, 교양 관련 각종 도서의 내용이 대중에게 전달된다. 영화도 하나의 대중매체이면서, 그것이 곧 콘텐츠가 된다. 인터넷 통신이라는 대중매체는 방송, 신문, 출판물을 통해 전달되는 각종 다양한 콘텐츠들을 모두 다 담을 수 있는 위력을 지니고 있다. '광고'는 방송, 신문, 컴퓨터 인터넷을 통해 전달되는 콘텐츠로, 이것은 곧 하나의 매체로도 간주될 수가 있다.

'콘텐츠'라는 단어는 어떤 형식에 담기는 내용, 또는 책이나 논문 등의 목차를 의미한다. 그런데 이 단어가 인터넷을 비롯한 정보통신 네트워크나 케이블, 텔레비전, CD-ROM 등의 매체에서 제공하는 정보를 지시하는 전문용어가 되었다. 국립국어원에서 운영하는 '모두가 함께하는 우리말 다듬기' 사이트에서 이 '콘텐츠'라는 말의 순화된 단어로 '꾸림정보'를 제시하고 있다.[1] 곧, 콘텐츠란 것은 일반적인 '내용, 목차'라는 뜻으로부터 더욱 구체적으로 분화하여, 특별히 현대적 하드웨어에 담기거나 종합적으로 꾸려져서 제공되는 내용을 뜻하는 것으로 이해된다.

모든 콘텐츠는 곧 하나의 문화가 되므로, 모든 콘텐츠는 결국 문화콘텐츠가 된다. 그중에서 특히 언어로 표현되는 콘텐츠를 언어문화콘텐츠라고 할 수 있다. 우리가 이 책에서 다루고자 하는 네이밍, 광고 카피, 그리고 다음 편 책에서 다룰 보도 기사, 피처 기사, 방송물, 드라마의 대본, 희극 대본 등은 모두 대중매체를 통해 대중에게 전달되는 대중적인 문화의 형태가 되며, 이것을 구성하는 언어가 바로 언어문화콘텐츠가 되는 것이다. 대중매체에 담기는 콘텐츠는 영상, 음악, 언어적 내용 등 다양한 것을 모

---

1) 순화된 용어인 '꾸림정보'는 다음과 같이 일간 신문에 사용되기도 했다. 예) 반크는 또 주한 대만 대표부가 "대만 정부는 한국사를 왜곡하려는 의도는 없었으며 해당 웹 사이트는 외주 제작이었고 꾸림정보(콘텐츠) 제작 과정에서 내용 전달에 실수가 있었던 것 같다"고 설명했다고 덧붙였다. 출처 : 동아일보, 2004. 8. 26.

두 포함한다. 이 중, 국어국문학도들이 관심을 가져야 할 부분이면서 이 책 시리즈에서 다루고자 하는 언어문화콘텐츠를 다음과 같이 분류하여 정리해 보기로 한다. 또한 국어국문학도들이 특히 관심을 가질 점이 무엇인가에 대해서도 간략히 언급해 보기로 한다.

(1) 광고 매체

광고는 신문, 잡지, 텔레비전, 라디오, 컴퓨터 등 대중매체를 이용하는 하나의 장르이지만, 현대 사회에서 매우 광범위하고 다양한 방식을 갖는 하나의 매체로 간주할 수도 있다. 광고 매체에서 국어국문학도들이 담당할 부분은 광고 문구, 곧 카피(copy)이다. 광고는 이미지와 카피의 종합적인 산물이므로 종합적인 관점에서 카피를 연구해야 한다. 이미지적인 것과 카피의 어우러짐에 관심을 가지면서, 어떤 카피가 광고 효과에 좋은 것인지를 고려해야 한다.

(2) 신문, 잡지 매체

이는 대중매체들 중에서 역사가 가장 오래된 매체이면서, 국어국문학도들이 가장 친근하게 접근할 수 있는 매체이다. 이 매체는 사회를 제대로 보는 안목과 필력이 관건이 된다. 이 매체에 실리는 언어콘텐츠 장르는 보도 기사, 사설, 칼럼, 오락 기사, 에세이 등 다양하다. 보도 기사에 대해서는 우선 언어의 논리성 문제로 접근해야 한다. 또한 문장 표현의 설득적 요소, 미학적 요소 등을 고심해야 한다.

(3) 텔레비전 매체

텔레비전의 쇼 프로그램은 구성작가의 손에 의해 탄생된다. 드라마는 드라마 작가에 의해 탄생된다. 코미디 프로그램은 희극 대본을 쓰는 작가에 의해 탄생된다. 이러한 분야는 국어국문학과 밀접히 관련되지만 순수 창작과는 다른 점이 있다. 그러므로 텔레비전 매체와 관련해서는 쇼와 드라마, 코미디 프로의 기획, 생산 과정을 대략적으로 살펴봄으로써 순수 창작과 무엇이 다르고 무엇이 관건이 되는지를 이해해야 한다. 텔레비전 방송은 영상, 음악, 언어가 어우러져서 이루어지는 종합 예술인데 이 중 언어의 요소는 방송의 콘텐츠와 가장 직접적으로 연관되는 부분이다. 이 부분이 바로 국어국문학도들이 담당할 수 있는 분야가 된다.

(4) 라디오 매체

라디오 매체는 눈과 입을 다른 데 열어두는 바쁜 현대인들이 귀만 열어두고 접할 수 있는 좋은 매체이다. 라디오 역시 텔레비전과 마찬가지로 오락 프로그램을 창작하는 구성작가가 필요하고, 드라마를 창작하는 드라마 작가가 필요하다. 텔레비전의 경우와 무엇이 다른지, 또한 라디오 언어는 무엇이 관건이 되는지 이해해야 할 것이다. 요즘은 텔레비전 드라마를 그대로 라디오 방송으로 내보내는 경우도 많다. 아나운서나 디제이가 음악을 들려주면서 이런 저런 이야기로 진행하는 프로그램은 라디오에 고유한 것이 되는데, 이러한 방송 구성에도 국어국문학도들이 관심을 가져보면 좋을 것이다.

(5) 컴퓨터 매체

컴퓨터 매체의 등장은 기존의 어떤 매체보다도 더 강력한 바람을 몰고
왔다. 우리 국어국문학도들은 이러한 변화를 힘이 없는 일개인도 대중매
체를 생산할 수 있다는 점에서 매력의 대상으로 삼아야 한다. '일개인이
대중에게 많은 감동을 주면서 대중을 사로잡을 콘텐츠의 생산, 무엇이 있
을까?' 하는 궁리도 해봄 직하다. 감동을 주는 짧은 스토리의 플래시, 영
상 시화 등을 제작하여 대중에게 선보이는 통로에 올려볼 수도 있다. 그
리고 컴퓨터 매체를 통해 가장 강력하게 현대의 오락을 주도해 가는 게임
에 대해서도 고민해 볼 필요가 있다. 오락성 만점의 게임을 통해 이 시대
에 중요한 가치관을 접목할 수도 있을 것이므로, 게임 창작이야말로 국어
국문학도들이 적극 도전해 볼 만한 분야라고 생각한다.

위에서 지적한 것과 같이 특정 매체별로 관련성이 깊은 언어문화콘텐츠
에는 광고, 보도 기사, 피처 기사, 방송구성, 드라마 극본, 희극 대본, 게임
시나리오 등이 있다. 이 밖에 브랜드 네이밍을 더 생각할 수 있는데, 이것
은 특정 대중매체와 관련된다기보다는 어떤 종류의 매체를 통해서도 알려
질 수 있다는 점에서, 그리고 이름이란 것은 그 시대의 문화를 단적으로
드러내 주는 중요한 의미를 갖는다는 점에서 중요한 언어문화콘텐츠로 꼽
을 수 있다. 이 책에서는 이러한 몇 장르 중, 브랜드 네이밍과 광고 카피
에 대해서 생각해 보기로 하겠다. 보도 기사, 피처 기사, 구성작가, 드라마
극본과 희극 대본, 그리고 게임 시나리오 등의 장르는 언어문화콘텐츠 실
습의 다음 책에서 다루기로 한다.

과학의 발달로 매체 수단 자체는 발달을 거듭하고 있다. 통신, 영상, 음향 등 다양한 매체 관련 분야의 발전은 그 끝을 알 수 없을 정도로 질주하고 있는 듯하다. 그러한 매체 안에 담겨야 하는 것, 그것이 바로 매체 언어콘텐츠이다. 대중매체 언어콘텐츠의 개발은 매체의 발달이 가속화된 현대 사회에서 더욱 중요한 것이 되었다. 우리 사회에 대중매체가 풍성해지면서 다음과 같은 시대적 변화를 읽을 수 있게 되었다.

① 대중매체의 존재로 말미암아, 현대 사회는 시공을 초월한 강력한 의사소통이 가능한 사회가 되었다. 그러므로 예전에는 권력이나 배경 없이는 대중에게 얘기할 통로가 없었으나 지금은 일개인이 대중에게 얘기하는 것이 가능한 사회가 되었다.

② 대중들이 대중문화라는 것을 탄생시킬 수 있고 그 변화를 대중들이 주도하게 되었다는 것이다. 매체에 의한 대중문화는 종전의 문화와는 많은 차이가 있다. 매체에 의해 널리 대중들에게 알려지므로 대중들이 그 문화 대상에 대해 직접 평가를 하는 등 반향을 하게 되고 그 영향이 대중문화 창작에도 영향을 끼치게 된다는 점이다. 곧, 매체에 의한 대중문화의 창작은 어느 한 부분에 머물러 있어 폐쇄성을 지니는 것이 아니라 개방적인 소통이 항상 따라다닌다는 점이다.

③ 매체에 의해 대중문화가 전파된다는 것은 대중들이 문명의 이기에 그대로 노출된다는 것을 의미한다. 대중매체에 의해 대중문화는 더

욱 빠르고 깊숙이 대중들에게 전파된다. 대중들에게 소비 축구를 부추기는가 하면, 잘못된 가치관을 심기도 한다. 일례로 외모지상주의를 형성하고 그 영향이 심각한 성형욕구로 이어지고 우울증과 자살욕구까지로 이어지게 하는 아주 나쁜 영향을 미칠 수도 있다. 반대로 잘 만들어진 대중문화는 대중들에게 깊은 감동을 주면서 희망과 의욕을 주거나 바른 정신을 갖게 하는 아주 좋은 영향을 미칠 수도 있다.

④ 대중매체의 발달로 인해 매체 과학과 인문학의 융복합 분야의 탐색이 더욱 절실히 요구된다. 가령, 홈페이지 관리를 생각해 보자. 우선은 기능적으로 제작하고 운용할 수 있는 매체적인 기술이 필요하다. 그리고 그 매체에 담길 내용을 만들고 내용적인 관리를 하기 위해서는 생각, 의지 등을 표현하는 무엇인가를 해야 한다. 곧, 매체 과학적인 기술과 인문학적인 창작의 접목을 요구하는 것이 바로 현대의 대중매체이다.

이러한 사회문화적 변화 속에서, 특히 이 시대의 정신사를 읽을 수 있는 인문학도들에 의한 매체 언어콘텐츠 개발은 더욱 중요한 가치를 지니게 되었다. 그 연유를 몇 가지로 생각해 보자.

첫째, 위에서도 언급했듯이, 과학의 발달이 대량의 언어문화콘텐츠를 요구하고 있다는 점이다. 매체 기술의 발달은 무엇이든 훌륭히 담을 수 있는 형식이 마련된다는 뜻을 지닌다. 동영상, 컴퓨터 그래픽, 전자 출판 등 첨단 분야들의 기술이 계속 향상되고 있다. 그런데 정작 문화콘텐츠 제작자들은 그 형식에 담을 내용, 스토리가 없다는 한계를 느끼고 있다. 게임 제작자는 거기에 들어갈 스토리가 없어서 고민이고, 시각디자인 분야의 타이포그래피 제작에서는 선보일 좋은 언어가 없어서 고심한다. 광고물 제작자들은 문화적이고 언어적인 감수성이 뛰어난 카피를 얻기 위해 궁리한다. 이렇듯 과학 기술의 발전은 그 속 내용이 될 언어, 이야기, 표현 등을 갈구하고 있다.

둘째, 사회구도의 변화가 유익하면서도 감동을 주는 언어문화콘텐츠를 요구하고 있다는 점이다. 산업화, 정보화의 물결 속에서 현대 사회는 다수의 대중을 상대로 한 다양하고 많은 볼거리를 선사하는 모습으로 바뀌고 있다. 상업성을 띠기도 하고 공익성을 띠기도 하는 많은 문화콘텐츠들이 쏟아져 나오는 시대가 된 것이다. 자기들 물건이 좋다고 봐 달라고 아우성치는 것 같은 벽보의 광고들이 사람의 시선을 끌 수 있는 중요한 요건은 감동을 주는 언어 표현이다. 화장실에 붙이는 작은 공익광고 한 장도 문화콘텐츠인데, 그 중요한 내용은 결국 언어로 표현된 내용이다. 산업과 정보가 어우러지면서 결국 사회는 사람들에게 알려야 할 것이 많아졌다. 이러한 것들이 모두 언어문화콘텐츠의 범주에 속하는 것이다.

셋째, 과학과 산업의 발달이 사람들에게 많은 유익함을 준 것은 사실이지만 역으로 사람들을 정신적으로 나태하게 만든 주범이 될 수도 있다. 편리한 생활용품의 발달로, 사람들은 점차 깊이 세심하게 생각하지 않고서도 살아갈 수 있게 되었다. 사람들이 일일이 생각하지 않고서도 자동적으로 해결되는 것이 많다보니, 수동적 인간이 되면서 사고 기능이 저하되며, 본질적인 것을 잊게 되고, 인위적인 것에 길들여지게 된다. 그러다보니 정신적으로 안일하고 깊이 생각하지 않으려는 성향이 현대 사회의 한 특성으로 나타나게 되었다. 그러므로 대중매체에 담기는 콘텐츠를 통해서, 능동적인 사고력을 기르고, 올바르게 깊이 생각하며 삶을 살아갈 수 있는 건강한 생명력을 심어줄 필요가 있다.

넷째, 대량의 문화콘텐츠 생산 시대는 정작 정신적 황폐를 가져올 수 있는 악기능의 콘텐츠 생산도 더불어 많아질 수 있는 우려를 안고 있다는 점이다. 현대 사회에 쏟아져 나오는 많은 문화 산물들을 보면, 별 내용 없이 가볍거나 말초신경을 자극함으로써 사람들을 현혹하는 저질문화에 속하는 것들도 많다. 또한 무한 폭력시대가 된 듯, 부수고 폭파하고 날려버리는 장면들이 즐비한 폭력성도 난무한다. 그러므로 의식 있는 인문학도들이 진정한 대중매체의 순기능을 회복하고, 이 시대의 문화를 건강하게 창출해 가야 할 사명을 지닐 필요가 있다. 특히 한국인의 언어와 문화를 구체적으로 공부하는 우리 국어국문학도들이 앞장서서, 재미있고, 배울 점이 있으며 위안과 용기를 줄 뿐만 아니라, 정신적 건강함을 사람들에게 제공할 수 있는 언어문화콘텐츠의 개발에 대해 많은 관심을 가지고 종사해야 한다.

다섯째, 문화와 예술의 생산은 언어문화콘텐츠와 어울렸을 때에 비소로 그 가치를 드러낸다. 문화와 예술 분야의 작품들을 관객들에게 선보일 때 거기에 적절한 언어 표현을 수반함으로써 공감대의 폭을 넓히게 된다. 글 잘 쓰고, 말 잘하는 사람들이 바로 국어국문학도들이다. 왜냐하면 관심의 최대 분야가 바로 말과 글이며, 적어도 대학 시절 동안 그것에 관심을 가지고 궁구한 사람들이기 때문이다. 적어도 그런 자부심을 가지고, 우리 사회에 대해 널리 이해하면서 문화의 흐름을 읽고, 기술을 생산하는 사람, 예술을 생산하는 사람들과 호흡을 잘 맞추어 가면서 그야말로 가치 있는 문화 생산자의 한 구성원이 되어야 한다.

그러면, 언어문화콘텐츠 개발에 대한 이해를 하기 위해서 다음 몇 자료들을 보기로 한다.

(1) 장수(長壽)사회를 위한 문화콘텐츠 나와야

지난 1월 4일자 A30 만물상 "70은 아직 애"를 재미있게 읽었다. 21세기 최대질병은 '장수(長壽)'라는 우스갯소리가 나올 정도로 평균 연령이 높아지면서 고령화 문제가 대두되고 있다. 한국인의 평균수명은 남 76세, 여 82세인데 우리나라 기업의 정년연령은 보통 55세에서 60세 사이에 있다. 앞으로 평균수명은 지금보다 훨씬 더 연장될 것이고 정년도 연장될 것으로 예상되지만, 누구나 언젠가는 퇴직을 할 것이고 은퇴 이후의 인생을 어떻게 보낼 것이냐가 매우 중요한 사회 문제로 떠오르고 있는 것이다.

아직 우리 사회의 관심은 주로 노년층의 빈곤, 건강, 복지 문제 해결에만 머물고 있다. 하지만 이제는 은퇴 후에 여유롭게 좋아하는 일을 찾아 무엇을 어떻게 즐기면서 살 수 있을까 하는 문제 즉, '질적인 장수'를 위한 문화정책에도 눈을 돌릴 때가 됐다. 올해부터 대규모의 은퇴가 예상되는 베이비 붐 세대는 이전 세대에 비해 비교적 높은 수준의 교육을 받은 노년층이고 앞으로 고학력 노년층은 점점 더 늘어날 것이다. 따라서 이들을 대상으로 질적인 장수를 위한 새로운 문화의 창출이 시급한 문제다.

그동안의 문화정책은 젊은 세대가 주된 대상이었지만 이제는 영화 '워낭소리' 등과 같은 젊은 세대와 노인 세대의 이목을 공통으로 집중시킬 수 있는 다양한 분야의 콘텐츠 개발이 필요하고 컴퓨터와 인터넷에 익숙한 디지털 친화적 고령세대를 위해 여가활동을 운동과 게임으로 동시에 즐길 수 있는 노인친화형 기능성 콘텐츠 개발이 필수적이다. 이처럼 IT를 활용한 콘텐츠는 노인뿐 아니라 모든 세대가 누구나 쉽고 같이 즐길 수 있다는 장점도 있다.

또한 고령화 사회가 가져올 여러 가지 사회변화 중 주목해야 할 한 가지는 앞으로 더욱 가속화될 노년 여성인구의 증가문제이다. 이를 염두에 둔 정책도 필요한데 여성의 감정은 남성보다 한층 더 까다로울 수 있으므로 여성을 연구하면 남성들까지 만족시킬 수 있는 결과를 얻을 수 있다고 본다.

다가올 미래는 지금보다 인구는 줄어들어도 지금보다 훨씬 더 복잡하고 다양한 문화수요가 발생될 것이다. 평균수명의 연장은 늙지 않는다는 개념보다 어쩌면 늙을 수가 없다는 뜻에 가까울 수 있다. 고령화 사회에서는 '늙음'이 오래간다는 생각보다 건강한 '젊음'을 오래 누릴 수 있다는 긍정적인 마음가짐이라면 좀 더 행복한 삶을 살 수 있을 것이다.

— 김지영(한국외대 글로벌문화콘텐츠학과 박사과정), 조선일보, 2010. 1. 8, A33

위 (1)은 현대 사회의 흐름을 읽으면서 그에 적당한 문화콘텐츠 개발의 필요성에 대해 논한 글이다. 고령화 사회를 대비한 노인친화형 기능성 콘텐츠 개발을 위해서는 노인의 심리와 노인 사회의 특징을 기본적으로 연구해야 할 것이며, 노인들이 무엇을 재미있어 하며, 갈등이 무엇이며, 그 갈등을 해소할 방식은 무엇인가 등 다양한 심층 연구가 필요할 것이다. 이러한 연구를 바탕으로, 드라마, 희극, 게임, 피처 기사 등 다양한 장르에서 이를 담아내는 좋은 콘텐츠를 개발해야 할 것이다.

(2) '오만과 편견, 좀비'

'오만과 편견, 그리고 좀비'라는 장편소설이 지난해 초 미국에서 출간됐다. 제목에서 알 수 있듯 제인 오스틴의 소설 '오만과 편견'을 패러디한 작품이다. 원작이 발표된 지 200년 만에 등장한 이 소설에서 주목할 것은 여자 주인공 엘리자베스의 변신이다. 무도회장에서 청년 다아시와 우아하게 춤을 추던 엘리자베스가 동양 무술을 연마하더니 좀비(zombie)를 때려눕히는 여전사로 맹활약한다. 19세기 영국 상류 사회 남녀의 사랑과 결혼을 그린 달콤한 로맨스 소설이 좀비가 등장하는 액션 소설로 탈바꿈한 것이다.

이 작품은 지난 크리스마스 때 선물용으로 다시 제작됐는데, 엘리자베스가 치마를 걷어 올리고 옆차기로 좀비의 머리를 박살내자 곁에 서 있던 다른 좀비가 혼비백산해 비명을 지르는 삽화를 추가했다. 소설은 뉴욕타임스 베스트셀러 목록에 오르며 70만 부나 팔려나갔다.

그러자 고전(古典)을 명예의 전당에 오른 골프선수쯤으로 여겨 온 평단이 발끈했다. "B급 장르 소설의 싸구려 상상력", "고전을 훼손한 통속"이라는 지적이 빗발쳤다. 그러나 그런 비판에는 독자들이 이 작품의 출현을 반긴 이유에 대한 고민이 빠져있다. 엘리자베스가 좀비 잡는 여전사로 변신한 이면에는 여성을 "도와줘요, 뽀빠이", "구해줘요 타잔"이나 외치는 약자 내지 보호의 대상으로 보지 않는 남녀평등 시대의 가치가 투영돼 있다.

고전을 문학의 성소(聖所)에 모셔두기에는 21세기 사회가 너무나 변했다. 실제로 고전을 현대적 시각으로 재해석하거나 다시 쓰려는 시도가 서구 문학계에서 열풍처럼 번지고 있다.

펭귄 출판사의 미국 자회사인 버클리북스는 아이작 아시모프가 1940년대에 발표한 SF문학의 고전 '아이, 로봇(I. Robot)'의 후속작을 준비 중이라고 최근 밝혔다. 미키 주커 라이헤르트(Reichert)라는 판타지 작

가가 쓴 이 작품은 전문직 분야에 여성의 진출이 늘어나고 있는 시대의
흐름을 반영해 인물 설정에 변화를 주었다. 아시모프의 원작에서 로봇
심리학자로 활약한 여주인공 수전 캘빈 박사는 새 소설에서 로봇 심리
학자이면서 또 의대에 들어가 인턴 과정을 마친 최고의 엘리트 여성으
로 더욱 위상이 높아졌다.

아동서 부문에서도 시대 변화를 적극적으로 수용해 고전을 새롭게
해석한 작품들이 등장하고 있다. 2006년 영국에서 출간된 '피터 팬 인
스칼렛(Peter Pan in Scaret)'은 원작 '피터 팬'에서 고아들의 어머니로
그려졌던 웬디를 사회활동에 열성적인 현대여성으로 재해석했고, 원작
이 발표될 당시에는 별 저항 없이 받아들여졌던 인종차별적 요소를 없
앴다.

전통적인 가족 형태를 옹호해 온 고전동화들도 시대에 맞게 고쳐 써
야 할 부분이 적지 않다. 통계청 자료에 따르면, 1995년에 결혼한 커플
열 쌍 중 한 쌍이던 재혼(再婚) 비율이 2007년에는 네 쌍 중 한 쌍으로
크게 늘었다. 이런 현실을 반영하지 않은 '콩쥐팥쥐', '신데렐라' 같은
동화는 배 아파 낳지 않은 아이에게 훌륭한 엄마가 되기로 결심한 현대
의 선량한 재혼 여성들에게 좌절만 안길 뿐이다.

고전은 세계문학전집이라는 박물관에 갇힌 유물이 아니라 작가의 창
작과 독자의 선택을 통해 끊임없이 목록을 갱신하는 현재진행형의 문학
현상이다. 역사의 흐름 속에서 살아남은 고전들도 발표 당시에는 독자
의 선택을 기다리는 낯선 새 책이지 않은가.

— 김태훈(문화부차장대우, 조선데스크), 조선일보, 2010. 1. 8, A34

위 (2)는 옛날에 창작된 문학작품들이 새롭게 현대 사회의 문화콘텐츠
로 등장하고 있음을 소개하고 있다. 그리고 전통적 가치와 현대적 가치의

차이를 주목하면서 그에 적절하게 구성된 내용의 변화에 대해서도 언급하고 있다. 국어국문학도들은 고전과 현대의 이어짐에 대한 연구, 가령 변화하는 가치관을 어떻게 반영할 것인가, 통속이란 무엇인가 등에 대한 이해를 하면서 새롭게 우리들에게 감동을 주며 다가오는 문화콘텐츠 창작에 대해 고민해야 할 것이다.

03 | 국어국문학의 본질과 언어문화콘텐츠와의 관련성

국어국문학은 국어학과 국문학을 아울러서 일컫는 말이다. 학부에서의 국어국문학은 한국어와 한국문학에 나타난 우리 민족의 감정, 문화, 사상과 미의식을 탐구하고, 한국어 바로 말하고 쓰기에 대한 정확한 지식을 습득하며 시, 소설, 에세이 등 다양한 장르의 인문학적인 책을 탐독하며, 타인과의 공감대를 이루어가는 글쓰기를 연습하는 것을 기본 과제로 삼는다. 이러한 기본 과제들은 다분히 인문학적인 것이다. 인문학(人文學)이란, 문자대로 풀이하면, 인간의 글월에 대한 학문이다. '인간의 글월'이란 결국 인류의 다양한 사유들, 신념과 가치관들, 문화들이 담긴 것이다. 인류는 그들이 남긴 것은 무엇이든 책을 통해 대물림해 왔기 때문에, 인간의 글월에 대한 학문이란 결국, 인간을 돌아보고 생각하고 인간의 정신적 측면을 탐색해가며 그 넓고 깊은 의미망에 대해 이해하는 것을 주된 내용으로 한다. 인문학에는 역사, 철학, 문학, 심리학, 종교학 등 인간의 사유와 관련된 여러 학문이 있다.

인문학 중에서도 특히 우리 국어국문학도들은 어문학을 전공한다. 어문학은 언어와 문학을 익히고 탐구함으로써 그 문화와 정신세계를 깊이 있게 연구하고 체계적으로 이해하려는 학문이다. 언어란 사람들이 생각을 형성하는 가장 중요한 수단이며 원천이다. 문학가들이 언어를 써서 사람들 세계에 있을 수 있는 일들을 표현함으로써, 우리들이 사람들의 문제를 생각하게 되고, 구체적이고 섬세한 감정을 느끼고, 공감대를 형성하게 된다(국문학의 일). 또한 사람들의 의사소통인 언어의 구조와 기능, 작용 등을 연구하는 것이 언어학이다. 언어 이해의 인지적 기제 발견, 언어 표현의 기제 발견, 나아가 사람들이 왜 의사소통을 하는가? 하는 보다 근원적인 문제에 대한 다각적이고 진지한 통찰을 하고, 바른 국어사용과 인간의 정서와 사고의 관련성에 대한 연구들을 한다(국어학의 일).

따라서 국어국문학 출신은 어떤 타 전공보다도 인문학적 소양(素養)이 있다. 인문학적 소양은 다양한 것을 포함하지만, 그 중심에 있는 것은 사람됨, 인간다움을 추구하는 정신(곧 인간성의 문제), 인간의 삶, 세상의 대상들에 대한 가치를 생각하는 정신(곧 가치관의 문제)이며, 체계적인 사고력과 표현력이다. 국어국문학 중 문예미학과 관련되는 다양한 문학 강의들은 인간, 세상, 사유형태 들의 다양함과 그 가치에 대해 탐구하게 하며, 문학적 상상의 결과물인 문학 작품들을 통해 인간과 인간의 특성을 폭넓게 알게 하며 더불어, 정서의 함양을 이루게 한다. 인간이 지닌 이성의 가장 정확한 표현수단인 언어의 특징들을 탐구하는 일은 인간의 인지 작용과 밀접한 관련성을 갖는 것으로, 인간 정신의 본질적인 면을 궁구하는 일이 된다.

이러한 인문학적 소양을 바탕으로 하여, 우리 국어국문학도들은 대중매체 언어문화콘텐츠에 어떻게 다가갈 것인가? 이 문제는 다분히 연계전공의 성격을 띠게 된다. 대중매체의 매체적 특성, 대중매체 콘텐츠의 장르적 특성에 대해 익히 알아야만 한다. 국어국문학과 대중매체 문화콘텐츠의 합점이 바로 우리가 주목하여 고심해야 할 지점이 될 것이다. 이 책에서 주안점으로 삼는 것은 창작의 문제이지만 국어국문학도들은 대중매체 언어와 관련하여 다음과 같은 세 가지 측면, 곧 해석의 관점, 창작의 관점, 비평의 관점에서 다가갈 수 있다.

첫째, 대중매체 언어도 특성적인 것이 있으므로, 국어국문학적인 관점에서 해석해야 할 대상이 된다. 언어형식적 특성, 언어내용적 특성, 언어미학적 특성 등이 그 대상이 된다. 대중매체 언어는 언어의 문제이면서 문화의 문제로, 국어국문학의 연구대상이 된다. 학문은 현실적인 현상을 설명하는 데에 기여해야 하기 때문이다. 가령, 인터넷 속에서 사용되는 언어에서 한글맞춤법을 지키지 않는 현상을 음운론적으로, 사회언어학적으로 설명할 수 있어야 한다. 광고의 언어적 책략에 대해서도 의미론적으로, 화용론적으로 설명할 수 있어야 한다. 신문, 잡지의 기사문들은 수사적으로, 논리적으로 설명하면서 그 효용성이 얘기될 수 있다. 극작, 시나리오 등은 기본적으로 문학 창작의 영역으로 전형적인 국어국문학의 문제이다. 국어국문학의 순수 학문적인 방법이 실용적인 장르로 확대되어 가치 있는 해석을 제공하는 것이 된다고 할 것이다.

둘째, 국어국문학도들은 대중매체의 언어문화콘텐츠 장르를 창작할 수 있는 적임자에 해당한다. 국어국문학도들은 대학 때 배운 넓은 인문학적 소양을 바탕으로 광고 카피라이터, 구성작가, 기자, 게임 시나리오 작가, 만화 작가, 드라마 작가 등을 지망할 수 있다. 이 직업군이 할 일은 대중 매체 언어의 창작이다. 창작을 잘 하기 위해서는 대중매체 언어의 특성에 대한 연구를 하면서 자신의 아이디어를 개발하여 실제 창작을 해 보아야 한다. 우리가 매일 접하는 대중매체 콘텐츠에 늘 관심을 기울여야 하며, 문화예술적인 측면에서 공감해 보고, 사회 규범적인 측면에서 진단해 보며, 인문학적 측면에서 분석해 보는 일련의 일들이 포함되어야 할 것이다. 또한 인간에게 건강한 웃음을 제공하는 요인은 무엇이며, 지루하지 않고 솔깃하게 주목하게 만들고 빠져들게 만드는 요소들은 무엇인가에 대해 탐구하며 실습을 해야 한다. 대중매체의 언어문화콘텐츠에는 '창의, 진실, 흥미요소, 강조 요소'가 기본적으로 담겨야 한다. 이 네 요소를 살리기 위한 아이디어를 끊임없이 수집해야 할 것이다.

매체적인 것은 과학의 발전으로 이룬 성과이다. 그러나 그 매체에 담기는 내용들은 과학적인 것이 아니다. 어디까지나 '창작'이 문제가 된다. 그 창작의 분야에 한 몫을 할 사람들이 국어국문학도들이다. 그런데 대중매체에 담길 창작은 시, 문학 등 순수 창작과 다른 점이 있다. 그러므로 대중매체의 성격을 잘 연구하여 알 필요가 있다. 국어국문학 전공에서 매체과학을 전문적으로 다루지는 못한다. 그러나 대략적인 것을 앎으로써 활용할 수 있는 창의적 아이디어가 나오게 된다. 국어국문학도들이 고전문학을 두루 섭렵하여, 우리 문학의 많은 소재를 알고 있다고 하자. 그러나 거기에 그치면 그저, 우리가 종래 그래왔듯이 인문적 소양으로서의 앎, 나아가 학문적인 자료로서의 축적의 의미를 갖게 된다. 그런데 이를 매체적인 것과 결합할 아이디어를 가지고 이를 위한 창작을 새롭게 할 수 있다면, 이는 실용적인 창작이 된다. 실제로 우리 고전문학을 소재로 한 게임 시나리오의 개발, 만화 구상, 광고 카피 구상 등은 국어국문학도들의 손을 기다리는 작업이라 해도 과언이 아니다. 국어국문학도들은 인문학적인 자료와 소양을 바탕으로, 묻힌 흙 속에 미약하게 반짝이는 사금파리를 걸러내어 눈부신 빛을 발하는 금 조각을 생산할 수 있다.

셋째, 국어국문학도들은 대중매체 언어를 비판의 관점에서도 연구할 수 있다. 국어국문학도로서 대중매체 언어 장르에 대한 올바른 진단을 할 수 있어야 한다. 대중매체 장르는 너무 교훈적이어도 안 되고, 그렇다고 하여 비교훈적이어도 안 된다. 추구하고자 하는 가치만을 붙잡고 지나치게 집중해도 안 되고, 흥미위주만을 일삼으며 추구하는 중심의 가치를 놓쳐서도 안 된다. 그러므로 대중매체 언어를 비판할 때에는 흥미와 가치, 두 영역을 함께 아울러 보면서, 객관적인 평가와 함께 미래지향적인 견해를 제시할 수 있어야 한다. 이러한 비판의 관점에서 제대로 된 일가견을 가지는 일은 곧 좋은 창작과도 연관이 된다.

현대 문화의 주도적인 선봉을 하는 것이 대중매체이다. 그러므로 현대를 살아가는 기본적인 소양으로서 대중매체 언어에 관심을 가져야 하는 것은 당연하다. 능동적인 관점에서 대중매체를 받아들여야 획일성을 요구하거나 잘못된 시각에 젖어드는 문화적 편견에 물들지 않을 수 있다. 대중매체 언어의 생리를 앎으로써 이를 비판적으로 수용할 시각을 가져야 한다. 특히 여러분이 학생을 가르치는 교육자가 되고자 한다면, 현대 문화에 대한 일가견을 반드시 가지고 있어서, 학생들로 하여금 바르게 대중문화를 접할 수 있도록 안내해 줄 수 있어야 한다. 우리 사회가 사회, 경제, 과학 등 여러 측면에서 혁명적으로 발전하면서 역으로 그 악기능에 노출될 위험성이 커지고 있다. 따라서 자라나는 아이들을 위한 다각적인 문화 수용의 교육이 그 어느 때보다도 절실하다.

이상과 같이 국어국문학도들이 학과에서 4년 동안 경험하게 되는 학문의 성격은 대중매체 언어문화콘텐츠 창작을 위해 갖추어야 할 매우 본질적인 기본 소양으로서 작용한다. 인문학적인 해박함을 위해 꾸준히 노력하고, 이 시대의 문화와 가치관의 변화에 대해 주목하며, 창의적인 아이디어 생산을 위해 궁구한다면, 이 시대가 공감하는 가치 있는 대중매체 언어문화콘텐츠 창작을 할 수 있게 될 것이다.

1 다음 두 글을 읽고 이 시대 대중매체 콘텐츠의 의의에 대해 토의해 보자.

1___

작고 가는 바늘을 한번 보라. 바늘은 매우 유익한 발명품이다. 그러나 바늘에 찔리거나, 방안에서 잃어버린 바늘이 언제 사람을 찌를지 몰라 불안해하던 경험을 상기해보면, 문명 이기(利器)의 모순적 양면성을 이해할 수 있을 것이다. 인간이 이루어낸 문명은 언제나 이로움과 해로움이라는 야누스적 두 얼굴을 가지고 있었다. 그것은 21세기에도 예외가 아닐 것이다. 더구나 오늘날 첨단 과학 문명의 산물들이 지닌 양면성은 가공(可恐)할만하다. 그것은 원자탄과 같이 과학 문명의 성과물이 엄청난 힘을 지니고 있기 때문만은 아니다. 그보다도 그것들이 일상적으로 대중의 소유와 활동의 대상이 되기 때문이다. 예를 들면, 자동차·컴퓨터·휴대전화 등은 이미 거의 모든 사람들의 일상생활에 침투해 있다. 따라서 이러한 문명 이기들은 여러 사람에게 이로운 만큼, 해로울 수 있는 가능성의 폭도 비례하여 커진다. 다만 바쁘고 습관화된 삶 속에서 대부분의 사람들이 이 사실을 느끼지 못하고 살아가고 있을 뿐이다. 그것은 아마도 문명 이기(利器)의 '이로울 이(利)'자의 함정 때문인지도 모른다. 사실 어떠한 이기도 '해기(害器)'일 가능성을 내포한다는 것을 가끔 되뇌어볼 필요가 있다. 더욱 중요한 것은 인간이 도구를 비롯한 자신의 피조물에 대해 통제력을 갖고 있지 않다는 사실이다. 자신이 만든 것을 완벽하게 통제할 수 있고, 마음대로 다룰 수 있다고 생각하는 것은 대단한 착각이다. 그것은 인조인간의 반란 같은 SF적 이야기를 굳이 들먹거리지 않더라도, 얼마 전까지 전 세계를 불안에 떨게 했던 컴퓨터 연도 표시 혼란에 연관된 "Y2K" 문제만 보아도 알 수 있다. 인간이라는 자기 한계를 지닌 창조자에게는 피조물의 변덕(?)조차도 큰 위험 부담이다. 인간의 피조물은 언제, 어디서 그 창조자인 인간을 골탕 먹일지 모를 일이다. 그래서 인간은 궁극적으로는 자신의 피조물을 마음대로 어쩌지도 못하는 불완전한 창조자다. 하지만 그러면서도 일상에서 피조물들을 상당 부분 제어하기 때문에 그들과 상호 관계를 맺으며 살아가고 있는 것이다. 이런 면에서 경계는 필요하지만 비관적일 필요는 없다.

— 김용석(2002), 『깊이와 넓이 4막 16장 : 해리 포터에서 피버노바까지』, 휴머니스트

2

텔레비전을 바보상자라고 불렀던 적이 있었다. 그 말은 혼자서 북 치고 장구 치는 비디오를 멍청히 들여다본다는 의미가 크다. 그러나 지켜보기만 했던 텔레비전에 변화가 왔다. 시청자의 손에 리모컨을 들려준 것이다. 리모컨을 두고 경박스럽게 채널을 여기저기로 돌리게 되었다며 부정적으로 말하는 사람도 있다. 그러나 뒤집어 보면 리모컨이 텔레비전을 바보상자에서 깨어나게 만들었다고 볼 수도 있다. 텔레비전에서 방송되는 것을 '그저 보던 자리'에서 능동적으로 '골라 보는 자리'로 이동시킨 것이다. 리모컨의 위력은 채널이 많아지면서 더욱 강력해졌다. 사람들에게 선택의 자유가 생기자 이번에는 방송사, 제작자들이 긴장하기 시작했다. 선택받기 위해서는 좀 더 잘 만들기 위해서 고민해야 했고, 스스로를 변화시키지 않을 수 없었다.

방송국이나 언론매체와 같은 발신자들을 더 긴장하게 만든 것은 인터넷이다. 인터넷은 사람들에게 리모컨보다 더 강력한 자유를 주었다. 이젠 채널 숫자가 곧 선택의 폭이라는 개념마저 사라지는 것처럼 보인

다. 그러니 당연히 일방통행식의 소통 방식은 완전히 힘을 잃어가고 있
다. 이런 사회적인 환경의 변화는 광고업계에도 큰 영향을 미쳤다. 광고
의 질과 내용을 바꾸게 만드는 동력이 된 것이다. 아직도 광고를 '사람
을 자극해서 소비하게 만드는 악마'로 보는 사람에게는 리모컨과 수많
은 채널, 인터넷을 생각해보라고 권하고 싶다. 게다가 사람은 사회가 주
무르는 대로 만들어지는 찰흙 덩어리도 아니고, 환경의 희생자도 아니
라는 점도 강조하고 싶다.

—박웅현·강창래(2009), 『인문학으로 광고하다』, 알마

2 다음 두 글을 읽고 인문학의 본질에 대해 토의해 보고 인문학과 대중매체 언어
문화콘텐츠와의 관련성에 대하여 다양하게 토의해 보자.

1____

　인문학은 자연과학의 학문과는 달리 국적(國籍 : 本籍)이 분명해야 하
는 학문이라고 생각합니다. 자연과학은 다국적(多國籍) 학문이 될 수 있
지만 인문학은 그럴 수 없습니다. 왜냐하면 인문학은 결국 인간을 규명
하는 학문이기 때문입니다. 그 인간은 극히 구체적인 인간입니다. 그러
자면 한국의 인문학은 먼저 무엇보다 한국인의 정서와 정신에 뿌리를
두고 '나(우리)'를 체험하게 하고 해석하게 하는 학문입니다. 이러한 관
점 때문에 인문학은 나에게 자문화정신(自文化精神)을 강조합니다. 그래
서 인문학은 자기면목(自己面目)이 분명해야 한다는 것입니다.

—윤재근(2001), 「나와 인문학」, 『한국언어문화』 20집

2____

　이런 이야기를 들은 적이 있습니다. 촬영을 가르치는 곳에서 학생들
에게 오랜 시간에 걸쳐 촬영에 관한 모든 기술과 기법을 가르쳐 주었습
니다. 그리고 그 기술들을 다 익혔다고 판단되었을 때쯤, 학생들에게 나

가 아무것이나 찍어오라며 내보냈습니다. 그러나 웬걸, 막상 학생들이 돌아오자, 카메라에 무엇인가를 담아온 학생이 없었다고 합니다. 그 이유를 물어보니, 무엇을 찍어야 할지 몰라서 그냥 카메라만 든 채 방황했다고 합니다. 이 이야기가 실화인지 꾸며낸 이야기인지는 알 수 없습니다. 하지만 이 이야기가 전해주는 뜻은 명확합니다. 그것은 바로 내용의 중요성입니다. 내용이 없다면 겉만 화려한 빈 깡통이라고 감히 말할 수 있습니다.

바로 이 내용을 채워주는 바탕을 교양 또는 인문이라 부를 수 있습니다. 서양에서도 'humanity'라 칭하는 인문학(人文學)은 말 그대로 사람과 사람의 무늬, 흔적을 탐구하는 학문입니다. 세상에 사람과 관계되지 않은 것이 어디 있을까요? 그렇기에 인문은 모든 학문의 기초라고 할 수 있습니다.

하지만 많은 사람들은 인문은 잘 사는 것과는 별 상관이 없다는 말을 합니다. 당장 눈앞의 돈벌이를 무시할 수는 없지요. 하지만 돈벌이라는 것도 따지고 보면 사람의 관계에서 의미가 있는 것입니다. 사람이라는 대상과 동떨어진 돈벌이는 어디에도 없지요. 그렇기에 역설적으로 인문이 더 필요한지도 모릅니다.

인문은 좋은 자세를 잡기 위한 훈련이라고 생각해 보세요. 누구나 운동을 배운 기억이 있을 것입니다. 그때 가르쳐주는 정석적인 자세를 무시하고 자기 편한 대로 하는 사람이 꼭 있습니다. 처음에는 그런 사람들이 잘하는 듯이 보입니다. 자기 몸에 편한 자세로 운동을 하니까요. 하지만 시간이 흐르고 보면, 느리고 지루하지만 올바른 자세를 배운 사람이 앞서 나갑니다. 그만큼 올바른 자세가 중요합니다.

느리고 지루하고 재미없지만, 정신의 자세, 삶의 방향을 또박또박 잡아나가는 힘, 이것이 바로 인문의 힘입니다.

—KB레인보우 인문학, http://money.kbstar.com

✐ 두레박

1 다음에 제시한 미디어 비평의 방법과 예를 살펴보고, 한 프로그램을 선택하여
미디어 비평을 해 보자.

1____

　미디어와 그 산물에 대한 관심은 더 이상 언론종사자들만의 것이 아
니라 그것을 선택하고 수용하는 수용자에게도 중요하게 부각되고 있다.
그러므로 미디어의 막강한 영향력 속에 살고 있는 현대인들이 미디어에
대해 일가견을 가지고 비판적으로 취사선택하고 더 나은 방향을 제시하
는 일, 나아가 미디어를 이 시대 문화의 첨병 역할을 제대로 할 수 있는
매체로 일층 올려가는 일이 매우 필요하다.

2____

　미디어 창작과 비평의 관점은 매우 다르다. 창작은 종합의 일이고 비
평은 분석의 일이다. 창작은 순수한 직관에서 비롯되나 비평은 객관적
인식에서 비롯된다. 그러나 미디어 창작은 시, 소설의 창작과는 달리 직
관에서 비롯되나 그것을 하나의 종합적 인식체로 객관화시켜야 한다는
점에서 순수 시 창작과는 다르다. 따라서 미디어 창작자가 비평가적 안
목을 가질 수 있을 때 이 사회의 제대로 된 문화 산물로 인정받을 수
있게 된다. 그런 점에서 미디어 창작자는 미디어 분석과 비평의 일에도
함께 관심을 가져야 한다.

3 ____

　미디어를 분석, 비평하기 위해 필요한 선행 지식으로는, 미디어와 관련한 사상, 언론현상과 관련된 철학적 윤리적 사상, 방송, 신문, 광고, 영화 등에서 일어난 국내외 미디어 이슈들의 상황, 좀 더 넓게 인문사회과학적 교양 등을 들 수 있다. 이러한 전반적인 선행지식을 두루 갖추는 노력을 통해 미디어 비평을 제대로 할 수 있게 된다. 그러나 이러한 특정 지식을 습득한다고 되는 것이 아니라 이러한 지식을 기반으로 하되 탐구적인 자세로 미디어 분석과 비평에 접근하여야 한다. 다음과 같은 점들을 염두에 두면 좋을 것이다.

　(1) 미디어에는 순수예술, 고급예술도 물론 담을 수 있으나, 현대 사회의 큰 흐름은 대중문화라고 할 수 있다. 미디어에 담기는 대중문화는 현대 문화의 큰 흐름으로, 다양한 장르에서 대중들이 일반적으로 이해할 수 있고, 쉽고 편안하게 다가갈 수 있는 내용들을 창작한다. 이것들은 사회의 분위기를 부드럽고 밝게 해주는 긍정적인 영향을 우리 사회에 끼칠 수 있으나, 한편으로 초조함과 경박함, 그리고 획일적인 취향을 종용하는 정신적 압박을 가져다 줄 수도 있다. 예를 들어, 재미를 추구하는 방식이 남을 배려하지 않는 이기적인 태도로 일관된 무엇이라면, 그것은 일시적으로 생각 없이 웃게 만들 수 있지만 결국 우리 사회의 정신적 황폐함을 싹트게 하고 번식하게 하는 보이지 않는 무서운 암적인 존재가 된다. 또한 시청자들이 그 프로에 주목하게 하기 위해 상식을 벗어난 비교육적인 엽기성을 띤 어떤 내용이 들어간다면, 미래 사회의 문화를 바르게 끌어가야 할 미디어가 우리 사회에 악기능을 끼치는 존재로 전락하게 된다. 그런 관점에서, 과연 비평하고자 하는 미디어 창작이 사회에 나쁜 영향을 끼치지 않을 인간다움의 기본을 유지한 오락성과 예술성인가 하는 점을 따져보아야 할 것이다.

(2) 오락성의 관점에서 하나 더 생각해야 할 점이 있다. 사람들이 미디어 시청을 통해 그냥 즐거운 마음으로 웃을 수 있어도, 그 자체로서 유익함을 주었다고 할 수 있을 것이다. 웃음은 만병을 치료할 수 있기 때문이다. 그러나 현대 우리 사회를 제대로 진단한 사람이라면, 나약해진 인간 정신의 건강성을 어떻게 회복하여 세울 것인가에 대해 온 사회가 함께 노력해야 할 긴급함을 절감할 수 있을 것이다. 현재 우리 사회는 이성적인 면에서 본다면, 무엇이 옳고 그른가에 대해 집단적으로 판연히 다른 기준과 의견들을 고집하고 있으며, 감정적인 면에서 본다면, 논리가 결여된 이기적이고 극단적인 감정의 노출 습관을 안고 있다. 그러므로 나의 상황과 손익에 대한 계산을 떠나, 사회 정의, 공정성의 문제, 서로 감정을 상하지 않고 조화를 이루며 살아가게 하는 예절의 문제, 어려운 문제를 진심으로 옳게 풀어나가고자 하는 진정성에 대해 생각하며 중하게 여기는 사회적 분위기의 조성이 절실히 필요하다. 이러한 분위기 조성에 큰 역할을 할 수 있는 것이 바로 미디어이다. 한 프로그램에서 적어도 그런 요소들을 조금씩이라도 생각할 수 있게 내용을 구성한다면, 우리 사회의 미디어는 재미와 유익함을 동시에 주는 바람직한 문화 수단이 될 수 있을 것이다.

(3) 미디어가 우리에게 주는 것은 재미, 웃음, 정보, 교훈 등 다양한 것이 있는데, 그 창작물의 성패를 가름 짓는 것은 궁극적으로 '감동'을 얼마만큼 주었는가 하는 문제가 될 것이다. 감동(感動)이란 크게 느껴서 마음이 움직이는 것을 말한다. 우리 사람들은 아집이 가득한 존재라서 마음을 움직여 생각을 바꾸거나 태도와 행동을 바꾸는 일이 쉽지가 않다. 그런데 그러한 변화를 가능하게 하는 것이 바로 감동 요소이다. 사람들은 미디어를 통한 간접 경험에 의해서 쉽게 감동할 수 있다. 그런데 쉽게 일시적으로 감동하고 다시 잊는 거품 감동이 있을 수 있고, 더

욱 진하고 깊어서, 우리의 가치관과 성품을 바꾸어 우리의 인생을 변화시키는 능력을 가진 감동이 있을 수 있다. 한 프로그램을 통한 일회적 시청을 통해 후자를 기대할 수는 없다. 사회 전반적으로 바르고 건강한 사회를 만들려는 노력이 확산되고 그러한 분위기가 프로그램마다 깃들어 있을 때 그 놀라운 효과를 기대할 수 있다. 이러한 관점에서, 다시 말해 더 크고, 더 넓게 우리 사회의 미래지향적인 변화를 기대하는 마음으로 미디어 비평을 하면 좋을 것이다.

위에 제시한 (1)이 최소한의 인간다움을 유지하는 기본이라면, (2)는 미디어가 악기능을 끼치지 않는 건강한 사회를 만들어야 한다는 더욱 적극적 관점이 될 것이다. 나아가 (3)은 미디어의 궁극적 지향점이 될 것이다. 이 세 가지 요건을 함께 고려해 보면서 미디어를 비평하여 미디어 창작을 통한 바람직한 대중문화의 조성에 기여하며, 또한 자신의 대중매체 언어문화콘텐츠 창작에 임하는 기본을 갖추면 좋을 것이다.

미디어 비평은 하나의 비평문 작성이 된다. ‘비평(批評)’이란 대상의 옳고 그름을 판단하며 객관적인 입장에서 대상의 좋은 점, 좋지 않은 점, 옳은 점, 그릇된 점 등을 분석하여 밝히는 것을 말한다. 대상의 결점이나 잘못만을 문제 삼아 나쁘게 말하는 비난(非難)과는 다르다. 비난의 ‘비’자는 ‘아닐 비(非)’이지만, 비평의 ‘비’자는 ‘칠 비(批)’이다. 비난은 무조건 부정하기 위한 것으로 일을 더욱 어렵게 만드는 행위이고 비평은 대상(인물, 사건 등)에 대해 사실을 분석하여 그에 대한 시비를 판별하고 타당성 여부를 얘기하는 것이다. 비평은 발전을 위한 토대가 된다. 좋은 비평의 방식을 몇 가지만 생각해 보자.

① 구체적으로 표현하기 : ‘그런 건 다 그래’ 하는 식의 일반화된 표현을 쓰지 말고, 실제적인 것을 꼭 집어 지적해야, 감정적인 비판으로

흐르지 않고 이성적인 비평을 할 수 있다. '안 좋다, 나쁘다'라는 생각을 표현하려 한다면, 왜 그렇게 생각하는지 이유에 대해 구체적으로 설득력 있게 제시하는 노력을 기울여야 한다.

② 대상에 대한 우호적인 마음을 가지고 비평하기 : 비평의 대상이 잘 되길 바라는 마음에서 대상을 비평해야 한다. 그런 마음으로 접근하면, 공정하고 바람직한 비평이 이루어질 수가 있다. 비평을 한다는 것은 적극적인 행동으로, 잘못된 점을 분석하여 변화시키고 고쳐서 좋은 것으로 만들겠다고 하는 의욕에서 비롯되는 것이다. 자칫 우리 사회에 만연되어 있는 비난을 위한 비난, 습관적인 폄하 발언이 되면 안 된다. 현대 한국 사회는 정치적으로 사회적으로 대안 없이 잘못된 점만을 꼬집어 뜯는 악습과 나와 견해가 다른 대상에 대해서는 문을 닫아 잠그고 외면하는 불소통의 성향 속에 표류하는 듯하다. 긍정적인 마음에서 대상을 바라보면서 잘못된 점에 대해서는 정중하고 완곡하게 지적하면서, 비평자가 생각하는 바 의견을 제시해야 한다.

③ 대안책을 말하기 : 잘못되었다고 지적할 때에는, 어떻게 하면 잘 될 수 있다는 대안까지를 언급할 수 있어야 한다. 만일 그런 대안이 나오지 않는다면, 그것은 잘못된 일이 아닐 수 있다. 우리 인간 사회에서의 제한된 상황 속에서 그래도 최선일 수 있었다는 가능성이 있기 때문이다.

미디어 비평 보고서의 형식
1. 미디어 비평 제목(자신의 비평문에 대한 제목)
2. 비평 대상 프로그램 소개
   (프로그램 명, 방영일시, 방송국 명, 프로그램 내용에 대한 소개)
3. 이 프로그램을 선정한 이유
4. 이 프로그램에 대한 비평
5. 이 프로그램을 위한 새로운 제안
6. 인용이나 참고문헌이 있으면 꼭 밝힐 것

　　KBS2 '해피선데이'의 코너 '1박2일'이 당초 기획의도에서 벗어나 표류하고 있다. 올림픽시즌을 맞아 '1박2일' 멤버들이 스포츠 시합에 도전하는 모습을 선보였지만, 여행을 떠나 여러 고난을 극복하고 아름다운 자연을 소개한다는 취지와는 거리가 멀었던 것이다. 특히 멤버들이 스포츠에 도전하는 설정은 '1박2일'보다는 MBC '무한도전'에 더 적합했다는 지적이다.

　　17일 방송된 '1박2일'에서 6명의 멤버들은 경기도 남양주시의 체육문화센터를 찾아 1박2일 동안 선수촌을 체험했다. 이번 설정은 멤버들이 탁구, 배드민턴, 양궁 시합 등에 참여해 한 경기라도 이길 경우 선수촌을 나갈 수 있다는 것이었다. 물론 이날 방송에서도 멤버들은 각 스포츠의 연습과 시합에 참여하는 동안 각자의 개성을 살리고 적극적인 모습을 보이면서 시청자들에게 웃음을 선사했다. 또 1992 바르셀로나올림픽 금메달리스트 이은경(36 · 양궁), 1996 애틀랜타 · 2004 아테네올림픽 금메달리스트 김동문(33 · 배드민턴), 1988년 서울올림픽 금메달리스트 안재형(43 · 탁구)과 부인인 자오즈민(45 · 탁구)도 출연해 '1박2일'뿐 아니라 스포츠의 재미까지 한층 높여줬다.

　　하지만 문제는 '1박2일'의 정체성이었다. 비록 4년에 한 번 열리는 올림픽을 기념하고 선수들을 응원하는 차원에서 특집형식으로 제작됐다지만, 여행을 기본 콘셉트로 한 '1박2일'의 색깔은 지켰어야 한다는 것이다. 시청자들도 아쉬움을 내비치긴 마찬가지이다. 시청자 조모씨는 게시판을 통해 '차라리 올림픽을 방송하지 체육관에서 1박하는 것인가? 백두산 다녀 온 후 성의가 없어진 것 같다'고 비판했다. 김모씨 역시 '1박2일 맞습니까? 제발 본래 모습으로 돌아와 달라. 올림픽은 다른 프로에 맡기고, 제발 본래 취지대로 하길 부탁드린다.'며 소감을 전달했다.

　　한편 이날 같은 시간대에 SBS '패밀리가 떴다'는 멤버들이 한 마을을 찾아가 시골생활을 체험한다는 기존 설정대로 방송됐으며, MBC '일요일 일요일 밤에'는 결방됐다.

— 김부원(아시아경제신문 기자)

제2장

상상력과 창의력 키우기

연둣빛 이파리가 햇빛에 반짝이는 모습을 보면서, 엷은 날개를 팔랑이며 춤을 추는 피터팬 동화의 요정이 새봄을 알리고자 나풀거리는 모습을 그려본다. 하늘에 펼쳐진 뭉게구름을 보면서 양 모양, 사람 모양 갖가지 모습들을 찾아보면서, 하늘나라에서 펼쳐지는 꿈같은 같은 얘기도 생각해 본다. 나는 숲 속의 한 마리 새가 될 수도 있고 어여쁜 공주도 될 수 있고, 아니면 한 척의 배가 될 수 있다. 어릴 적 많은 시간, 공상의 세계 속에서 행복했던 그 기억은 어른이 되어서도 가끔씩 생각나며 메마른 삶에 맑은 수분이 스며드는 듯한 편안함을 준다.

이 장에서 생각해 볼 것은 상상력과 창의력의 문제이다. 상상력과 창의력은 언어문화콘텐츠 창작에 필수 요건이다. 상상력은 보이지 않는 것까지를 생각하는 것이고 창의력은 새로운 아이디어를 만들어내는 것을 말한다. 정지된 고인 물은 썩기 때문에 퐁퐁 샘솟으며 흐르는 새 물을 필요로 하듯, 우리의 삶도 제한된 환경 속의 진부함으로부터 벗어나 더 넓은 세상을 향한 마음으로 설렘이 가득한 그런 새로움을 필요로 한다. 상상력은 창의력의 본바탕이 되고 창의력은 우리의 삶을 더욱 풍요롭게 만들어주는 실마리가 된다. 상상력은 낭만과 자유로움 같은 멋진 분위기를 느끼는 데만 소용되는 것이 아니라, 각박한 현실 세계 속에서 인간다운 여유를 가질 수 있게 해주는 필수적 인간성의 하나이다. 창의력은 새로운 물건을 만드는 데만 의의가 있는 것이 아니라, 정신적으로 윤택하고 건강한 삶을 살 수 있게 하는 중요한 특성이다. 상상력과 창의력은 창작의 필수 요소로서 현대 사회에서 매우 중요하게 다루진다. 또한, 그 이전에 우리의 삶을 건강하게 하는 중요한 요인으로서도 가치가 있음을 인식하면서 이 장에 임하면 좋겠다.

01 │ 상상력과 창의력 이야기

상상력(想像力)이란 자기 눈앞에 현실적으로 드러나지 않는 모습을 생각하는 힘이다. 실제로는 눈에 보이는 것 없고 귀나 다른 감각기관에서 느낄 수 있는 것이 없을 때, 정신적인 이미지와 감각과 개념을 형성하는 능력이다. 늘 현실 속에서 일어나는 일을 예견하는 것은 현재 눈에 보이지 않는 것에 대한 개념을 형성하는 것이긴 하지만, 일상적으로 경험하곤 했다는 점에서 상상력이라고는 하지 않는다. 예를 들어 '내가 지금 학교 도

착하면, 내 친구 성희가 와 있을 거야.'라는 생각은 상상이 아니라 하나의 예측이다. 친구가 어머니를 여의고 장례를 치르게 되었을 때, 그 친구 마음이 많이 아플 거라고 짐작도 하고 내 마음도 숙연해지는 그런 경험은 하나의 공감이다. 오늘 누군가가 나에게 맘에 들지 않는 이상한 행동을 했을 때, 단면적으로 생각하면 그 사람이 밉고 기분 나쁠 수 있지만, 조금 더 다면적으로 생각하면 '아마 그 사람이 그럴 수밖에 없었던 여러 가능 상황이 있나보다, 예를 들어 방금 전에 아주 고통스러운 일을 당했다든가 하는 등등.'과 같은 생각을 할 수 있다. 이것은 하나의 역지사지(易地思之)의 배려일 것이다. 이러한 여러 종류의 생각들을 우리는 늘 하면서 살아간다. 이러한 생각이 곧 상상은 아니지만, 모두 상상력의 본바탕이 된다. 사람은 생각하는 존재이므로, 뭐 그런 간단한 생각을 못 하랴 싶지만, 실제로 우리가 사는 모습을 보면, 그렇지 않은 경우도 많다. 각박하게 바쁘게 나만의 입장을 염두에 두고 살아간다면, 친구가 부모님의 장례를 치러도 그저 의례적인 인사 정도에서 그치고, 얼마나 슬플까 함께 공감하지 않고 지나갈 수 있고, 상대방이 나에게 화를 내면, 곧바로 맞대응하여 나도 같이 화내면서 그 사람에 대한 이해를 눈곱만치 안 할 수도 있다.

상상력을 이야기 할 때, 흔히 하는 비유가 우물 안 개구리의 우물 밖 세상 생각하기이다. '상상'이란 우물 안 개구리가 우물 밖을 생각해 보는 것을 말한다고 한다. 우물 안 개구리가 우물 안만을 생각하며 살 때 무슨 일이 일어날까? 그리고 왜 우물 안 개구리는 우물 밖을 생각해야만 하는 걸까? 그것은 우물 밖에 하나의 세상이 있기 때문이다. 밖으로부터 날아 들어온 나뭇잎 한 장을 놓고 바깥세상을 생각할 수 있다면, 개구리는 자연의 멋진 분위기를 간접적으로나마 상상하며 행복해질 수 있을 것이다. 밖으로부터 날아 들어온 돌멩이에 맞아 상처가 나서 화가 날 때, 밖에 어떤 예쁜 어린아이가 잘못 실수해서 돌멩이를 던졌을 수도 있다고 생각할 수 있다면, 그다지 속상하지는 않을 것이다. 지금은 우물 안에 갇혀 심심하고 우울하지만, 누군가가 내려 주는 밧줄을 잡고 올라가 넓은 세상의 경치를 보며 마음껏 뛸 수 있다는 생각 속에서 행복할 수 있을 것이다. 무엇보다도 개구리에게 있어서 이미 바깥세상은 뚫린 구멍을 통해 시작된 예감으로부터 발전되는 인식의 대상이 되었기 때문이다.

우리는 늘 상상력을 사용하면서 살아간다. 책방에서 '사라진 내일'이라는 제목의 책을 보면서, 일단 간단한 상상을 하게 된다. '사라진 내일? 지구 멸망의 이야기인가? 희망의 상실 시대? 한 개인의 임종?' 등. 아직 확실한 것을 알기 전에 어떤 내용을 생각해 보는 것, 그것이 바로 상상력이다. '책을 사서 읽어보면 알 수 있는데 뭐 그런 쓸데없는 일을 하느라 골치 아프지?'라고 생각할 수도 있다. 그러나 우리가 살아가면서, 확인 가능한 것을 확인할 수 있는 경우도 있지만, 그렇지 않은 때도 많다. 우리는 우리의 일정한 공간과 시간의 테두리 안에서만 살아갈 수 있는 것이 아니다. 매우 제한된 체험 속에서 이 체험의 지평을 뛰어 넘게 하는 것이 바로 상상력이다.

우리가 살아가면서 '상상력'을 풍부하게 지니며 살아야 할 이유를 세 가지로 설명할 수 있을 듯하다. 우선, 남을 배려하며 사는 인간성을 지니는 데에 그 기본 자질로서 필요한 것이 상상력이라는 점이다. 둘째, 상상력은 여러 국면을 두루 고려하면서 가장 이상적인 사고를 알맞게 하는 합리성의 원천이 된다는 점이다. 셋째, 상상력은 새로운 아이디어를 생산해 내는 창의력의 원천이 된다는 점이다.

일반적으로 '상상력'이란 것은 이것을 통해 새로운 발견에 도달할 수 있다는 점을 들어 매우 화려하고, 특별한 사람이나 하는 것으로 오해된 점이 없지 않아 있다. 그러나 상상력이란 사람이 사람답게 살기 위해 필수적으로 필요한 사고력의 한 부분이 된다. 슬픈 일을 당한 사람과 함께 슬퍼하고, 기쁜 일을 맞이한 사람과 함께 기뻐해 줄 수 있는 것도 상상력의 힘이다. 그 사람이 지금 어떤 상황이며 심정일까를 내가 함께 생각할 수 있어야 진심으로 함께 슬퍼할 수 있고, 또 기뻐할 수 있기 때문이다. 사람이 한평생을 살면서 이런 삶, 저런 삶을 직접 경험하기는 불가능한데, 그렇더라도 공존하는 많은 국면을 이해하면서 살아야 한다. 그럴 때 가장 소중하게 작용하는 것이 바로 상상력이 된다.

우리 사회가 '배려'에 대해 많이들 이야기한다. '배려(配慮)'의 뜻은 짝 지어 생각한다는 것이다. 늘 함께 생각해야 하는 것이 있음을 뜻한다. 어느 한 가지에 대한 폭 좁은 생각이 아니라 영역을 넓혀 함께 생각해야 할 것이 있음을 뜻한다. 남을 배려하기 위해서는 입장을 바꾸어 내가 그 당사자가 되어 보아야 한다. 그런데 현실적으로 정말 그 당사자가 될 수는 없으므로 생각으로 그리 되어 보는 것이다. 진심으로 그런 입장이 되어 보면, 전에는 생각지 못했던 많은 것을 이해할 수 있게 된다. '그 사람의 기분은 어떨까?'를 생각해 봄으로써 무심히 지나치거나 이해 못 할 수도 있었던 그 사람의 감정도 잘 이해하게 되고, 그런 과정을 통해 나는 자연스럽게 그 사람을 이해하고 그 사람과 동화될 수 있는 것이다. 사람이 타인에 대해 자기 자신에게 하듯 똑같이 할 수 있다면, 또는 충분히 타인의 심정을 이해할 수 있다면, 배려의 마음은 자연스럽게 우러나올 수 있다. 그 사람이 싫어하는 것을 하지 않으려는 마음도 생기고, 필요로 하는 것을 도와주려는 마음도 생기게 된다.

그런데 이러한 '배려'의 마음을 가지게 하는 마음 바탕은 바로 건강한 '상상력'에 있다. 마음이 각박해서는 배려의 마음이 나올 수 없다. 마음이 각박하지 않다는 것은 현재 주어진 한계를 극복하여 더 넓게 두루두루 내다보며 생각할 수 있는 여유를 말한다. 건강한 상상력을 기본으로 한 배려여야, 의례적이고 의무적인 배려가 아니라 진정한 마음에서 우러나는 배려가 될 수 있다.

또한 상상력은 제한된 나의 삶을 뛰어넘어 여러 국면을 두루 생각할 수 있는 여유를 가지게 하여 결국은 합리성을 갖추도록 해 주는 기본 능력이 된다. 위에서 언급한 것과 같이 삶의 기본을 갖추기 위해 상상력이 중요할 뿐만 아니라, 정치, 경제, 행정, 사회, 과학, 인문 모든 분야에서 합리적인 사유를 할 수 있게 하는 필수 요건이 된다. 눈에 보이는 현실적인 것의 경계를 넘어선 사유만이 경험할 수 없는 세상을 생각의 범주 속에 넣게 되고, 다면적인 것을 함께 고려하여 최선을 찾는 합리성에 이르게 할 수 있기 때문이다. 현대 사회가 하도 복잡하게 얽히고설켜서 무엇이 과연 옳은 것인가에 대해 이성적인 판단을 하기가 점점 더 어려워지고 있다. 그러나 다수의 사람들이 공존하는 사회에서, 최선의 합리적 판단을 찾아내는 노력을 게을리 하면 안 된다. 대인 관계나 사회에서 갈등이 발생할 때, 자기 혼자만의 생각 속에서 그 문제를 생각하려 한다면 해결책은 영원히 나올 수 없다. 필수적으로 상대방의 입장도 되어 보고, 다른 입장의 필연성과 좋은 점에 대해서도 공감할 수 있어야만 합리적인 판단을 할 수 있게 된다. 그러므로 합리성의 기저에는 나의 구체적 현실의 한계를 뛰어넘어 다른 것까지를 고려할 수 있는 상상력이 존재하고 있어야 하는 것이다.

더 나아가서, 상상력은 창의를 만들어내는 주요 능력이 된다. 추상적인 무의 형태인 상상에 의해 구상적인 유의 형태를 만들 수 있는 창의가 일어난다. 상상력이 뛰어난 사람이 새로운 아이디어를 만들어내는 데에 능할 수 있다. 곧 상상력은 창의력의 핵심 요소가 된다. 상상력이 마음속에서 이루어지는 것이라면 창의력은 현실로 표현되어 나타나는 것이다. 풍부한 생각 속에서 어떤 쓸모 있는 것을 탄생시키는 것이 바로 창의력이다.

그러면, 이제 창의력에 대한 이야기를 해 보자. '창의(創意)'란 '처음으로 만들어지는 뜻(생각)'이라는 의미를 지닌다. 그러므로 창의력이란, 이전에는 생각지 못했던 새로운 것을 생각해내는 힘을 말한다. 유형, 무형의 다양한 생산품에 내재된 아이디어가 누가 보더라도 새롭고 독특한 참신함이 있어서, 설득력 있게 받아들여질 수 있으며 사람들에게 어떤 이익을 줄 수 있을 때 우리는 그 사고에 대해 창의성이 뛰어나다고 평가한다. 창의력에 대한 다양한 정의가 있는데, '새롭고 가치 있는 아이디어를 만들어내는 지적 능력'이라고 할 수 있을 것이다.

창의성은, 학문, 예술, 일 모든 분야에서 가장 중요한 덕목이다. 이 창의성이야말로 인류를 진보하게 한 원동력이다. 그리고 창의성은 현대 사회에서 요구하는 중요한 특성이다. 2003년에 채용정보 사이트 워키와 다음취업센터가 공동으로 회원 3,729명에게 '직장에서 인정받기 위해 가장 중요하다고 생각되는 능력은 무엇인지' 물은 결과, '창의적 사고와 적극적 자세'라는 응답이 전체 응답자의 33%에 해당하는 1,232명으로 가장 많았다고 한다. 창의(創意)란 '처음으로 만들어지는 뜻(생각)'이라는 개념을 지닌다. 현대 사회에서 '창의'는 곧바로 가치적인 것과 연결된다. 예를 들어, 1만원 상당의 가치가 되는 원형 쇠막대가 있다고 하자. 그것으로 소의 발굽을 만들면 2만 4천 5백 원이 되고, 바늘을 만든다면 6백 49만 원, 시계의 태엽을 만든다면, 무려 5천만 원이나 된다. 1만원의 원형 쇠막대기가 5천만 원의 가치가 있는 것으로 변신하게 된 것은 용도에 따른 아이디어, 즉 발상력에서 나온 결과에 기인한 것이다. 개인 각자가 자신이 갖고 있는 고정관념이나 선입관에서 벗어나려고 하는 발상의 전환을 이룬다면 획기적으로 발상력이 신장될 수 있을 것이다(김광규·남용현·문상준, 2004 : 13 인용).

그런데 창의성 있는 아이디어를 만드는 것은 맨바닥에 헤딩하듯이 아무 것도 없는 상태에서 비롯되는 기상천외한 기적이 아니라, 기존의 것으로부터 출발하는 것이며, 따라서 누구나 창의성을 가질 수 있음을 생각할 필요가 있다. James R. Evans(1991)에서는 창의력은 "이미 존재하고 있는 지식, 경험, 기술, 개념들을 전혀 다른 시각에서 이들의 의미를 재규명하고, 그들 상호 간의 결합 방법을 종전과 다르게 처방해내는 능력"이라고 정의하였다. 보스(Voss, 1989)에서는 창의력을 "이제까지는 알려지지 않았거나 생각되지 않았던 '중요한 관계'를 지각한 것이거나 비범한 아이디어를 만들어내는 능력"으로 본다. '창의'의 작업은 무조건 아무 것도 없는 무(無)

의 상태에서 일어나는 것이 아니라, 이전에 존재하던 것들을 이렇게 저렇게 결합시킴으로써 새로운 발상이 만들어지는 경우가 대부분이다. 예를 들어, 천연두 백신은 약한 천연두 바이러스 균을 동물에게 주사하여 발병하게 한 다음 동물 몸에서 항체가 생기면 그 항체를 뽑아 백신을 만들어 사람에게 투입함으로써 면역을 얻는 방법인데, 이것은 기존에 있던 사람, 바이러스, 면역에 대한 지식에다가, 동물이라는 새로운 요소를 하나 추가하여 이용함으로써 이루어진 것이다.

또한 창의력은 존재하고 있는 것에 대해 관심을 가지고 그 본질을 유심히 보는 데서부터 비롯될 수 있는 것이기도 하다. 예를 들어 '포스트잇'의 발명은, 우연치 않게 접착제를 접착력이 아주 약한 결함을 가지는 것으로 만들어서 접착제로서는 아주 쓸모가 없어서 방치되었던 것인데, 찬송가책에 책 페이지를 표시하기 위해 끼워 놓은 쪽지가 자꾸 바닥으로 떨어져 불편함을 겪으면서, 아주 달라붙지는 않고 조금만 달라붙는 실패한 접착제를 생각하게 되는 데서 비롯되었다.

미국의 심리학자 길포드 박사는 창의적 사고의 구조에 대해 설명함으로써 창의성에 대한 이해를 돕고 있다(J. P. Guilford, 1967/1968, 김기영, 2008 : 29~30 재인용). 이에 따르면, 사람의 사유 능력에는 인식 능력, 생산적 능력, 평가 능력이 있는데, 이 가운데 생산적 능력이 창의적 사고와 직결되며, 창의적 사고는 수렴적(收斂的, convergent) 사고와 확산적(擴散的, divergent) 사고에 의해 이루어진다고 본다. 수렴적 사고는 이미 우리의 인식 안에 존재하고 기존의 사고를 연장・발전시키거나 이용하는 사고 과정으로, 우리 안에 있는 하나의 해답을 찾아내는 것이다. 확산적 사고는 전연 새로운 아이디어를 발견하기 위해 여러 방면을 섭렵하는 사고 과정으로 아직 존재하지 않는 해답을 찾아 가는 것이다. 비유해 보면, 수렴적 사고는 같은 구멍을 더욱 깊게 뚫으면서 들어가는 것이고, 확산적 사고는 여러 곳에 다른 구멍을 뚫는 것이다. 이 두 가지 사고 과정이 서로 연결되어 작용함으로써 창조적 사고가 이루어진다.

누구나 창조적 사고를 할 수 있지만, 그것이 그리 쉬운 일은 아니다. 스피노자는 "최고의 모든 것은 흔한 것이 아니기 때문에 찾아내기 어려운 것이다."라고 했다고 한다. 또한 클로드 홉킨스라는 광고인도 "천재성은 고통을 수반하는 예술이다."라고 아이디어를 도출해내는 데 있어서의 어려움을 표현했다고 한다(김광규 외, 2004 : 101 참고). 대중매체에 담길 언어문화콘텐츠 창작에는 창의력을 필수적으로 요구한다. 그런데 창의성 있는 콘텐츠의 생산은 매우 어려운 일임에 틀림없다. 그렇다하더라도, 천재는 1%의 영감과 99%의 노력으로 이루어진다고 한 발명왕 에디슨의 명언이나 "창의성은 우리가 얼마만큼 노력하느냐에 따라 해마다 성장할 수 있다."는 미국의 광고대행사의 임원이었으며 브레인스토밍법의 창시자인 오스번(Alex Osborn)의 주장을 상기하면 좋겠다. 결코 창의성은 특별한 사람만이 가질 수 있는 선천적인 것이 아니라 누구에게나 존재하는 것이다. 다음에서 소개할 창의력을 기르기 위한 요건들을 보면서 자신의 창의성 개발에 가속도를 붙이는 노력을 해 보자. 또한 대중매체 언어문화콘텐츠 개발과 이러한 창의성의 요건과의 관련성에 대해서도 생각하여 앞으로 다양한 장르를 실습할 때 도움이 될 수 있도록 해 보자.

앞 절에서는 상상력과 창의력이 무엇인가에 대한 이야기를 하였다. 여기서는, 상상력과 창의력을 기르기 위해 무엇을 해야 할 것인가에 초점을 맞추어 본다. 심리학자 매키넌(MacKinnon, 1962)은 창의성이 높은 사람의 행동 특성에 대해, "독립적이고 개인적이면서 매사에 철저하다. 또 다른 사람의 기대에 구애받지 않으며, 사소한 일에 관심을 두지 않는 경향이 뚜렷하다. 그러면서도 다른 사람과의 교제에 관심이 많고, 개방적이고 관대해 자신과 반대되는 가치도 곧잘 수용한다."고 하였다. 찰스 샤퍼(Charles E. Schaefer, 2003)는 "자신의 환경에 대해 호기심이 많아 생각의 유희를 좋아하고, 일에 열중하며, 타인에게 쉽게 동조하지 않고 권위 있는 것을 받아들이기보다 자신에게 맞는 것을 찾아낸다."고 말했다. 두 학자가 꼽은 창의적인 사람의 여러 특징은 매우 일리가 있다. 이러한 특성을 자기 자신에게 대입하여 보면서, 자신이 창의적인 사람인지 아닌지도 가늠해 보고, 창의적인 사람이 되기 위하여 자신의 사고방식이나 가치관 혹은 생활 태도 등 방향 수정을 해야 할 점은 무엇인지에 대해 생각해 보는 것도 좋을 것이다.

길포드 박사는 창의성의 여섯 가지 요소로 '유연성, 민감, 연상, 독창성, 치밀함, 새로운 의미의 부여'를 꼽았다(J. P. Guilford, 1967/1968, 김기영, 2008 : 29~30 참고). 여러 책에서 창의성을 기르기 위한 다양한 방식을 제안하고 있지만, 이 여섯 가지를 중심으로 접근해 보면 좋을 것이라 생각된다.

(1) 유연성

유연성(柔軟性)이란 글자 뜻 그대로, 부드럽고 연한 성질이다. 꿋꿋하게 한 가지만을 고집하며 부동하는 것이 아니라 이리저리 휘기도 하고 물들기도 할 수 있는 성질이다. 창의력이 향상되기 위해서는, 무엇보다도 우리의 마음이 유연해야 된다. 그래야만 주변의 상황에 대해 긍정적이며 능동적으로 반응할 수 있다. 마음이 유연한 사람은 정해진 기존의 원리원칙에 얽매이지 않고 형편과 상황에 공감하면서, 알맞게 대응할 수 있게 된다. 선입견이나 편견이 많은 사람은 유연하지 못하다. 혹 본인 스스로 선입견이나 편견이 많다고 생각된다면, 본질적 존재의 문제서부터 고민해 볼 필요가 있다.

과연 내가 알고 있고 그렇다고 믿고 있는 것 중 내가 진실로 그렇다고 증명할 수 있는 것이 몇 개나 되는가. 인도의 철학자 크리슈나무르티는 우리는 모두 헌 사람이라고 했다. 우리는 늘 다른 누군가가 생각한 내용을 주워서 내 것인 양 생각하며 사는 헌 사람이라는 것이다. 내가 이만하면 성공했지, 내가 누구보다 낫지, 내가 누구보다 못하지, 나는 왜 이렇게밖에 못사나 하는 생각들은 모두 다른 이와, 과거의 기억과의 비교에 의한 관념일 뿐이다. 내가 알고 있는 것, 내가 생각하는 것은 늘 그릇될 수 있는 여지가 있는 것으로 반드시 옳다고 주장할 수는 없는 것이다. 내가 배고픔을 느낄 때, 그것은 정말로 배가 고프기 때문에 배가 고프다고 느끼는 것이다. 나의 배고픔은 어제의 배고픔의 기억을 통해 어제의 관념과 비교해서 나온 배고픔이 아니다. 내가 절실하게 느끼는 진정한 배고픔이다. 그러나 우리가 아는 것은 그런 배고픔과 같은 게 아니라 다른 곳으로부터 입수된 앎이다. 따라서 우리는 우리가 아는 것으로부터 자유로워져야 한다. 그렇게 하여, 자기 자신의 진정하고 솔직한 그 무엇으로 살아야 한다. 그리고 그런 마음으로 사람을 만날 때, 우리는 열린 마음, 자유로운 영혼의 교감을 이룰 수가 있다. 그러므로 '나'는 내가 알고 있는 것에 대해 교만하지 않고, 권위적이지 않으며, 잘난 것도 없고 그렇다고 해서 못난 것도 없는 그냥 '나'일 뿐이다. 우리는 진정한 배고픔과 같은 그런 것을 소유해야 한다. 그런 것만이 진실로 내가 찾은 나의 감정이며 생각이며 확실한 그 무엇이다. 그런 마음이 된다면, 선입견, 편견일 수 있는 생각의 그물망들, 나의 앎에 대한 원리원칙적 고집 같은 것이 허물어지고 마음이 유연한 상태가 될 수 있다. 유연한 마음의 상태가 되어야 주변에서 밀려오는 것들에 대해 공감하며 감정이입도 할 수 있는 상태가 된다. 그런 마음의 바탕에서 창의성은 싹튼다.

(2) 민감

민감(敏感)하다는 것은 글자 뜻 그대로, 재빠르게 세심하게 느낀다는 것이다. 이것을 감수성이라고도 할 수 있다. 민감한 사람은 한 가지 문제에 대해 다양한 접근을 해본다. 남들이 하나를 느낄 때, 민감한 사람은 둘, 셋을 더 느낀다. 계절의 변화에 대해 그저 '날이 따뜻해지고 있구나.'라고만 느끼는 사람이 있는가 하면, 움트고 싹트는 자연의 변화와 밝아오는 하늘빛의 변화, 또는 경쾌해져가는 옷차림의 변화들을 다양하게 느끼는 사람이 있다. 주변의 상황에 대해 무감각하지 않게 관심을 가지고 받아들이면서 호기심을 갖고 감동을 느낄 수 있어야 창의적 사고를 할 수가 있다. 감수성이 뛰어난 사람은 사태의 본질을 잘 파악하여 그것에 대한 문제점도 빨리 발견하고 그로부터 비롯되는 다양한 사고를 할 수 있다.

혹시 자신이 그다지 감동이 많지 않고 무심한 성향이 있다고 생각된다면, 다음과 같이 생각해 보자. 이미 채색이 꽉 차고 액자까지 만들어진 그림 종이에는 더 이상의 변화를 바랄 수 없지만, 작은 물 한 방울이라도 흠뻑 먹을 수 있는 채색되지 않은 습자지 같은 종이에는 무한한 가능성이 열려 있다. 습자지는 유연한 상태이며 작은 바람에도 파르르 떨 수 있는 세심함이 있다. 윤동주 시인이 '잎새에 이는 바람에도 나는 괴로워했다.'고 한 그런 아픔을 느껴본 적이 있는가. 마음이 습자지 같은 상태일 때, 나는 화단에 건듯 부는 작은 바람결을 느끼며 마음이 아스라이 아파온다. 그것이 바로 감동이다. 감동은 사랑의 마음이다. 사랑은 활동이다. 내가 사랑하고 있다면 나는 사랑하는 대상에 대해서 계속적인 능동적 관심의 상태에 있다. 그런 활동 속에서 감동이 나오고, 그 감동 속에서 창조적 아이디어가 나올 수 있다.

구니시 요시히코(2002 : 118)는 '감성을 연마하는 행동 원리'라 하여, '① 몸을 움직인다(행동한다) → ② 고요한[靜] 상태에서 몽상에 잠긴다 → ③ 메모한다 → ④ 작전을 짠다 → ⑤ 바라본다 → ⑥ 알아챈다(깨닫는다) → ⑦ 머릿속을 정리한다 → ⑧ 배우고, 듣고, 확인한다 → ⑨ 자기 자신을 안다 → ⑩ 움직이는[動] 상태에서 상상한다'를 들고 있다. 사람마다 스타일이 다르므로 이것이 다 잘 적용되리라고 생각하지는 않는다. 더욱이 강제적이거나 기계적으로 이루어질 수 있는 일들도 아니다. 무엇보다도 생활 속에서 겪는 다양한 것들과 내가 추구하고 좋아하는 것들에 깊이 빠져보면서, 기억해 두면 좋을 것들을 메모하고, 관련된 것을 찾아서 배우는 적극적인 활동을 통해서 민감성이 길러질 수 있다는 것이다.

그런데, 민감함은 자칫 신경성 스트레스를 가져올 수 있는 위험성도 있다. 그것은 자신의 내면에 자존감이 결여되어 주변 상황에 대해 민감하게 자극을 받아 마음이 상하는 상태이다. 그런 식의 민감함을 경험하곤 한다면 내면으로부터 자기 존재에 대한 자존 의식을 높여야 한다. 세속의 가치에 얽매이거나 의식하면서 자신 없어 하고 열등감을 갖는 것은 또 하나의 선입견이며, 진정한 자존 의식을 가로막는 장애가 된다. 그러한 바람직하지 못한 마음이 없어지려면, 근원적이고 본질적인 문제로부터 고민하며 자신의 내면을 충실하게 하는 노력을 해야 한다. 그 방법으로 가장 좋은 것은 인문학적인 독서이다. 내면적인 충족감을 줄 수 있는 활동을 적극함으로써 자존 의식을 높여갈 수 있다.

(3) 연상

연상(聯想)이란 하나의 구체적이거나 추상적인 대상을 보고 그와 관련되는 다른 것을 생각하는 것을 말한다. 앞에서 말한 마음의 유연함과 민감함이 있는 사람은 연상도 잘 한다. 지금 내 앞에 놓여 있는 보잘것없이 작은 지우개 하나를 보면서, 파스텔로 가득히 칠해진 도화지 위에 지우개로 쓱싹쓱싹 선을 그리며 구름도 만들고 창문도 만들고 어둠 속을 비추는 빛줄기도 만드는 것을 생각해 보라. 연상 이전에는 그저 하나의 지우개였지만, 그런 연상과 함께 지우개는 나에게 한결 더 소중한 그 무엇이 되는 것이다. 창의력이란 무에서 탄생하는 것이 아니라 기존의 것으로부터 시작된 의심하기, 뒤집어 보기, 다르게 보기, 비밀 찾기, 새로운 결합 등과 같은 확산적 사고에 의해 탄생하는 것이라는 점에서 이 연상 작용은 대단히 중요한 창의력의 요건이 된다.

연상 작용은 확산적 사고의 형태이지만, 확산적 사고는 수렴적 사고를 통한 기존의 지식 상태에서 출발한다. 연상을 잘 할 수 있으려면, 그 사회의 문화를 함께 호흡해야 한다. 왜냐하면 아이디어는 '문화'라는 거름이 있어야 꽃을 피울 수 있기 때문이다. 하버드 대학의 에머빌 교수는 창의적 사람의 특징으로 '지식 무장'을 꼽았다. 곧, 창의적인 사람은 관련 분야의 풍부한 지식으로 무장하고 있으며, 창의적 행동과 사고, 성격을 지니고 있다는 것이다. 칙센트 미하이가 수백 명의 창의적인 천재들을 만나 인터뷰를 했는데, 천재라고 부르는 것에 거부감을 가진 사람들이 많았다고 한다. 그것은 그들이 천재이기 때문에 천재가 아니라 끊임없이 노력을 통해서 이루어졌다는 것이다. 한국의 천재들도 마찬가지인데, 예를 들어 한국의 인터넷을 만들어낸 전길남 박사는 한 달에 200여 권의 전문 잡지를 본다고 한다. 광고계의 크리에이티브 디렉터 박웅현 씨는 그의 창의성 자질의 원천을 수많은 독서로 꼽고 있다. 그는 세상과 문화와 철학 등 다양한 대상에 대한 갈증으로 엄청난 양의 독서를 한 사람이다. 두뇌 속에 많은 양의 정보가 저장되어 있는 사람이 풍부한 발상도 잘 할 수 있다. 그러기 위해서는 항상 자기 주변에서 일어나고 있는 많은 일들을 정보로 정리하여 보관하고, 많은 책들을 섭렵하면서 간접 경험의 폭과 깊이를 넓혀야 한다.

(4) 독창성

　독창성(獨創性)은 얼마나 새로운 것인가 하는 문제로, 모방이나 파생에 의한 것이 아니라 그 자체에 기원을 둔다는 뜻을 지닌다. 국어사전에는 '혼자의 힘으로 독특하게 만들어 이루는 성질'이라고 풀이되어 있다. 영어 대응어는 'originality'인데, 고대로부터 쓰인 단어로, 표절을 하지 않고 자신의 힘으로 작품을 만드는 것을 존중하던 의식이 들어 있는 말이라고 한다. 그러나 완전한 무(無)에서 이루어지는 것은 있을 수 없다는 점에서, 새로운 것이란 독창적인 것이 아니라 재편성된 것이라고 생각해 볼 수도 있다. 말의 뜻을 어떻게 풀이하는가 하는 문제에 논란이 있을 수 있겠으나, 어쨌든 재편성이든 숨어 있던 기존의 발견이든 이전에는 누구도 하지 않았던 요소가 들어 있다는 점에서 독창적이라 할 수 있다.

　순환 반복의 말이지만, 가치 있는 생산물이 되기 위해서는 독창성이 있어야 함은 두 말할 나위가 없으며 독창적인 사고를 통해 독창적인 결과물이 나오는 것이다. 남이 하지 않았던 생각을 하는 것, 그래서 다른 것과는 차별성을 갖는 생산물을 발명해야 창의력이 뛰어나다고 평가받을 수 있다. 그러나 독창성은 신출귀몰한 신기성을 뜻하는 것은 아니다. 독창적이라는 말과 견주어 볼 개념으로 '독보적(獨步的)'이라는 것이 있는데, 세계에서 남이 따를 수 없을 만큼 홀로 뛰어난 것을 말한다. 독보적이라는 말은 어떤 결과나 성과가 다른 것을 앞질러 우위를 차지한다는 뜻을 지니므로 다른 대상과의 대조에 의한 서열 의식이 있다. 반면에 독창적이라는 것은 성과와는 관련이 없으며, 서열 의식도 없다.

　한창 세계화 열풍 속에서 전 세계가 하나의 지구촌이라는 의식과 함께 한국의 것보다는 미국의 것을 선호하는 경향이 있었다. 그때, 의식 있는 사람들은 "정말 세계적인 것은 한국적인 것이지 미국화가 아니다."라는 주장을 했었다. 그 후 십여 년이 지났다. 실제로, 외국 사람들이 보고 싶어 하고 선호하고 열광하는 것은 한국 고유한 것임을 우리는 이제 알게 되었다. 독창성이란, 원래 있던 고유한 것을 잘 끄집어내어 이제껏 하지 않았던 새로운 구성이나 새로운 기법이나 새로운 표현을 할 때 필연적으로 생겨나는 것이다. 그러므로 남과는 다른 특별한 것을 하겠다는 목적으로 엽기적이거나 자극적인 기이한 것을 찾는 것보다는 평균적이고 보편타당한 것 속에 숨겨져 있는 본질에 대한 비밀을 찾겠다는 생각으로 접근하면 좋을 것이다.

(5) 치밀함

치밀함이란 자잘한 호기심이 있을 때 파고들어 궁리하며, 다듬어지지 않은 수준의 아이디어를 꼼꼼하게 다듬어서 새로운 결과를 만들어내는 것을 말한다. 치밀함이 있어야 자잘하고 사소한 것도 그냥 무심하게 보아 넘기지 않는다. 의외로 위대한 발견은 사소한 데서부터 시작된다. 우리는 성공한 아이디어를 보면 '저렇게 쉬운 생각을 왜 미처 못했지?' 또는 '아하, 바로 그거야! 나도 할 수 있었는데….'라고 감탄을 하게 된다. 그러나 이미 때는 늦다. 다른 사람이 먼저 발견했기 때문이다. 아이디어는 일상 속 작은 곳에서 숨어 있는 것이므로 늘 치밀하게 주변에 대해 관심을 가지고 관찰하고 생각하는 습관을 가질 필요가 있다.

치밀함은 문제를 정확히 이해하고 결함을 메우고 독창성을 확산시켜 아이디어의 완성도를 높일 수 있게 한다. 아이디어는 우연히 나타나는 것이 아니고 문제 해결을 위해 왕성한 호기심을 갖고 치밀하게 정보를 수집하고 잠재의식까지 활용하여 집중하다보면 돌연히 계시와 같이 문제 해결의 사소한 실마리가 발견되는 것이다. 발명왕 에디슨은 2,000번의 시도를 통해 전구를 창조하는 데에 그 치밀함을 더해 갔을 것이다. 만유인력의 법칙을 발견한 뉴턴도 그냥 발견한 것이 아니라 그것에 대해서 계속해서 치밀하게 궁리하는 과정을 통한 것이었다. 레오나르도 다빈치는 사람의 인체를 그리는 화가에게 인체의 해부학적 지식이 없다면 그가 그린 누드화는 예술이 될 수 없다고 생각했다. 치밀한 관찰에 의해 탄생된 기적의 예는 많다. 풀 원료가 잘못 들어가 실수로 만들어진 접착제를 이용한 포스트잇, 실험실에서 주머니 속의 초콜릿이 녹은 걸 보고 발견한 전자레인지, 스페인의 수사들이 코르크 마개를 써서 물통을 막은 것을 보며 생각해낸 와인 코르크 마개, 곰팡이를 관찰해서 나온 페니실린 등이 그 예이다. 네이밍의 착안점을 찾거나 광고의 카피 콘셉트를 찾거나, 기사문의 취재와 집필, 방송 구성의 아이디어 및 내용물을 생각할 때에 세상살이와 사물들에 대한 치밀한 관찰도 필요하고 흥미 요소와 강조 요소 등을 치밀하게 생각해야만 좋은 결과물이 나올 수 있다. 곧 거의 모든 창의적인 생산물은 치밀한 작업을 통해서만이 얻어질 수 있는 것이다.

(6) 새로운 의미의 부여

‘의미(意味)’란 사물, 행위, 사건, 현상 등에 담겨 있는 가치, 보람, 의의 등을 말한다. 똑같은 대상을 두고서도 사람에 따라 다르게 해석할 수 있다. 예를 들어, 바닷가 저 멀리 떠 있는 한 척의 배를 보고 관광객은 아름다운 정경이라고 감탄을 하면서 그 배에 대해 자유로움, 한적한 휴가, 낭만 등의 의미를 부여할 수 있으며, 어부는 죽음을 항상 염려하는 절박함, 생존을 위해 파도와 싸워야 하는 치열함, 가족의 생계를 책임져 주는 효자, 나의 유일한 재산 목록 1호 등의 의미 부여를 할 수 있는 것이다. 광고 카피나 드라마 제목 등에서 비유나 상징을 찾는 작업도 매우 중요한데, 이러한 것도 역시 새로운 의미 부여에 속한다.

다음의 시를 보면서 시인은 일상적 사물에 대해 어떤 의미 부여를 하고 있는지 생각해 보자.

투명한 물컵 위에
엉덩이를 드러내고
부끄럽디 부끄럽게
앉아있는 양파 하나

— 이상호, 〈양파실험〉

숨통이 막혀서
푸 푸 한숨을 몰아쉬며
구름이나 한 장 지고
허이허이 가다보면
그 어디쯤에서
소나기 한 줄기 만날 수 있을까
날마다 퐁금소리로 잠이 드는
욕망처럼 끓는 바다

— 이상호, 〈압력솥〉

시인은 흔히 식탁에 오르는 식재료 양파, 그 양파를 물 컵에서 키우는 양파 실험을 보면서 양파의 엉덩이가 부끄럽다고 생각한다. 밥 끓을 때 푸푸거리는 압력솥을 보면서 삶의 비애를 생각한다. 그러한 발상들이 한 편의 주목받은 시를 만들어낸다. 새로운 의미 부여 작업의 한 예라고 할 수 있다.

창의력이란, 기존의 것을 바탕으로 한, 새로운 해석을 통한 독창성의 발휘라고 볼 때, 새로운 의미 부여 작업의 중요성은 매우 크다. 이것은 재정의, 재구성 능력, 지식이나 정보를 다른 목적으로 이용하고 가공할 수 있는 작업이다. 그런데 이러한 것은 언어를 통해 구현된다. 새로운 의미 부여를 표현하기 위해 언어적 표현력이 있어야 한다. 언어를 통해 표현되어야 구체적 의미 전달이 이루어진다. 특히 언어문화콘텐츠 개발 작업은 더욱 그러하다.

03 | 상상력과 창의력 실습

다음에 제시된 몇 개의 실습을 통해, 상상력과 창의력을 발휘하는 실습을 해보기로 한다. 이러한 식의 실습을 함으로써, 대중매체 언어문화콘텐츠 창작의 중요한 요소인 상상력과 창의력을 기르는 효과를 체험해 보면 좋을 것이다.

❶ 다음 행위에 대해서 그 행위와 관련될 수 있는 사람들의 몇 입장, 또는 다양한 상황에서 느낄 수 있는 기분에 대해 생각해 보자.

• 바닥에 껌을 뱉었다.
 (예 : 뱉는 사람 입장, 보는 사람 입장, 밟는 사람 입장, 청소하는 사람의 입장 등)
• 통학버스를 탔다.
 (타는 사람의 여러 상황, 즉 출발 5초전, 언제 출발할지 모르는 상황, 내 순서에서 끊긴 상황, 내 앞 순서에 끊겨 그 버스를 못 타고 다음 버스를 타야 하는 상황, 친구와 함께 앉을 자리가 있는 상황, 친구와 뚝 떨어져 앉아야 하는 상황 등)
• 나는 그 사람을 좋아한다.
 (둘이 서로 좋아하는 상황, 나만 좋아하는 상황, 좋아하는 것을 주변 사람에게 알리고 인정받을 수 있는 상황, 그럴 수 없는 상황, 좋아한다고 그 사람에게 얘기한 상황, 그렇지 않은 상황 등)

❷ 브레인스토밍, 브레인라이팅, 마인드 맵을 해 보자.

• **브레인스토밍(Brain storming)** : 비판이나 판단을 유보하고 머릿속에 떠오르는 대로 아이디어를 내게 하는 집단 아이디어 발상법
 ※ 비판도 칭찬도 엄금 / 자유분방 / 질보다 양 / 아이디어 편승(다른 사람이 내놓은 아이디어에 자신의 아이디어를 덧붙여 이야기할 수 있다.)
 <소재의 예>
 -두루말이 휴지를 무한대로 제공하면서 의상 디자인 경연대회를 한다면?
 -매니큐어로 할 수 있는 일
 -깻잎 다섯 장을 가지고 무대에 올라가서 할 수 있는 공연
 -무인도에서 종이 한 장과 연필 한 자루가 있다면, 무엇을 기록할 것인가?
 -감사 / 배려 / 사랑 / 우정 / 칭찬 / 비난 / 영어

• **브레인라이팅(Brainwruting)** : 브레인스토밍을 통해 나온 다양한 아이디어를

글로 쓸 때 유용한 것이 되므로 1단계를 시작된 소재를 쓰고(예 : 비타민, 참치 통조림), 그 다음부터는 단계의 구분 없이 떠오르는 모든 것을 글로 쓰는 것

- 마인드맵(mindmap) : 우리 뇌의 사고 형태인 확산적 사고를 효과적으로 표현하기 위해 고안된 것으로, 조직화를 하는 과정. 1단계에 소재를 쓰고(예 : '감사'), 2단계에서는 1단계에서 쓴 소재로부터 연상되는 단어를 씀(예 : 선물, 칭찬, 기쁨, 오프라 윈프리, 스승의 날). 3단계에서는 2단계(예 : 선물)에 의해 발생되는 구체적인 생각과 느낌, 원인, 해결책 등(예 : 받고 싶다, 부담된다, 비싼 게 좋아? 선물이 이 세상에 전혀 없다면 삶은 삭막한 사막과 같을 거야.)을 기록한다.

❸ 우리 사회에 존재하는 고정관념과 선입견을 제시하고, 그것이 왜 불합리한 것인지에 대해 설명해 보자(제시된 글을 참고하자).

※ 선입견의 예 : 키 큰 사람은 싱겁다, 몸매가 날씬해야 연예인이 될 수 있다, 과메기는 비리다

[참고 글] 편견과 고정관념

미국인과 멕시코인은 둘 다 서로에 대한 고정관념에 기초하여 편향된 의견을 나타냈다. 편견(prejudice)이란 말을 '선입견(prejudgment)', 즉 사실들이 알려지기 전에 나타나는 의견이란 의미로 생각해 보자. 이렇게 되면 편견은 '결론으로 비약함'은 물론이고 '사실을 놓침'의 사례가 된다.

비록 편향된 의견이 보통은 바람직하지 못한 것으로 생각된다 할지라도, 꼭 그럴 필요는 없다. 다시 말해 편견이 바람직한 경우도 있을 수 있다. 예컨대 어떤 일자리에 응모한 사람이 우연히 고용주와 똑같은 민족 출신이거나 똑같은 문화 집단에 속할 수 있다. 그리고 바로 그 사실로 인해 응모자가 일자리를 얻게 된다고 해 보라. 이 경우는 민족적 배경을 기초로 해서 편견이 누군가에게

바람직하게 작용한 경우이다. 이러한 사실은 종교, 인종, 성, 또는 어떤 사람이나 집단을 다른 사람이나 집단으로부터 차별하는 데 사용되는 다른 어떤 특성의 경우에도 똑같이 성립할 것이다.

고정관념(stereotype)이란 제한된 정보에 기초하여 어떤 집단의 모든 성원들이 똑같은 특성을 가진다고 생각하는 의견이다. 그리고 나면 이 정형화된 의견이 그 집단의 개인들에게 적용되는데, 이러한 적용은 실제로 그 개인에 대해 타당하든 타당하지 않든, 또는 심지어 그 집단 전체에 대해 타당하든 타당하지 않든 상관없이 진행된다. 멕시코 농부를 '게으르다'고 보는 미국인 관광객의 견해는 멕시코인 일반에 대해 정형화된 의견에 기초하고 있다. 미국인 관광객에 대한 멕시코 가게 주인의 경우도 마찬가지다.

고정관념이란 말은 인쇄방법에서 유래한 말이다. 용해된 금속이 인쇄될 글자를 정확히 인쇄하기 위해 어떤 형(型, form)에 부어진다. 이런 종류의 정형화된 틀(stereotype)은 변동의 여지를 전혀 허용하지 않는 준비된 형의 기계적 사본이다. 우리가 사람들을 개별적으로 알지 못하는데 그들이 어떤 집단에 속한다는 것만을 알 때, 우리는 유추해서 그들이 정형화된 의견에서 묘사되는 사람들의 사본이라고 가정한다.

고정관념은 어떤 집단의 개인 성원들에 관해 좀더 많은 정보를 획득하게 됨에 따라 수정되게 마련이다. 그런 경우에 그 고정관념은 오해(misconception), 즉 잘못된 생각으로 간주될 것이다. 요컨대 편견이 정보의 승인을 방해하지 않는다고 한다면 고정관념은 적절한 정보에 의해 약화된다.

열린 마음을 가진 사람이라도 고정관념에서 꼭 벗어날 수 있는 것은 아니지만, 그들은 개인적 경험이나 새로운 정보가 자신들의 의견이 틀렸음을 가리킬 때 자신들의 정형화된 의견을 바꿀 수 있다. 그렇지만 마음이 닫혀 있는 사람들은 새로운 정보에도 불구하고 그들의 편견이 남아 있기 때문에 경직된 고정관념을 갖게 된다. 그러한 편견들은 대부분 차별 행위를 통해 손해를 입힌다.

— 하이 럭클리스 외(2002 : 302~303) 인용

❹ 하나의 대상에 대해, 그것을 소재로 하여 상상력을 펼쳐보자(글로 작성하기).

※ 소재의 예―사물, 어떤 내용이 담긴 사진, 풍경, 장면 등

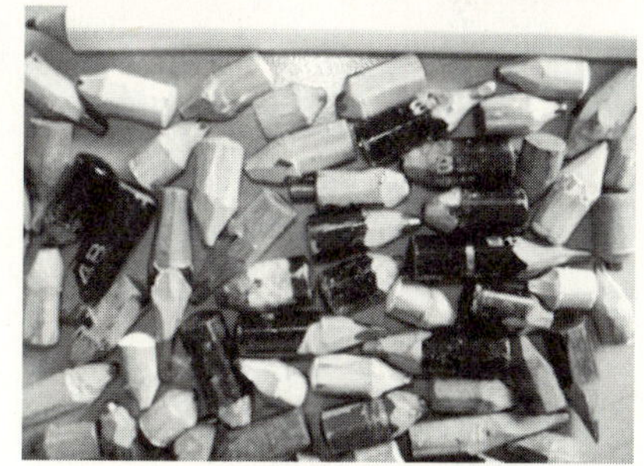

❺ 다음에 제시된 글을 보고, 패러디(창조적으로 모방하기)를 해 보자('그 일은 알 수 없는 일이었다'로 시작하는 글 작성하기).

> ※ 패러디(parody) : '다른 노래에 병행하는 노래'라는 뜻의 그리스어 parodeia에서 유래. 특정 작품의 소재나 작가의 문체를 흉내 내어 익살스럽게 표현하는 수법. 또는 그런 작품. 그러나 꼭 익살 그 자체가 목적이 되는 것은 아니며, 기존의 형식을 모방하여 창조적인 다른 내용을 표현해내는 것을 말한다.

그 일은 알 수 없는 일이었다. 해를 반으로 접겠다고 길을 떠나는 절름발이 아이의 삐뚜름한 걸음걸이를 보는 일보다, 낙랑공주가 찢었던 북을 꿰매겠다고 실 바늘을 챙겨들고 슬리퍼를 끌고 나가는 여자를 보는 일보다, 그 일은 확실히 알 수 없는 일이었다. 루트 삼을 기어이 정수로 뽑겠다고 몇날 며칠을 산속에 들어가 금식기도를 하고 있는 사람을 보는 일보다, 미이라에게 탄저균을 발라 젖살 오른 얼굴을 만들겠다고 고분에 틀어박혀 두문불출하는 사람을 보는 일보다, 그 일은 분명 알 수 없는 일이었다. 돼지에게 왜 멱따는 소리밖에 내지 못하느냐고 몽둥이를 내갈기며 아리아를 가르치는 사람을 보는 일보다, 상여차 안에서 상주를 잡아끌고 람보와 지르박과 탱고를 추는 사람을 보는 일보다, 그 일은 분명 알 수 없는 일이었다.

그 일은 아무리 생각해도 알 수 없는 일이었다. 강아지 인형에게 라틴어 문법과 소쉬르의 구조주의를 가르친 후 산스크리트어로 시험을 보겠다고 으름장을 놓는 사람을 보는 일보다, 산신령이 입어야 한다며 우주센터로 우주복을 사러 갈 여비를 마련하겠다고 껌을 팔러 지하철 안을 누비고 다니는 사람을 보는 일보다, 그 일은 더 알 수 없는 일이었다. 악어 핸드백을 가지면 악어처럼 돈을 꽉 문다는 소리에 집 팔아 논 팔아 악어 핸드백만 사는 사람을 보는 일보다, 유전자 콩을 골라내겠다고 콩 한 가마니를 풀어 한 개 씩 씹어보는 사람을 쳐다보는 일보다, 그 일은 정말 알 수 없는 일이었다. 중증 치매인 아버지에게서 유럽의 역사와 넘겨줄 유산이 있다는 소리를 뒤죽박죽 섞어 듣는 일보다, 과거형 언어와 미래형 언어가 없는 곳에서 과거와 미래를 얘기하는 사람의 말을 듣는 일보다, 그 일은 더 알 수 없는 일이었다.

그 일은 절대로 알 수 없는 일이었다. 고양이를 훈련시키면 호랑이가 된다면서 고양이에게 풍선껌을 주며 풍선을 불어야 호랑이가 된다고 홀리는 조련사를 보는 일보다, 시그널 뮤직을 들을 때마다 난지도 쓰레기장을 떠올리며 어떻게 하면 저 노래를 태워 재생산해볼까 궁리하는 자칭 환경론자를 보는 일보다, 그 일은 더 알 수 없는 일이었다. 십대 게릴라에게 난자를 당하면서도 가보로 내려오는 칼을 쥐어주며 더 잘하라고 격려하는 노인을 보는 일보다, 헛간 지푸라기 위에서 한 손으론 쫄쫄 소리 나는 창자를 움켜잡고 한 손으론 모조 무궁화 훈장을 쓰다듬으며 배가 부르다고 말하는 사람을 보는 일보다, 그 일은 더 알 수 없는 일이었다. 술도 취하지 않은 피라미를 가리키며 저것이 자청해서 가재의 입을 벌리고 들어가 알 낳고 자손대대 장수하는 것을 볼 테니 복채나 두둑이 내라고 거품 무는 점쟁이를 보는 일보다, 카멜레온을 잡아놓고 용이라 떠받들며 무릎 꿇고 경배하는 정치인을 보는 일보다, 그 일은 더 알 수 없는 일이었다.

— 김정주, 『을들에 관한 소묘』

그 일은 알 수 없는 일이었다.

1 다음 글들을 읽고 상상의 몇 유형을 설정할 수 있는지 토의해 보자.

1____

　상상력에는 일차적인 것과 이차적인 것이 있다. 일차적 상상력이란 인간의 모든 인식을 지배하는 살아 있는 힘 또는 일차적인 동인(動因)이다. 또한 일차적 상상력이란 무한한 절대 자아(the infinite I AM)의 창조 행위가 유한한 정식 속에서 영원히 되풀이되는 것이라고 생각한다. 이차적 상상력은 전자와 반향(反響)을 이루지만, 자각 상태의 의지(the conscious will)와 공존하고 있다. 이차적 상상력은 일차적 상상력과 동일한 종류의 동인이지만, 작용면에서 보면 정도의 차이와 방식의 차이가 존재한다. 이차적 상상력은 재창조를 위하여 용해하고, 확산하며, 분산한다. 또는 이와 같은 과정이 불가능한 곳에서라면 이차적 상상력은 어떤 희생을 치르고라도 이상화하고 일체화하려고 애쓴다. 대상으로서 모든 대상이 본질적으로 고정되고 죽어 있는 것이라면, 이차적 상상력은 본질적으로 살아 있는 것이다. 반면 공상력이란 함께 작용할 그 어떤 대응물도 갖고 있지 않은 정신 능력, 다만 고정되고 한정된 정신 능력일 뿐이다. 사실 공상력은 시간과 공간의 질서에서 해방된 기억의 한 유형에 지나지 않는 것이다. 아울러, 우리가 '선택(choice)'이라는 단어를 사용하여 표현하는 의지의 경험적 현상과 뒤섞이고 이로 인해 변형된 기억의 한 유형에 불과한 것이다. 그러나 공상력은 일상의 기억과 마찬가지로 연상 법칙에 따라 미리 준비된 모든 자료들을 수용하지 않을 수 없다.

― 장경렬 외 편역(1997 : 55), 『상상력이란 무엇인가』, 살림

2____

SF의 환상적 상상력은 그 비판적 성격에도 불구하고 현재의 과학-기술에 실질적인 발전 방향을 제시한다. 즉 모순적인 것 같지만, 환상성이 실제 과학-기술을 유도한다고 할 수 있다. 이런 예는 무수히 많다. 4차원의 세계·유전공학, 로켓, 잠수함, 레이더, 로봇, 뇌파검사기, 시험관 아기, 형광등, 평면스크린 등은 현실의 과학-기술에 앞서 SF에 의해 제시된 것들이다. 세계적으로 유명한 기술대학인 미국의 MIT에서 SF를 교과과목으로 가르치는 것도 이런 일면을 잘 보여준다. SF의 이러한 성격은 여러 경향의 신과학과 대비하여 흥미로운 관찰을 하게 한다. 신과학은 과학적 위상을 획득하려 하기 때문에 오히려 상상력이 제한될 수 있으나, SF는 이렇게 이중적으로 탈과학적인 성격 덕에 엄청난 상상력으로 과학-기술 세계를 비판적으로 놀리기도 하면서, 또한 그것에 구체적인 발전 방향을 제시하기도 한다.

― 김용석(2002), 『깊이와 넓이 4막16장, 해리포터에서 피버노바(FeverNova)까지』, 휴머니스트

2 다음 글들을 읽고 창의력의 중요성에 대해 토의해 보자.

1____

학력이나 처한 상황에 상관없이 자신 안에 숨겨진 "창의력"이란 보물을 발견한 사람들은 하나같이 기쁘고 행복해 했습니다. 그리고 저를 포함한 많은 사람들의 인생이 바뀌었습니다. 그 경험들을 통해 내린 결론이 하나 있습니다. "창의력은 누구나가 가지고 있는, 하나님이 주신 요술상자다."

― 김은주(2008), 『생각의 폭풍을 일으켜라 와인 공장의 기적』, 21세기북스

2

   이제 우리 사회는 지속적인 경쟁력의 원천을 지식과 정보인력 위주에서 창조적이고 개념적인 능력을 가진 인력 위주로 대체하지 않을 수 없는 상황에 이르고 있다. 산업사회가 정보사회로 대체되듯이 지식·정보사회는 사실상 물러가고 있으며, 그 자리에 창조성 또는 개념화 사회가 이미 우리 앞에 다가오고 있는 것이다. 이런 사회에 필수적인 능력이 바로 창의력이다. 창의력은 기억력처럼 타고나는 것이 아니라 꾸준한 학습을 통해서 성장한다.

— 김기영(2008), 『창의력, 문제해결의 힘』, 위즈덤하우스

3

   창조적으로 생각하는 능력은 신세대의 최신 음악에서부터 우리네 삶의 자질구레한 일상에까지 모두 관련된다. 창조적으로 생각하는 힘, 그것은 바로 매혹적인 삶의 원천이다.

— 허병두(1996), 『문제는 창조적 사고다』, 한겨레신문사

4

   마치 복제된 것처럼 개성 없고 지루한 '보통 한국사람'보다는 반복으로 굳어지고 있는 관습의 벽을 깨뜨릴 수 있는, 비정상적인 인간으로까지 보일 수 있는 '예외적인 한국사람'이 미래를 열 수 있는 인간형일 것이다. "왜 한국에는 빌 게이츠가 나올 수 없는가?"라는 자책 섞인 질문에서도 하향 평준화된 '보통', '평균적', '정상적'인 한국 사람의 문제점이 지적되고 있다. 시대상황은 물론 다르지만, "군자는 다른 사람과 화합하지만 이들과 똑같지 않고, 소인은 다른 사람과 같다고 하지만 화합을 이루지 못한다(君子和而不同 小人同而不化)는 말처럼 '소인'으로 이해될 수 있는 '보통 한국사람'이라는 의미와 함께 주위 사람과 다르지만

화합할 수 있는 역량을 지닌 현대적인 의미의 '군자'의 뜻을 곱씹어볼
필요가 있다.

—송두율(1998), 『21세기와의 대화, 발상의 전환을 위한 20가지 테마』, 한겨레신문사

3 다음에 제시한 심리학자 버드의 창의적 유형을 참고하여 자신은 어디에 속하
는지 생각해 보자.

- 다른 사람의 아이디어를 잘 가져다 씀 ···················· 모방형
- 기존의 사고나 아이디어 변형 능력이 탁월함 ·········· 수정형
- 아이디어나 결과물에 대한 비평이 뛰어남 ··············· 비판형
- 이상적인 아이디어는 넘치나 실행 능력 부족 ······· 몽상가형
- 새로운 아이디어를 실행하는 추진력이 탁월 ··········· 실천형
- 항상 새롭고 독창적인 무엇인가를 추구 ·················· 혁신형
- 여러 종류의 아이디어를 결합시킬 수 있음 ············· 조합형
- 아이디어에 대한 실행 계획 제시 능력이 뛰어남 ······ 계획형

1 다음에 제시한 창의성에 대한 정의를 읽어 보고 자신이 '대중매체 언어문화콘텐츠 창작'과 관련된 창의성을 개발하기 위해 어떤 실습을 하면 좋을 것인가 설정하여 실습해 보고, 실습한 내용을 보고서로 작성해 보자.

1 ____

"아이디어란 그저 오래된 요소들의 새로운 결합에 지나지 않는다."

—제임스 웹 영(카피라이터, 'Creative Spark'의 저자, 1973년 뉴욕 카피라이터즈 클럽에서 '명예의 전당' 상을 받은 광고계의 거장)

2 ____

"아이디어란 연상의 기술이다."

—로버트 프로스트(시 '가지 않은 길'을 지은 미국의 시인, 1874~1963)

3 ____

"예술가든 과학자든 간에 다양한 자연 속에서 어떤 새로운 관계를 찾아내기만 한다면 누구나 창조적인 사람이 될 수 있다. 이전에는 전혀 연관성이 없다고 생각했던 것들 사이에서 어떤 연관성을 찾아내는 것이다. 창조적인 마음이란 전혀 예상치 못했던 것에서 연관성을 찾아내는 것이다."

—브로노프스키('인간 등정의 발자취(The Ascent of Man)'를 쓴 영국의 수학자, 문인, 1908~1974)

4 ____

"새로운 아이디어를 얻는 방법은 딱 하나뿐이다. 이미 알고 있는 두 개 이상의 아이디어를 연상하거나 결합하여 이전에는 몰랐던 것들 사이의 관계를 찾아내어 새롭게 병치해 보는 것이다.”

—프랑수아 카르티에(세계 3대 보석회사 중 하나인 카르티에 설립자,
보석의 왕이라 칭해짐)

5

“독창성이란 무엇을 창조해내거나 무에서부터 아이디어의 구조를 새롭게 만들어내는 것이 배양과정을 통해 결합하는 것이다.”

—아서 쾨슬러(영국의 작가, 1905~1983)

6

“누구든지 적어도 1년에 한 번은 천재가 된다. 그러나 진정한 천재는 그런 독창적인 아이디어들을 서로 잘 결합할 줄 아는 사람이다.”

—리히텐 베르트(풍자와 유머 감각이 뛰어나 많은 경구를 남긴 것으로 유명)

7

“정말로 우수한 아이디어를 발견해낼 수 있는 비결은 아이디어를 많이 가지고 있는 것뿐이다.”

—리누스 파우링(노벨상 수상, 과학자)

2 창의성이 돋보이는 예와 관련된 다음의 글들을 읽고, 창의성이 발휘된 다른 사례를 하나씩 찾아 글로 소개해 보자.

1___「발가벗은 언어는 눈부시다」

“똥이 땅으로 돌아가 생명의 근원이 되느냐 물로 흘러가 공해가 되느냐는 똥을 다루는 사람의 손에 달려 있다. 문명의 발달로 수세식 화장실을 쓰고 있는 우리는, ‘똥은 땅으로 돌아가야 된다.’는 단순한 이치를 무시하고 있다. 그렇다고 수세식 화장실을 옛날식으로 고치자는 것은 아니다. 수세식의 편리함에 젖어 옛날 뒷간은 무조건 안 좋은 것이라는 편협한 사고를 버리자는 것이다. 진정으로 미래를 지향하는 현대 과학이라면 화장실의 똥을 땅으로 보내는 방안부터 강구해야 할 것이다.

말(언어)과 문화, 말과 생각, 말과 사회 등에 대하여 많은 학자들은 다양한 이론을 내세웠지만 이치는 간단하다. 그 관계는 말을 부려쓰는 사람들이 이뤄나가는 제도나 문화에 달려있는 것이다. 똥이 생명의 근원이 되기도 하고 공해가 되기도 하는 이치와 같다. 잘못된 말은 우리 모두의 삶에 공해로 작용할 것이고 대다수의 사람들의 참 삶에 뿌리박은 참말은 우리들에게 신나는 활력소가 될 것이다.

우리 주위의 말들을 살펴보자. 신용과 정에 근거했던 '에누리와 덤'의 시장문화 대신, 우리 삶 깊숙이 파고든 '세일'이라는 서양말 문화에는 속임수와 천민 자본주의가 횡행할 뿐이다. '에누리와 덤'이라는 말은 죽은 옛말인가. 그렇지 않다. 사용 안 한다고 죽은 말은 아니다. 하다못해 사전 속에만 존재한다고 할지라도 그것은 살아 있는 말이다. 세일 대신에 에누리를 쓰자는 말이 아니다. 우리는 세일이라는 말이 주는 공해를 없애기 위해 에누리와 덤이라는 말을 되새겨야 한다는 것이다. (하략)"

— 김슬옹(1995), 『발가벗은 언어는 눈부시다』, 동방미디어

2 _____ 「애니메이션의 천재 디즈니의 비밀」

"1961년 봄이었다. 당시 우리는 월트 디즈니의 사무실에서 메어리 포핀스라는 영국인 보모에 관한 소설을 영화화하기 위해 작사 작곡한 노래를 연주하고 있었다. 그 노래 「♫즐거운 휴일」에서 메어리 포핀스가 자신과 친구 버트가 마실 차를 주문한 후 턱시도 차림의 웨이터들이 "♫주문을 하세요, 청구서는 없을 거예요, 모두 다 무료랍니다"라는 내

용의 4중창을 부를 때쯤 갑자기 월트가 연주를 중단시켰다. "잠깐만! 자네들도 알다시피 나는 늘 웨이터 하면 펭귄이 연상된다네. 그러니 그 장면에서 웨이터들을 펭귄으로 만들자구!" 우리는 그의 뚱딴지 같은 소리에 기가 막혔지만 재빨리 되묻지 않을 수 없었다. "어떻게 펭귄 네 마리에게 노래를 가르친다는 말이죠?"

그러나 월트는 눈빛을 반짝이면서도 겉으로는 심드렁한 어조로 말을 내뱉었다. "우리는 그들을 만화로 만들 거야. 사실, 우리는 시퀀스를 만화로 만들려고 한다네. 주인공들만 빼놓고 말일세."

그렇게 해서 디즈니 영화 중에서도 가장 걸출하고 마술적인 시퀀스들 중의 하나가 탄생하게 되었다. 물론 그 캐릭터들을 만든 저자는 패밀러 트래버스이고, 그 시퀀스를 제작한 미술감독은 던 다 그래디이며, 우리는 그 노래를 작사 작곡했다. 하지만 디즈니의 애니메이터, 성우, 안무가. 그리고 음악가들이 그들 스스로는 꿈도 꾸어보지 못했던 수준으로 올라서도록 마술적인 기법을 발휘한 것은 바로 혁신적인 천재인 월트 디즈니였다. (하략)"

—데이비드 코에닉(1999), 『애니메이션의 천재 디즈니의 비밀』, 현대미디어

3___철근 콘크리트 이야기

1965년 어느 날, 프랑스 파리 근교의 작은 화원에서 화초를 재배하던 모니에는 깨어진 화분 때문에 몹시 속이 상했다. 당시의 화분은 단순히 진흙으로 모형을 뜬 다음 불에 구워 만들었기 때문에 작은 충격에도 쉽게 깨졌다. 번번이 계란 깨지듯 툭하면 부서지는 화분으로 골탕을 먹던 모니에는 직접 견고한 화분을 만들기로 결심했다. 궁리를 거듭한 끝에 처음엔 시멘트와 모래를 섞은 후 물로 이겨서 굳힌 콘크리트 화분을 만들어냈다. 흙 화분보다는 훨씬 견고했으나 그 정도로 만족할 수 없었다. 그 후 계속된 모니에의 연구는 1백여 가지가 넘는 종류를 만들고 또 부

수기를 2년여 동안이나 하였다.

그러던 중 철사 그물로 화분모형을 만든 다음 시멘트를 입혀 보았다. 튼튼하기가 이를 데 없었다. 아주 심한 충격이 아니면 좀처럼 깨지지 않았다. 즉시 특허를 출원하고 화분을 만들어내기 시작했다. 반응은 순식간에 나타났다. 이 화분을 사려는 상인들이 프랑스 전역에서 줄지어 몰려들었고, 모니에의 화원은 하루아침에 유명해졌다. 그해 화분 판매만으로 벌어들인 돈은 자그마치 1백만 프랑이나 되었다.

큰돈을 벌게 된 모니에는 화원을 멋지게 개조하기로 작정했다. 경사진 곳에는 계단을 만들고 개울을 가로질러 다리를 세우는 것이 1단계 작업이었다. 화분을 만든 경험과 아이디어를 살려 이번에는 철사그물 대신 철근을 넣어 계단과 다리를 만들었다. 철근 콘크리트 방법을 이용한 세계 최초의 공사였다. 모니에의 철근 콘크리트 기법이 세상에 알려지자 가장 먼저 찾아온 사람은 독일의 건축기사인 와이스였다. 이 방법이야말로 장래 으뜸가는 건축용 재료와 공사법이 될 것이라 확신한 와이스는 모니에에게 2백만 마르크에 특허권을 팔라고 제의했다. 그래서 계약은 즉석에서 이루어졌고, 모니에는 프랑스 제일의 원예가로, 와이스는 독일 최고의 건축가로 성공했다. 오늘날 하늘을 찌를 듯한 고층건물을 세울 수 있었던 것은 '철근 콘크리트 기법' 덕분이다.

— http://www.tqidea.co.kr

제3장

논리력 키우기

"그러니까 내 말은…" 복잡하게 꼬인 이해관계를 풀어나가기 위해 오늘도 나는 아이에게, 친구에게, 동료에게 내 생각의 자초지종을 말하고 있다. 상대방은 내 말을 듣고 수긍을 하기도 하지만, 비동의의 말을 하기도 한다. 그러면 나는 다시 그 비동의의 말에 대한 수비를 한다. 어떤 경우에는 순조롭게 상대방을 잘 이해시키기도 하고, 때로는 내가 생각을 수정하기도 한다. 이때에 배제되어야 하는 것은 사적인 감정이며 개인의 역사적인 동기이며 핵심 주변의 환경적인 배경이다.

그런데 주제에 초점을 맞추어 올바른 판단이 무엇인지를 결정하는 일이 그리 쉬운 일이 아니다. 정보가 넘치는 현대 사회에서 사람들은 시시각각으로 사고를 해야 하며, 그래서 지식정보가 넘쳐나는 이 시대에 오히려 뭘 제대로 안다 하기가 어려운 지경이다. 하나의 사실에 대해 이 사람은 이렇게 말하고 저 사람은 저렇게 말한다. 진실이 무엇인지 판단하기도 어렵고, 너무나도 다른 생각을 하고 있음에도 불구하고, 서로들의 입장을 이해하며 조화를 이루어야겠다는 고민도 없다. 그저 목소리 높여 자기주장을 말하고 자기주장과 다르면 혹평을 내쏟으며 단절의 벽을 쌓는다. 이런 사정을 보면, 현대 사회는 논리성 부재의 시대가 아닌가 싶다. 경박함 속에서, 조급함 속에서, 또는 특정한 이념에 가려 논리적으로 바른 생각을 하려고 하지 않는다.

　현대 사회의 심각한 갈등은 결국 생각의 골 깊은 차이로 인한 것이다. 따라서 갈등을 극복할 최선의 방법은 궁극적으로 논리성의 회복밖에는 없다. 현대 한국 사회의 가장 두드러진 특징이라고 한다면 배타적 태도에 의한 상대방 혐오의 도가 지나치다는 것이다. 서로가 풀어야 할 갈등임에도 불구하고, 상대방을 혐오하면서 자신은 고고해진다는 착각도 한다. 특히 정치 분야에서 그렇고 그 영향이 사회 전반에 미치고 있다. 그러므로 더욱 절실하게 '논리성의 회복'에 대한 필요성을 절감한다. 이 사회 구성원들이 논리성에 대해 진지하게 생각하고 이기적인 사욕을 떠나 마음을 열고 객관적으로 옳고 그름을 따지는 건강한 이성을 갖도록 노력함으로써 논리성의 회복을 이룰 수 있을 것이다.

　언어문화콘텐츠를 제대로 창작하기 위해서 작가는 논리성 문제를 깊이 인식해야 한다. 언어문화콘텐츠로서 추구해야 할 문제가 논리성 회복이라서 그렇기도 하고, 한편, 콘텐츠 내에 논리성이 결여되는 것은 콘텐츠로서의 결격 사유가 되기 때문이다. 사람들은 자기 자신의 논리성에 대해서는 별로 문제 삼지 않으려 하면서도 상대방의 논리성에 대해서는 기가 막히게 잘 짚어 낸다. 그러므로 창작물에 논리성이 결여되어 있다면 그 창작물은 설득력을 잃게 되고 만다. 논리성, 이것은 우리 사회에서 절실히 필요로 하는 중요한 콘텐츠의 내용이면서 동시에 나의 창작에 대해 진실성을 유지하면서 사람들과의 공감대를 형성시켜 줄 핵심 요소가 된다.

01 | 논리성 이야기

'논리(論理)'란 말이나 글이 성립함을 보여주는 근거나 이치이다. 생각을 표현하는 말이나 글에 있어서, 내용을 이치에 맞게 이끌어 가는 과정이나 원리가 곧 논리이다. '논리성(論理性)'이란 논리에 맞는 성질을 말한다. 지식정보화 사회가 되면서 사회에 무수한 말들의 잔치가 벌어지고 있다. 이것은 곧 '소통'을 의미하는 것이므로 참 바람직한 일이다. 정보성 있는 많은 표현들을 하고, 자기 의견을 남에게 알리며 사는 일은 삶의 가치를 한층 더 높여주는 중요한 일이다. 그런데 가만히 보면, 말도 안 되는 말들도 참 많이 나온다. 사실 여부를 확인하기 어려운 소문도 많고, 옳다고 우기는 주장이 다른 편에서 보면 전혀 그렇지 않으며 공정성을 결여한 아집도 많다. 그리고 '자초지종을 잘은 모르지만, 그건 아니지.'라는 생각이 들지만 논리적인 판단이 어려울 때도 많고, 과연 어떤 것이 정당한 것인가를 짚어내기 어려운 복잡한 사연도 많다. 그러다보니 이 사회는 논리에 대해 철저하게 따지고 드는 것은 머리 아픈 것이며 어차피 어려운 것이라고 외면하는 것이 하나의 분위기가 되어 버린 듯하다. 다시 말해, 인식이 발전

할수록 논리성을 근본으로 하여 정의로움을 추구해야 할 사회가 문물의 발전과는 역방향으로, 논리를 잊어 가는 사회가 된 듯하다.

논리성 있게 생각을 하고 표현을 한다는 것은 참 어려운 문제이다. 고바야시 야스오 외(1997 : 127~140)의 다음 예는 논리라는 것이 그리 간단하지 않음을 보여준다. 현실은 언어의 일원적인 논리를 뛰어 넘기도 한다는 것이다. 이것을 인용해 보기로 한다(이 책에서 영어로 제시되어 있는 것을 그대로 소개하고, 아래에 번역을 하기로 한다).

❶ 다음 문장 내용과 가장 잘 맞는 것을 아래의 ①~④번 가운데서 하나 고르시오.

> "I love flowers." Jane said, when John gave her a bunch of red roses. "And these are my favorite. Thank you very much."
> ① Jane only liked roses.
> ② John was Jane's favorites.
> ③ Jane liked roses better than any other flowers.
> ④ John liked roses better than Jane did.
>
> "나 꽃 좋아해." 존이 제인에게 붉은 장미 한 다발을 주었을 때, 그녀가 말했다. "그리고 이 붉은 장미는 내가 좋아하는 꽃이야. 정말 고마워."
> ① 제인은 오직 장미만을 좋아한다.
> ② 존은 제인이 좋아하는 사람이었다.
> ③ 제인은 다른 어떤 꽃보다도 장미를 좋아한다.
> ④ 존은 제인이 장미를 좋아하는 것보다 더 장미를 좋아한다.

이 문제의 정답은 물론 ③이다. 정답을 말한 사람은 그 대답에 이르기까지 대략 다음과 같은 논리과정을 거쳤을 것이다.

Jane said "these are my favorites."(주어진 조건)

these = roses(지시 관계)

favorite = liking something above other things.

   = liking it better than other thing(정의에 따라)

Therefore. Jane likes roses better than (any) other flowers.

제인은 "이것들은 내가 좋아하는 것이야."라고 말했다.(주어진 조건)

이것들 = 장미들(지시 관계)

내가 좋아하는 것 = 다른 것들보다 어떤 것을 더 좋아하는 것

   = 다른 것보다 그것을 더 좋아하는 것(정의에 따라)

그러므로. 제인은 다른 (어떤) 꽃들보다도 장미를 좋아한다.

　　그러나 존이 제인에게 꽃을 갖다 줄 때, 제인이 "어머, 나 이 꽃 좋아하는데, 고마워."라고 한 말에 대해, 존이 "뭐야, 제인은 장미밖에 좋아하지 않는 거야?"라고 반응하며 멍해져버린다면 그때 전달되는 것은 ②에 속하는 정보일 수도 있다. 그러나 테스트에서는 출제자와 수험자 사이에서 '고정의 시선 방식'을 요구한다. 곧 문제의 테두리를 엄격히 정하고 여타의 것은 고려하지 않는 것이다. 제인의 기분, 거짓말이나 농담할 가능성, 그 자리의 분위기, 그때까지의 과정, 두 사람의 성격과 그 관계 등. 그러나 그렇게 하면 현실에서 일어나는 '기분의 전달'은 빠져버린다. 커뮤니케이션이란 것은 '시선을 고정'시켜서는 잘 이루어지지 않는다. 오히려 문맥을 폭넓게 수용할 수 있도록 '눈을 열지' 않으면 안 된다. 왜냐하면 제인은 (a) 존이 따라다니는 게 싫지만, 그렇다고 딱 잘라 거절하기도 뭣해서 일단 인사치레라도 하고 그 자리를 모면해 보자는 속셈일지도 모르며, (b)

일부러 과장되게 기뻐해 보임으로써 야유의 의미를 전달하고자 하는 것인지도 모르고, (c) 사실은 제인도 존을 좋아하고는 있지만, 꽃 이야기 같은 걸로 사랑을 고백하는 고전적인 수법에는 흥미가 없다. 그래서 "뭐야, 이건. 시시해. 확 끌어안을까. 좀 더 근사하게 해 봐."라고 말하고 싶어도 차마 직설적으로 말을 못 해, 일부러 시치미 떼는 표현을 하고 있을지도 모른다. 이렇듯 실생활 속에서는 까다롭게 뒤얽힌 복잡한 메시지일 수도 있으며, 이러한 것에 대해 어떻게 논리적으로 그 진의를 파악할 수 있을 것인가가 문제가 된다. 위 문제에서 정답을 ③으로만 생각하는 고정된 시선에서 탈피하여 눈썹의 움직임, 볼의 경련, 안색, 거동, 손짓, 말씨, 억양, 호흡 방법 등 다양한 비언어적 메시지를 받아들이면서 좀 더 크게는 이제까지의 두 사람의 관계, 그 변화 과정의 추이까지도 알아야 실제적인 진실을 파악할 수가 있게 되는 것이다. 곧 커뮤니케이션 세계에는 입으로 말하는 것과 눈으로 말하는 것이 다른 레벨에 있으며 또한 관계성의 레벨도 설정하는 것이 논리적으로 필요해진다는 것이다. 이렇게 생각한다면 논리성이라는 것이 참으로 어려운 것이라 간주된다. 그러므로 논리의 문제는 매우 섬세한 다양한 상황을 포함하여 생각해야 할 문제임을 항상 생각해야 할 것이다.

그러나 그럼에도 불구하고 '논리'는 판단과 주장을 설득력 있게 표현하고 상황을 올바르게 판단하는 지성적 사고를 하는 데에 가장 핵심적인 필수적 요건이므로 우리가 이것을 포기하고서는 이 세상의 그 어떤 평화도 가지고 올 수 없다는 점을 유념해야 한다. 이 세상의 갈등을 어떻게 풀어 나갈 것인가? 절대로 감정으로는 풀지 못할 것이다. 이성적으로 접근하며 논리적으로 설득하여 많은 사람들이 공공으로 생각하는 의견을 확대시켜 나가지 않으면 안 된다. 논리적으로 누군가를 설득하는 것이 쉽지는 않지만, 그래도 그 길 밖에는 없으며 이것을 위해 논리성 회복을 위한 노력을 해야만 한다.

02 | 논리성의 요건

어떻게 해야 논리성이 갖추어질 수 있을까? 앞선 연구에서 논리성을 위한 많은 학문적 논의가 있었다. 그러나 이 절에서는 논리학에서 형식적으로 수학적으로 푸는 어려운 논리의 문제가 아니라 현실 세계에서 늘 접하게 되는 문제들에 대한 정당한 생각을 하는 필수적 방식에 대해 알아보기로 한다. 논리성의 획득에 필요한 요건을 크게 세 가지로 제시할 수 있다. 첫째로, 표현된 것이 현실 세계에서 참이 되어야 한다는 것이다. 둘째로, 표현된 것의 전후 문맥에서 정당한 추론 방식을 사용해야 한다는 것이다. 셋째로, 생각하는 목적이 공의적(公義的)이어야 하며, 생각하는 태도가 객관성을 유지해야 한다는 점이다.

(1) 진리조건, 참과 거짓

논리성을 갖기 위해서는 우선, 표현된 것과 현실 세계가 일치해야 한다. 쉽게 말해, 거짓을 말하면 안 된다는 것이다. 그래야 그 표현이 이치에 맞는 것이 될 수 있다. 표현된 것이 사실인가(참 : truth) 사실이 아닌가(거짓 :

false)를 논리학에서는 진리치(眞理値) 또는 진리값이라고 한다. 표현된 것이 참이 되게 하는 조건을 진리조건이라고 한다. '어머니가 지금 집에 계신다.'라는 문장의 논리는 사실(fact) 확인에 의해 이루어질 수 있다. 이 문장이 참이 되는 조건은 화자가 말한 시점에 어머니가 집에 계시면 되는 것이다. 어떤 표현이 이루어졌을 때, 그 내용이 이치에 맞는가 하는 점을 따지기 위해서는 일단은 그 내용이 현실 세계와 맞는가 하는 점, 곧 진리조건을 살펴야 하는 것이다. 사실의 여부를 따져본 후에 어떤 견해를 갖는 일은 매우 중요하다. 예를 들어, "이번에 출마하는 이 아무개가 지난번 선거에서 돈을 그렇게 해 먹었대. 그러니 뽑으면 안 돼."라는 말을 들었다고 하자. 그런 경우 전제로 내건 사실이 참인가 거짓인가를 알지 못하면, 뽑고 안 뽑고의 결정을 할 수 없는 것이다.

영화나 드라마에서도 그 내용이 현실과 맞지 않으면 리얼리티를 잃게 된다. 한 예를 들면, 영화 '하녀'에서 그런 이치에 안 맞는 장면이 연출되었다. 하녀가 일하는 주인집은 현관문에 들어서면 넓은 거실이고 2층까지 공간이 뚫려 있고 거기에 샹들리에가 달려 있다. 늘 주인이 들어오거나 하는 장면에서 그 거실은 휑한 공간, 일종의 현관과도 같은 역할을 하는 곳이었다. 그런데 마지막 장면에서 하녀가 샹들리에에 매달려 분신하는 장면을 주인집 가족들이 거실 소파에 나란히 앉아서 쳐다보게 된다. 그 소파 뒤에는 현관문이 보인다. 왜 갑자기 없던 소파가 현관에서 들어서는 거실 초입에 놓여 있을까? 사람들은 그 장면을 보면서 리얼리티의 결여를 감지하면서 설정의 억지스러움을 느끼게 된다.

광고 카피에서 사실이 아닌 내용을 얘기하면 그것은 허위, 과장 광고로 간주된다. 가령, 실제로는 그렇지 않은데, "입고만 있어도 살이 빠지는 기적이 일어납니다."와 같은 다이어트 광고, 무료 반품 안 해주면서 "마음이 변해도 무료 반품"이라 하는 홈쇼핑 광고 같은 것이 그 예이다.

뉴스 보도가 나오면, 사람들은 대중매체는 늘 사실을 말하는 것이라는 생각과 함께 군중심리에 의해 그 보도가 참인지, 거짓인지를 따지지 않은 채, 참이라고 인정하는 상태에서 그 다음의 생각이나 감정 표현으로 진행하는 경우가 흔히 있다. 예를 들어 몇 년 전에 있었던 '쓰레기 만두' 사건이 그 한 예이다. 뉴스에서는 못 먹을 재료를 가지고 만두를 만든 것으로 보도했으나, 실은 단무지 재고를 물에 우려서 만두 재료로 사용한 것으로, 못 먹을 것은 아니었던 것이다. 집에서 만두를 만들 때에도 묵은 김치 물에 우려낸 후 만두의 소로 넣은 것과 마찬가지였다. 만두의 소를 만들 때 고기만 넣으면 아삭아삭한 맛이 나지 않아 대신 양배추나 무를 넣는데 그 중에서도 물이 생기지 않으면서 가장 씹히는 맛이 좋은 것이 단무지이다. 그런데 한 업체에서 상한 단무지를 넣어 문제가 되었던 것이다. 그런데 그 표현을 '쓰레기 만두'라고 했으며, 보도도 정확한 진실을 따지기보다는 비도덕적 상행위에 초점을 맞춘 채 보도되어(그래야 시청자들이 관심을 가질 테니까), 만두 업계 전체에 큰 타격을 주었다.

그런데 이 세상에서 발생하는 일들의 사실 여부 확인이 그리 간단하거나 쉽지가 않다. 왜냐하면 우리의 제한된 공간과 시간 속에서 세상의 일들을 직접 보고 확인할 수는 없기 때문이다. 그리고 '사실(fact)'을 안다고 해서 그것이 곧 '진실(truth)'인 것은 아닐 수도 있다. 우리는 '사실' 확인을 통해 궁극적으로는 '진실'을 전달 받고 전달할 수 있어야 한다. '사실

(fact)'이란 실제로 일어난 일 그 자체를 말하지만, 진실은 거짓 없이 바르고 참되다는 의미를 지닌다. 진실은 사실의 정확한 인식을 거쳐야만 하며, 그 밖의 정황까지를 살펴야 한다. 내가 직접 체험할 수 없는 일들이 대부분이며 보았다고 하더라도 그 진실을 아는 것은 아니며, 누군가로부터 전해 들었다고 한다면 더더욱 진실 여부를 확신하기가 어렵다. 홍성호(2000)에서는 보도 언어가 현실을 규정하므로 보도 기사를 통해 그려질 수 있는 의미는 늘 현실과 불일치될 수 있는 위험성을 안고 있다고 언급한다. 그러므로 사실과 진실의 추구는 뉴스 작성의 기본 정신이지만 영원한 딜레마이기도 하다는 것이다. 사실은 그 자체로서 시·공을 통해 변하지 않는다. 진실은 사실이 놓여있는 사회적 정황(context)을 종합적으로 감안해 파악된다. 그래서 '사실'은 분명하고 단순(simple)하지만 '진실'은 보다 심층적이고 해석적이다. 홍성호(2000 : 411)에서 제시한 예를 살펴보기로 한다.

> 1996년 2월 8일 '① 아파트에서 ② 혼자 살던 ③ 40대 여인이 ④ 숨진 지 5개월 만에 ⑤ 관리 사무소 직원에 의해 발견된' 사건이 보도됐다.

이 사건에서 ①~⑤는 확인 가능한 사실(hard fact)이다. 여기서 '해석적 상황'이 개입할 수 있는 사실은 ②와 ⑤ 두 가지이다. 숨진 여인은 왜 혼자 살았고 어찌 해서 관리 사무소 직원에 의해 발견됐을까. 두 사실을 놓고 진실에 접근할 수 있는 사회적 상황은 두 가지로 압축된다. 첫째는 인정이 메마른 아파트촌의 삭막한 세태를 지적할 수 있고, 둘째는 '남편과 사별, 다른 남자와 사귐, 자식들 가출, 외부와 접촉을 끊고 살아옴' 등으로 설명되는 숨진 사람의 생활 방식을 고려할 수 있다. 진실은 둘 중 하나의 상황에 놓일 수 있고 둘 다 연관된 것일 수도 있다. 일부 신문은 사실의 언어만으로 뉴스를 구성했지만 보다 적극적으로 진실에 접근하고자 한 신문은 '메마른 아파트촌'의 단면에 초점을 맞추기도 했다. 여기서 이 사건의 진실이 어떤 것이냐를 따지는 것은 아니다. 다만 사실의 언어와 진실의 언어가 달라질 수 있고, 진실의 언어에는 상황에 대한 해석이 동반된다는 것을 지적하고자 하는 것이다. 이 같은 사례는 독자들이 신문에서 매일 접할 수 있는 것이다. 다만 대부분의 독자가 사실과 진실의 언어에 대해 이해하지 못할 뿐이다. 커뮤니케이터의 위치에 있는 기자에게도 사실의 언어와 진실의 언어가 명확히 구분되는 것은 아니다. 사실과 진실 사이의 경계선이 따로 있는 것이 아니기 때문이다.

이상을 보면, 무엇이 참인가를 따지는 논리성의 제1조건, 진리조건의 문제가 그리 단순하지가 않음을 알 수가 있다. 이 문제를 따지려 들면 복잡한 것이 많아 매우 번거롭고 어려우므로 사람들은 그냥 쉽게 누가 그렇다고 말하면 믿어 버리게 된다. 히틀러는 이러한 사람들의 습성을 교묘히 이용한 사람이다. 그는 "대중은 작은 거짓말보다는 큰 거짓말에 더 쉽게 속는 법이다."라고 했다. 큰 거짓말은 그 진위 여부를 일개인이 밝힐 수 없이 선전에 의해 믿을 수밖에 없는 특성을 띠기 때문이다.

또한, 논리의 관점에서 보면, 우리의 표현이 논리성의 제1조건인 진리조건에 위배되는 것임에도 불구하고 과장법이라는 수사방식의 허울을 쓰고 공공연히 사용되고 있음을 알 수 있다. 예를 들어, 신문의 보도 기사 '로봇 의사 수술 척척'이란 표현은 마치 로봇이 발명되어 많은 수술을 다해내는 것 같은 의미를 전달한다. 그러나 그 로봇은 충수염 수술만을 성공시켰다. 우리가 일상생활에서 흔히 말할 수 있는 "공부 한 글자도 안 했어(사실은 조금은 했음)", "걘 언제나 그 모양이야(그 사람이 잘 할 때도 있음).", "정치인들 다 썩었어(그렇지 않은 정치인들이 더 많음)." 같은 말은 일부 사실을 과장하여 일반화시키는 표현이다. 이러한 예들은 결과적으로 진리조건을 위배하는 표현이 된다. 물론 수사법상으로 과장법이 사용될 수도 있다. 과장법을 사용한 논변이 더 효과적인 설득술이 되기도 한다. 그러나 대중을 상대로 하는 미디어의 장르에서는 과장법을 사용함으로써 진리조건에 위배되는 결과가 나오는 것은 아닌가 하는 점을 세심히 살펴야 한다.

진리조건에 대한 인식은 전문성이나 지식의 정도에 따라 다를 수가 있다. 예를 들어, '내 자동차 브레이크를 수리하였다.'라는 문장에서 참이 되는 조건은 자동차를 맡긴 사람의 입장에서 보면, 단지 "차를 정비공장에 맡겼다. 수리비용을 지불하고 다시 차를 찾는다."는 정도의 조건을 가질 것이다. 그러나 수선공으로서는 훨씬 더 전문적인 여러 조건, 예를 들어 바퀴 분리, 클러치 디스크 분해, 수리, 점검 등의 조건을 가져야 할 것이다(박옥숙 옮김, 1993 참고). 여러 개의 진리조건을 전제로 하여 어떤 명제를 말하게 될 때, 같은 문제를 두고서도 전문성 정도에 따라 일치하지 않는 논리성을 가질 수 있게 되는 것이다. 가령 차를 맡긴 사람은 차를 찾아옴으로써 자동차 브레이크를 수리하였다고 간주하지만, 수선공은 100% 완전성에 비해 아직 부족한 무엇을 생각하고 있을 수도 있는 것이다. 그랬을 때, "수리하였다"라는 말은 참, 거짓의 두 유형에 의해서만 판단되기는 어려운 것이다. 그렇다고 하여 몇 퍼센트의 진위로 설명하는 것은 더욱 세심한 주의를 요하는 방식이 된다. 그렇게 판단할 수 있는 경우도 있지만 대부분의 일에 대해서 우리는 참과 거짓의 두 유형으로 구분하게 되고 결과적으로는 거친 사고 양상을 보이게도 되는 것이다.

전통적인 논리학에서는 논리값을 참이나 거짓의 두 가지로 보았으나 현대에 와서 논리값은 꼭 참이거나 거짓 둘 중 하나가 아니라 그 중간값이 될 수 있다는 퍼지(fuzzy) 이론이 제시되었다. 이는 논리값이 참(1)인지 거짓(0)인지 양자택일이 아닌 0에서 1까지의 값을 연속적으로 취하는 논리에 의해 구성되는 수학이론이다. 가령 '대머리'란 '머리카락을 가지고 있지 않은 사람'이거나 '머리카락이 더 이상 없거나 거의 없는 사람'이다. 그러면, 이는 머리카락의 존재에서 참이나 거짓으로는 언급되기 어렵고 그 중간 값으로 지시되어야 하는 것이 된다. '밤'과 '낮'의 의미도 그렇다. 그 경계는 모호하며, 사실 밤과 낮을 이루는 하루의 일조량은 무수히 많은 정도성의 점을 가지고 있다 할 것이다. 이러한 퍼지 이론은 언뜻 보아 현실 세계에 대한 대응을 참과 거짓으로 이분하는 방식에 대해 반기를 드는 것 같지만, 참과 거짓의 두 가지로 나뉘지 않는 이 세상의 많은 문제들을 다면적으로 생각하게 하는 바른 방식으로 이해된다.

다면적인 사고를 필요로 하는 현실의 많은 문제들은 우리가 사실에 대해 단순히 긍정, 부정의 두 개 영역으로 생각하는 이치적 사고와 여러 요인을 종합적으로 생각하는 다치적 사고라는 두 사고 유형에 대해 섬세하게 고려할 필요성을 제기한다. '이치적(二値的) 사고'는 흑인지, 백인지, 선인지, 악인지라는 양자택일의 판단이다. 예를 들어, "A는 적이다." 또는 "B는 봉건적이다."와 같이 '적' 또는 '봉건적'이라고 명목이 내세워진다

면, A와 B의 실제가 어떻든 A는 완전히 위험분자, B는 완전히 비민주적이
라는 듯이 복잡한 인간이 단지 한 가지색으로 칠해져버린다. 말의 의한
가치부여는 '좋다'든지 '나쁘다'든지를 딱 잘라 결론지어 제3의 평가가 들
어갈 여지를 남겨놓지 않는다. 이치적 판단의 폐해는 전면 긍정이나 전면
부정의 쪽에서 사실을 관찰하면 당연히 발견할 수 있는 다가치적(多價値的)
인 면을 잃어버린다는 점이다. 그러므로 어떤 하나의 대상이 얼마나 다양
한 가치를 가지고 있는지에 대해 생각해보아야 한다. 어떤 한 대상에 대
해 그 좋고 나쁨, 또는 어떤 사실에 대한 참과 거짓을 이치적으로만 판단
하기가 불가능한 것이 현실이다. '일본제', '요즘 젊은 사람들'과 같은 예
는 다양한 물건이나 사람을 포괄하는 표현이므로 도저히 한 가지 판단으
로 사고할 수는 없는 것이다. 시간이 걸리지만, 사실을 하나하나 기술해서
좋은 면도 있으면 나쁜 면도 있고, 이런 면도 있으면 저런 면도 있음을 인
정할 필요가 있다(곽영철 옮김, 1994 : 103~105 참고). 또한 곽영철 옮김(199
4 : 110)에서는 "단순한 말(표어, 이론, 이데올로기)을 믿고 행동하면 지금까
지 우리들이 경험한 가공의 지도와 말의 거짓말에 춤추게 될 가능성이 있
다. 우리들은 사실은 믿어도, 말은 믿지 않아야 한다. 대립하는 2개의 추
론적 근거가 되는 사실에 관한 정보를 많이 모아 그 위에서 자주적인 판
단을 내려야 한다. 그 경우 앞서 서술했듯이 말에 의한 전면긍정, 전면부
정의 이치적 판단을 내리지 않고 사실에 근거한 다치적 판단을 내리는 것
이 중요하다."라고 지적하고 있다.

전통적인 형식논리학에서는 진리조건의 문제에 대해서는 그다지 관심
을 기울이지 않았다. 논리학자들이 주로 관심을 갖는 것은 전제로부터 결

론이 도출되는 과정에 대한 것이었다. 전제가 참이 되어야 결론도 참이 되는 조건을 등한시한 것이 아니라 그것은 현실 세계와의 문제라서 학문적으로 접근할 주제를 벗어나는 성격을 지녔기 때문이 아닌가 한다. 그런 영향 때문인지 현대 사회는 무엇이 진실한 것인가에 대해 심각하게 고민하는 노력이 너무 희박한 것이 아닌가 생각되기도 한다. 정치적으로 사회적으로 얽히고설킨 많은 문제들의 과정 속에는 참과 거짓을 제대로 밝힘으로써만 정당한 결론에 이를 것들이 많음에도 불구하고 사람들은 개인적 욕심, 집단이기에 의한 자기주장의 옹호에만 집중한다. 그러면서 이 사회에 논리성의 부재라는 불행한 결과가 온 것은 아닐까 하는 생각이 든다.

논리적으로 정당한, 다시 말해 이치에 맞는 내용들이 표현되어야 사람들이 그 내용에 대해 공감할 수 있다. 현실 세계에 비추어 거짓이거나, 앞뒤 문장이 일관성 없이 모순되거나, 비약이 심하거나 한 것 등은 논리적 오류에 해당된다. 대중매체에 들어갈 언어문화콘텐츠에는 반드시 논리성이 갖추어져야 한다. 앞 장에서 본 상상력과 창의력이 새로운 관점을 개발하는 데에 중요한 요소라면, 이 논리성은 그 새로운 관점을 사람들에게 설득시켜 공감하게 하는 데에 빠져서는 안 될 요소라고 할 수 있다. 아무리 내용이 기발하고 좋아도 그것에 진실이 없다면, 그것은 가치를 잃어버린다. 드라마나 영화와 같은 창작물에서 공상과학, 우주의 지구 밖 세상, 마법의 세계 등을 소재로 삼는다. 그 내용은 우리의 현실 세계에 비추어 진실인가 거짓인가를 따져야 할 논리성이 문제되는 것이 아니라, 그 한 편의 내용 속에서 앞뒤가 충분히 맞고, 던지는 메시지에 진정성이 있을 때 우리는 논리성이 있다고 생각할 수 있다. 2010년에 나온 영화 '인셉션'에

서는 꿈의 세계 속으로 들어가 사람의 생각을 바꾸는 것을 소재로 삼은
영화이다. 현실의 세계에서 따져보면, 말도 안 되는 터무니없는 공상이다.
그러나 그 영화 속에서 그것이 사실이라는 전제를 가지고서 이후 벌어지
는 일련의 사건들을 치밀하게 차근차근 논리적으로 전개하고 있다. 곧, 진
리조건 차원에서의 논리 문제를 접어두었을 때, 그 다음 문제는 사건과 사
건들이 연결성을 갖는 구조의 문제가 된다. 이러한 점은 다음 절에서 살
필 것이다.

　문학에서의 상징성 또한 논리성을 규정하는 진리조건의 문제와는 다른
차원에서 생각해야 할 것이다. 미국의 소설가 존 스타인백의 '생쥐와 인간
(Of Mice and Men)'을 보면 주인공 레니는 힘이 장사이고 손힘이 너무 세
어 늘 생쥐를 귀엽다고 그 감촉을 좋아하며 조물락거리다 죽이는데 결국
사람까지 한 손으로 잡아서 죽이게 된다. 과연 현실 세계에서 그렇게 간
단히 한 개인의 손힘에 의해 한 사람이 죽을 수 있는가 하는 진리조건의
문제를 따지면, 그것은 소설의 특성을 무시하는 것이 될 것이다. 이 소설
에서는 아무런 악의가 없는 한 개인의 기괴한 특징에 의해 발생하는 갈등
과 파탄에 대한 상징성을 가지고 있기 때문이다. 상징성이란 추상적인 사
물이나 개념을 구체적인 사물로 나타내는 성질을 말한다. 존 스타인백의
소설, 생쥐와 인간에서 과연 생쥐는 무엇이고 그것을 조물락거리는 인간
의 손은 무엇이며, 나아가 악의 없이 힘에 의해 사람이 죽을 수 있는 사건
의 의미는 무엇인가에 대해 작가의 주제를 들여다보고자 할 때 문학의 상
징성이 빛을 발하는 것이다.

　사실, 공상 과학 소설은 상상력의 산물이며, 이 속에서 벌어진 기묘한

일들이 과학의 발전에 의해 실제 현실에서 이루어진 역사가 있었다. 그런 역사를 보면서 사람들은 허무맹랑한 마법 같고 공상 같지만 앞으로 미래 시대에 가능할 수 있다는 희망을 가지고 있기도 하다. 따라서 문화콘텐츠에 있어서 사실성의 문제는 현실 세계 속의 참과 진에 대한 판단과는 다른 차원에서, 뭔가 현실 탐구에 근거한 '과학'에서 영감을 받으며 그 작품의 내부에서 사실성을 구축하는 진지한 정신을 보여줄 필요가 있다.

(2) 정당한 논리적 구조

논리성 획득의 제2요건은 정당한 추론(推論)이다. 추론이란 미루어 생각하여 논하는 일을 말하는데, 논리학적으로 표현하자면, 어떠한 판단을 근거로 삼아 다른 판단을 이끌어 내는 것을 말한다. 이때에 근거 삼는 어떤 판단을 전제라고 하고 그 판단을 근거로 하여 도출되는 판단을 결론이라고 한다. 예를 들어보기로 한다.

> 사람에게는 거처하는 방이 무엇보다도 소중하다(결론). (왜냐하면) 조용하고 아늑한 방에서 거처하면 마음도 한결 즐겁고 꿈도 화려해진다(전제).
>
> — 김상우(2003 : 18~19) 인용

위의 문장들을 보면, 주장하거나 진술하는 판단이 어떤 전제를 근거로 도출되었다. 여기에서 제시된 전제는 우리가 수긍할 수 있으므로 참이라고 이해되며, 이에 따라 방의 환경에 따라 사람의 마음이 좌우될 수 있으므로 사람에게는 거처하는 방이 무엇보다 소중하다는 판단을 할 수 있게 된다.

그런데 다음과 같은 주장은 논리적이지 못하다.

위의 문장에는 부탁을 들어주면 자기를 좋아하는 것이고 부탁을 안 들어주면 자기를 싫어하는 것이라는 사고방식이 들어 있다. 이것은 좋거나 싫거나 둘 중 하나로 판단해 버리려는 것으로, 근거는 있지만 상당히 빈약한 근거가 된다. 이러한 판단은 논리성이 결여되어 있는 것으로 간주된다. 논리학에서는 이런 경우를 흑백논리의 오류라고 지칭한다. 흑백논리란 모든 문제를 흑과 백, 선과 악, 득과 실의 양극단으로만 구분하고 중립적인 것을 인정하지 않으려는 편중된 사고방식을 말한다.

이 절에서 살피고자 하는 것은 논리적 구조의 타당성에 대한 것이다. 논리학에서 정형화된 연역법과 귀납법은 좋은 추론의 예가 된다. 예를 들면 다음과 같다(김상우 편, 2003 : 8~9 참고).

- 모든 사람은 죽는다.
  소크라테스는 사람이다.
  따라서 소크라테스는 죽는다.

- 모든 말은 포유류이며 허파로 숨을 쉰다.
  모든 개는 포유류이며 허파로 숨을 쉰다.
  모든 사람은 포유류이며 허파로 숨을 쉰다.
  따라서 모든 포유류는 허파로 숨을 쉰다.

앞 예에서 위의 것은 연역법을 사용한 추론으로, 대전제와 소전제, 그리고 이 자료를 근거로 하여 도출되는 결론으로 구성되어 있다. 연역법에서는 이미 이 세상에서 참이라고 증명된 사실을 대전제로 삼아 이로부터 추론이 진행되는 것이다. 대전제가 되는 사실들은 가급적 많은 사람들에 의해 적절하게 검사되고 검증되기까지 옳다고 생각해서는 안 된다. 예를 들어 "모든 사람은 죽는다." 같은 예는 검증된 일반적 사실들이다. 그러나 "원숭이는 고약하다." 같은 예는 검증된 예가 아니므로 일반적 사실이 아니다. 연역법에서는 검증된 진리를 대전제로 하여 그 일부분이 되는 소전제, 그리고 결론으로 추론되는 논증 방식이다. 만일 그런 경우가 아니라면, 추론의 오류가 일어난다. 예를 들어, "소크라테스는 장수하였다, 소크라테스는 철학자이다, 따라서 철학자는 장수할 것이다."와 같은 추론은 전제로 든 두 문장이 모두 특수한 사실로서 대전제를 구성하지 못하며 따라서 나쁜 추론이 된다.

위의 자료에서, 아래의 예는 귀납법을 사용한 추론으로 여러 특수한 근거 자료를 모아 이에서 도출되는 일반화된 결론을 내리고 있다. 귀납법에서는 일반화된 결론을 뒷받침할 되도록 많은 사실들이 근거자료로 제시되어야 한다. 연역법에서는 전제로부터 내려지는 결론이 단정적인 주장이 되지만 귀납법에서는 단정적인 결론으로 내려지기는 어렵고, 단지 상당한 근거가 되는 주장을 할 수 있다. 그러나 다음과 같은 예는 단정적인 결론을 말할 수 있다. "1학년 3반의 여학생들은 모두 13명이다. 여학생 A는 안경을 꼈다. 여학생 B는 안경을 꼈다. …" 하는 식으로 한 반의 여학생 13명의 사실을 모두 파악하여, 모두가 안경을 낀 것으로 드러나면, 결론적으로 "그러므로 1학년 3반의 모든 여학생은 안경을 꼈다."라는 단정을 할 수가 있게 된다.

그런데 어떤 판단이나 주장에 전제와 결론이 들어있다고 하여 모든 추론이 다 타당성을 지니는 것은 아니다. 이러한 실례를 알아두면 생활에서나 언어문화콘텐츠 창작에 유용하게 작용하게 될 것이다. 한 예를 보자. 어떤 사람이 절도용의자로 잡혀왔다. 형사가 다짜고짜 "왜 훔쳤어?"라고 하고, 용의자는 "안 훔쳤어요." 한다. 몇 차례 같은 문답이 오고 간 뒤에 형사는 "아니, 말귀를 못 알아듣네." 하며 한 대 쥐어박는다. 점차 강도가 높아지면 고문으로 이어질 수도 있을 것이다. 그런데 만약 두 사람이 모두 논리학의 형식을 알고 있다면, 형사가 "왜 훔쳤어?"라고 물으면 용의자는 "그건 복합질문의 오류가 아닌가요?"라고 반문할 수 있다. 그러면 형사는 잘못을 인정하고 "그렇군. 그럼 다시 시작하자. 네가 훔쳤어?"라고 물을 것이다. 용의자가 아니라고 대답하면 형사는 증거를 제시해야 한다 (탁석산, 2005 참고). 사실 여부를 알기 전에 그 이유를 묻는 것은 전제가 성립되었는가 하는 문제가 아직 해결되지 않은 채 결론으로 가는 논리적 오류인 것이다.

논리학에서는 이러한 추론의 오류에 대해 크게 세 유형인 논거 자료의 오류, 심리적 오류, 언어적 오류로 나누고 그에 해당하는 여러 경우를 설명하고 있다. 이 절에서는 이러한 오류의 예들을 참고하면서 정당한 논리적 구조가 무엇인가에 대해 익혀 보기로 한다. 추론이 타당하려면 전제와 결론과의 관계가 적절해야 한다. 그 관계가 적절하지 않을 때 오류가 된다. 다음의 예들은 모두 추론이 타당하지 않은 경우들이 된다.

▣ 성급한 일반화의 오류

하나를 보고 그 전체를 판단하는 것으로, 여러 경우들의 공통점을 추출해서 일반화하지 않고 일부 제한된 경우들만을 주목하여 공통점을 추출해 모든 경우가 다 그런 속성을 갖고 있는 것처럼 주장하는 오류이다. 귀납 추론을 타당하게 하려면 충분한 근거를 확보하여 자연스러운 일반화로 결론을 내려야 하는데, 그 자료가 불충분하면 성급한 일반화가 될 수 있다. 다음의 문장들은 성급한 일반화의 오류를 범한 예들이다.

예

- 음식점에 가면 음식을 빨리 해 달라고 독촉하고, 운전할 때 앞차가 조금만 늦게 가도 경적을 울려대잖아. 그런 걸 보면 우리 민족은 성질이 급한 민족임에 틀림없어.
- 송강 정철은 조선 시대에 가장 유명한 가사 작가이다. 그것도 모르는 걸 보면 국문학에 대한 공부를 전혀 하지 않았구나.
- 그 프로그램에 나온 세 명의 연예인이 모두 성형을 한 걸 보니 연예인들은 모두 성형을 하는 게 분명해.
- 걔는 춤추는 게 취미라며? 게다가 집이 홍대랑 가깝다며? 걔 춤추는 거 보면 많이 놀았던 게 분명해. 안 봐도 뻔 해.
- 항상 보면 이등병들이 말썽이더라.

▣ 복합 질문의 오류

복합 질문이란 두 개 이상의 복합적 내용이 들어 있어, 단순하게 '네'나 '아니오'로 대답할 수 없는 질문을 말한다. 이 오류는 참인지 거짓인지를 먼저 밝혀야 할 전제 조건이 있는데도 명확한 결론을 취하지 않은 채, 또 다른 결론을 얻고자 하는 오류이다. 다음 질문들은 복합 질문의 오류를 범한 예들이다.

> **예**
>
> - 다시는 나를 모함하지는 않겠지?(당신이 나를 모함했는지가 참으로 밝혀진 상태에서 할 수 있는 질문이다.)
> - 당신은 부인을 친 일을 후회하는가?('당신은 부인이 친 일이 있는가?' 와 '당신은 그 일을 후회하는가?'의 두 질문이 녹아 있다.)

■ 순환 논증의 오류

논증하는 주장과 동의어에 불과한 명제를 논거로 삼을 때 범하는 오류이다. 참이 증명되지 않은 전제에서 결론을 도출하거나 전제와 결론이 순환적으로 서로의 논거가 될 때 나타나는 오류이다. 다음 문장들은 순환 논증의 오류를 범한 예들이다.

> **예**
>
> - 김씨는 참말만 하는 사람이다. 왜냐하면 그는 거짓말을 하지 않는 사람이기 때문이다.
> - 성서의 내용이 모두 진리인 것은 성서에 보면 성서의 내용은 모두 진리라고 했기 때문이다.

■ 흑백 사고의 오류

반대어의 관계를 모순어의 관계로 착각하여 여러 상황의 가능성이 있음에도 불구하고 단 두 개의 사실만 존재하는 것처럼 여기는 오류이다. 다음 문장들은 흑백 사고의 오류를 범한 예들이다.

- 네가 내게 한 약속을 지키지 않은 것은 곧 나를 사랑하지 않는다는 증 거야.
- 내 부탁을 거절하다니. 넌 나를 싫어하는구나.
- 오늘은 내 옆 자리에 앉지 않는 걸 보니 내가 싫어졌구나?
- 내 눈을 보고 말하지 않는 걸 보니 너는 지금 거짓말을 하고 있는 거야.
- 음식을 맛있게 먹지 않는 것은 음식이 맛없다는 거구나.

■ 원칙 혼동의 오류

일반적으로 그렇다고 해서 특수한 경우에도 그러한 것으로 잘못 생각하는 오류이다. 즉 상황에 따라 적용해야 할 원칙이 다른데도 이를 혼동하여 생기는 오류이다. 다음 문장이나 사례들은 원칙 혼동의 오류를 범한 예들이다.

- 거짓말을 하는 것은 죄악이다. 그러므로 의사가 환자에게 거짓말을 하는 것은 당연히 죄악이다.
- 빌린 물건은 주인이 달라고 하면 언제든지 돌려주어야 하는 법 아닌가. 그러니 그 친구가 화가 나서 자기 아내를 죽이려는 걸 알았지만 난들 어떻게 하겠나. 자기 칼을 돌려 달라니 돌려 줄 수밖에.
- 6·25 때 경찰관이었던 남편에게 공산당원이 "직업이 경찰이냐?"고 묻자 남편은 아니라고 대답했는데 부인은 가훈이 '정직'이었기 때문에 남편이 경찰이라고 알려주었다고 한다.
- 파란불이 되면 출발해야 합니다. 무단횡단 하는 사람이 있었지만 파란불이라 출발했고 사람을 치게 되었습니다.

☐ 원인 오판의 오류

어떤 사건의 원인과 결과를 혼동하거나 단순한 선후 관계를 인과관계로 혼동함으로써 발생하는 오류이다. 다음은 원인 오판의 오류를 범한 예들이다.

예

- 돼지꿈을 꾸었더니 복권에 당첨되었지 뭐야.
- 까마귀 날자 배 떨어진다.
- 세차를 할 때마다 비가 오니, 앞으로 세차를 하지 말아야겠어.
- 아, 오늘 아침부터 일이 꼬이더니, 결국 시험도 망쳐버렸어.
- 교문에 엿을 붙였더니 수능 시험을 잘 봤어.
- 내가 오늘 자빠진 것은 아까 흰 비둘기를 건드렸기 때문이야.

☐ 발생학적 오류

어떤 대상의 기원이 갖는 속성을 그 대상도 그대로 가지고 있다고 추리하는 오류이다. 다음 문장이나 사례들은 발생학적 오류를 범한 예들이다.

예

- 철수는 수영을 잘 할 거야. 왜냐하면 철수의 아버지가 훌륭한 수영 선수였으니까.
- 국민 의료보험 제도는 원래 사회주의 국가에서 유래한 것이기 때문에 철폐해야 한다.
- 축구 선수 기성룡은 신인 시절, 그의 아버지가 축구 감독이고 어머니가 육상 선수 출신이라 축구 실력이 아주 뛰어날 것이라는 주변의 기대와 기사 때문에 부담감이 컸다고 한다.
- 부모님은 키가 크신데 나만 작은 걸 보니, 주워온 게 틀림없어.

◻ 논점 일탈의 오류

문제가 되고 있는 논점을 벗어나 관련성 없는 주장을 하는 오류이다. 다음 문장이나 사례들은 논점 일탈의 오류를 범한 예들이다.

예

- "너희들은 왜 먹을 것 갖고 싸우니? 빨리 들어가서 공부나 해!"
- 갑 : 어제는 비가 오는데 우산 없이 학교에 갔어.

  을 : 맞아. 비가 왔으니까 올해 벼농사 참 잘 될 거야.
- TV를 보다가 "저 배우는 연기를 잘 하지 못하는 것 같아. 배우 할 만한 소질이 없어."라고 이야기할 때, 상대방이 "너보다는 잘 하잖아."라고 말하는 것.
- 갑 : 이번 겨울 방학 때 나 에펠탑에 갈 거야.

  을 : 그나저나 난 요새 빅뱅 탑이 그렇게 좋더라.

◻ 의도 확대의 오류

의도하지 않은 행위의 결과를 의도가 있었다고 판단하여 생기는 오류이다. 다음 문장이나 사례들은 의도 확대의 오류를 범한 예들이다.

예

- 무단 횡단하던 그를 피하려다 버스가 뒤집혀 많은 사람이 죽었잖아. 그렇기 때문에 그를 살인죄로 구속하려는 것이 마땅하다고 생각해.
- 너는 담배를 피우고 싶어 한다. 그런데 담배는 폐암의 원인이라고 하지 않는가. 네가 폐암에 걸리고 싶어 하는 것을 도저히 납득할 수가 없다.
- 미국에 신종플루가 유행한다던데 그곳으로 여행을 가다니. 왜 신종플루가 걸리고 싶은지 이해할 수 없구나.

- 옷을 야하게 입은 여성이 횡단보도에 서 있었는데, 그 뒤 한 할아버지
  가 혀를 차며 "옷을 저 따위로 입고 다니니 성폭행이 일어나지. 그 놈
  들만 뭐라 할 게 아니라니까."라고 말하는 것.

■ 허수아비 논증

상대방이 제시한 원래의 주장을 공격하기 쉽도록 문제성이 있는 주장으
로 바꾸어 해석한 후 그의 주장을 공격하는 오류이다. 다음 예들에서 밑
줄 그은 부분은 허수아비 논증의 예에 해당된다.

예

- 갑 : 국가 보안법은 국민의 기본권을 부당하게 침해할 소지가 많습니
  다. 그것을 형법에 통합하는 것이 마땅합니다.
  을 : <u>당신의 주장은 공산주의자를 수용하자는 얘기입니다.</u> 공산주의가
  인류의 역사에 얼마나 해독을 끼쳐왔는지 아십니까?
- 갑 : 사형은 너무 비인간적인 행위이니 폐지해야 합니다.
  을 : <u>사람을 죽인 자들에게 사형을 선고할 수 없다니, 이것은 살인자들
  의 죄를 감면해 주는 게 아닙니까?</u>
- 갑 : 영희는 화장을 한 게 더 나은 것 같아.
  을 : <u>너 그거 영희가 못 생겼다는 말이지?</u>

이 대화에서 '을'은 공산주의의 수용이라는 허수아비를 세워놓고 그것
을 공격하고 있지만 그 허수아비를 쓰러뜨린다고 해서 '갑'의 주장이 논박
되는 것이 아니다. '갑'은 공산주의를 수용한다는 것을 주장한 것이 아니
기 때문이다.

◘ 결합의 오류

어떤 집합의 부분 또는 개별적인 원소들이 어떤 성질을 가지고 있다는 사실로부터 전체 또는 그 원소들의 집합도 그러한 성질을 가지고 있다고 추론하는 오류이다. 다음 문장들은 결합의 오류를 범한 예들이다.

예

- 이 오케스트라의 구성원은 모두 일급 연주가들이기 때문에, 이 오케스트라는 일급입니다.
- 내 친구들은 모두 나보다 힘이 약하다. 따라서 이들이 모두 덤벼도 나보다 힘이 약할 것이다.
- 이승엽이 있는 야구팀은 이승엽이 잘 하니까, 분명히 우승 후보일 거야.

◘ 분할의 오류

전체 또는 어떤 원소들의 집합이 어떤 성질을 가지고 있다는 사실로부터 그 집합의 부분이나 개별적인 원소들도 그 성질을 가지고 있다고 추론하는 오류이다. 다음의 문장이나 사례들은 분할의 오류를 범한 예들이다.

예

- 그는 우리나라 고교 최고의 투수임에 틀림없어. 그의 팀이 이번에 전국 고교 야구 대회에서 우승했으니까.
- 우리나라는 예로부터 금수강산이라 일컬어져 왔으므로 난지도 역시 아름다울 것이다.
- 예전 우리나라에서 '미국은 부유한 나라니까 이민만 가면 잘 살 수 있다'는 생각이 만연하여 미국으로 이민 가는 붐이 일었다. 그러나 미국

사람 모두가 부유한 것은 아니며, 미국 역시 빈민가와 가난한 사람들
이 존재한다.

▣ 무지에 의존하는 오류

어떤 주장이 반증된 적이 없다는 이유로 받아들여져야 한다고 주장하거
나, 결론이 증명된 것이 없다는 이유로 거절되어야 한다고 주장하는 오류
이다. 다음 문장들은 무지에 의존하는 오류를 범한 예들이다.

예

- 하나님이 존재한다는 것은 참이다. 왜냐하면 하나님이 존재하지 않는
  다는 것을 증명한 바 없기 때문이다.
- 그 유명한 '페르마의 정리'는 거짓임이 분명하다. 어떤 수학자도 그것
  이 참임을 증명하지 못했으니까.
- 사후세계가 있다는 것이 사실이다. 왜냐하면 사후세계가 없다는 것을
  증명한 바 없기 때문이다.

▣ 유비 추론의 오류

유비 추론이란 자신이 주장하고자 하는 바를 이미 알고 있는 다른 것과
의 비교 또는 유비(類比)를 통해 더욱 쉽고 설득력 있게 지시하는 추론을
말한다. 유비 추론은 귀납 추론의 하나이며, 비교하는 두 대상 사이에 유
사성이 많을수록 좋다. 유비 추론은 이미 알고 있는 사실을 근거로 비슷
한 다른 사실에 대해서도 설득력 있는 주장을 할 수 있게 해 준다. 또한
새로운 발견이나 새로운 학설의 창안에 귀중한 영감을 제공하기도 한다.
유비 추론의 예를 들어보자.

- 책을 잊고 학교에 오는 학생에게 선생님께서 하시는 말, "군인이 전쟁 터에 나가면서 총을 빼 놓고 가나?"
- 말은 돈과 같다. 과장된 말은 '인플레이션'과 같고 약속을 어기는 것은 '부도수표'와 같으며, 의식적인 거짓말은 '위조지폐'와 같다. 이와 같은 말이 많은 사회는 건전하지 못하며, 마침내 붕괴하고 말 것이다. 그렇기 때문에 말은 신용이 있어야 한다. 특히 정치가의 말은 '보증 수표'와 같이 정확해야 한다.

위의 예는 군인이 전쟁터에 갈 때에는 꼭 총을 가지고 가야 하는 사실과 비교하여 그로부터 추론되는 학생이 학교 갈 때에는 꼭 책을 가지고 가야 한다는 사실을 주장하는 것이다. 두 번째 예는 돈과 관련된 사실, 즉 신용이 없으면 사회가 붕괴한다는 사실과 비교하여 그로부터 추론되는 '말'에 신용이 없으면 안 된다는 것을 주장하는 것이다.

그러나 유비 추론의 오류를 범할 수도 있다. 비유 대상 사이에 유사성이 많지 않음에도 불구하고 유사한 관계인 양 오인하여 두 대상의 속성을 비교하는 경우이다. 다음 문장들은 유비 추론의 오류를 범한 예들이다.

- 콩나물은 물만 먹고도 쑥쑥 잘 자란다. 따라서 나도 물만 먹으면 키가 부쩍 크겠지.
- 기계가 고장이 잦으면 수리비가 새 것을 구입하는 것보다 많이 드니까 버려야 한다. 즉 사람도 자주 몸이 아프다고 하면 버려야 한다.
- 화분은 일정 기간이 지나면 주기적으로 분갈이를 해 주어야 한다. 따라서 사람도 주기적으로 이사를 가 줘야 한다.

앞의 예는 하나를 보고 하나 이상을 판단했으나 그 비유 준거가 마땅하지 않은 것이다.

❏ 자가당착적 오류

'자가당착(自家撞着)'이란 같은 사람의 말이나 행동이 모순이 되는 것을 말한다. 일명 비정합성(非整合性)의 오류라고도 하며 지시된 전제에 모순이 내포되어 있으므로 타당한 논의 형식을 택할지라도 부당한 결론이 나올 수밖에 없는 경우이다. 다음의 논리는 자가당착적 오류를 범한 것이 된다.

- 모든 곰팡이는 몸에 해롭다. –이미 전제에 모순이 내포됨.
  모든 버섯은 곰팡이에 속한다.
  그러므로 모든 버섯은 몸에 해로울 뿐이다.
- 모든 사람은 이기적이다. –이미 전제에 모순이 내포됨.
  모든 여자는 사람이다.
  그러므로 모든 여자는 이기적이다.

❏ 정황적 논증의 오류

주장이 참인가 거짓인가 하는 문제는 무시한 채 상대방은 그가 처한 정황 또는 상황으로 보아 자기의 생각을 받아들이지 않으면 안 된다고 주장하는 오류이다. 또는 상대방이 어떤 특별한 상황에 처해 있는 것으로 보아 그렇게 주장할 수밖에 없을 것이라고 그를 몰아붙이는 경우에도 이 오류를 범하게 된다. 다음의 사례들은 정황적 논증의 오류를 범한 예가 된다.

- "경찰관 아저씨, 앞의 차는 단속하지 않고 왜 나만 단속해요?"라고 말할 때.
- 이혼을 찬성하는 사람이, 이혼은 여러 가지 이유에서 볼 때 옳지 않다고 반대하는 가톨릭교 신부에게 "당신은 독신 생활을 하면서 어떻게 그런 주장을 할 수 있습니까?"라고 말할 때.

▣ 피장파장의 오류(역공격의 오류)

비판 받은 내용이 비판하는 사람에게도 역시 동일하게 적용됨을 근거로 비판에서 벗어나려는 오류이다. 일명 '두 개의 잘못이 하나의 옳음을 만드는 오류'로, '너나 나나 매한가지이므로 맞는다고 하자'나 '너는 뭐 잘 한 것이 있어?'와 같은 표현은 피장파장의 오류에 해당된다.

- 오빠 뭐 잘했다고 그래? 오빠 더 하더라 뭐.
- 너 왜 거짓말 했어? / 너도 거짓말 했잖아?
- 너 왜 내 물건 함부로 쓰니? / 너도 어제 내 연필 말도 없이 썼잖아?

▣ 원천 봉쇄에 호소하는 오류

반론이 일어날 수 있는 원천을 비판하거나 봉쇄함으로써 반론의 재기를 불가능하게 하여 자신의 논지를 옹호하는 오류이다. 다음 문장은 원천 봉쇄에 호소하는 오류를 범한 예이다.

- 혈액형이 같은 급우들은 모두 헌혈에 동참해야 합니다. 그것이 병마

와 싸우고 있는 수남이를 살리는 인간적인 처사입니다. 비인간적인
사람이 아니라면, 모두 헌혈에 동참하리라고 전 믿습니다.

부적합한 권위에 호소하는 오류

논지와는 직접적인 관련이 없는 권위자의 견해를 근거하여 자신의 주장
을 받아들이도록 하는 오류이다. 다음 문장이나 사례들은 부적합한 권위
에 호소하는 오류를 범한 예들이다.

- 세계적인 지휘자 정명훈 씨는 무대에 오르기 전에 꼭 우유를 한 잔씩
  마시는 습관이 있는데 우유를 마시면 긴장이 풀어지기 때문이래. 우
  리도 긴장을 풀기 위해 시험 전에 우유를 마시자.
- 이 칫솔은 치아 건강에 좋은 제품임이 분명하다. 왜냐하면 유명한 아
  나운서가 선전하는 치약이거든.
- 샴푸 광고에서 전지현이 윤기 나는 생머리를 휘날리며 "엘라스틴 했
  어요."라고 말하였다. 많은 사람들이 전지현과 같은 머리를 갖고자 그
  샴푸를 구매하였다.

대중에 호소하는 오류

어떤 주장에 대한 타당한 근거를 제시하지 않고 대중의 감정, 군중심리,
열광 등에 호소하거나 여러 사람이 동의한다는 점을 내세워 자신의 주장
에 대해 동의를 얻어내고자 하는 오류이다. 다음 문장들은 대중에 호소하
는 오류를 범한 예들이다.

- 이 소설은 예술적 가치가 있는 작품임에 틀림없다. 출판된 지 한 달
  만에 벌써 30만 부나 팔렸으니까.
- 남들도 다 그러는데 왜 잘못인가?

사적 관계에 호소하는 오류

개인적 친분 관계, 학연 관계, 지연 관계에 의존해서, 비논리적인 결론을 맺으려는 오류이다. 다음 문장들은 사적 관계에 호소하는 오류를 범한 예들이다.

- 넌 나하고 제일 친한 친구잖아. 네가 날 도와주지 않는다면 난 누굴
  믿고 이 세상을 살아가란 말이니?
- 자네와 나 사이에 이래도 되는가?
- 너랑 나는 같은 동네에 사니까 당연히 내가 네 차를 타고 가야지.

힘에 호소하는 오류

물리적 힘을 빌려서 논의의 종결을 꾀할 때의 오류이다. 협박, 시위, 압력 등의 수단으로 결과를 유도한다. 이것은 보통 합리적인 논증이나 증거가 없거나 통하지 않을 때 사용하는 방법으로 논리적 오류에 해당된다. 다음의 문장이나 사례는 힘에 호소하는 오류를 범한 예들이다.

- 만약 네가 아빠 말을 듣지 않는다면 너에게 유산을 한 푼도 남겨주지
  않겠다.

- 엄마 말 안 들으면 오늘 저녁밥은 없을 줄 알아!
- '스포트라이트'라는 드라마에서, 올바른 진실을 말하려는 방송기자에게 조폭들과 그와 연관된 사회적 지위가 높은 사람들이 "이 나라에서 살고 싶으면 조용히 있으라."며 협박하는 것.

⬛ 동정에 호소하는 오류

상대방의 동정심이나 연민에 호소하여 자신의 논지를 받아들이게 하는 오류이다. 다음 문장들은 동정에 호소하는 오류를 범한 예들이다.

예

- 판사님, 이 피고인은 단칸방에 살면서 노부모를 모시고 세 명의 자식을 키우고 있습니다. 그리고 피고인은 매일 막노동을 해서 생계를 유지하고 있습니다. 이런 불쌍한 처지를 참작하시어 피고인을 무죄 석방해 주십시오.
- 교수님, 교수님의 과목에서 낙제점을 주시면 저는 이번에 졸업을 못하게 됩니다. 병상에 누워계시는 아버님 대신에 제가 가족들을 부양해야 할 형편입니다.
- 미안하지만 보증 좀 서 줘. 부탁할게. 부모님께는 죄스럽고…. 불쌍한 사람 하나 살린다 치고, 죽은 사람 소원도 들어준다는데, 나 좀 도와 줘, 제발 응?

⬛ 아첨에 호소하는 오류

대상에 대한 과대, 과소의 평가를 내려서 상대방의 기분을 추켜세워 동의를 구할 때의 오류이다. 다음 문장들은 아첨에 호소하는 오류를 범한 예들이다.

- 젊으신 분이 식견이 대단히 높군요. 그것은 고려 상감청자 진품인데 꽤 주셔야 할 겁니다. (실은 가짜 도자기였다.)
- 힘이 장사시네요. 너무 멋있으세요. 이 짐도 들어보실 수 있으시겠어요?
- 어머, 이 원피스 너무 잘 어울리세요. 손님을 위해 만들어진 옷 같아요. 이 원피스 너무 잘 어울리시니까 제가 특별히 10% 세일해서 드릴게요.

◼ 인신공격의 오류

주장하는 사람의 인품이나 성격, 직업, 과거의 정황 등을 비난함으로써 그 사람의 주장이 잘못되었다고 비판하는 오류이다. 다음 문장들은 인신공격의 오류를 범한 예들이다.

- 베이컨의 철학은 믿을 수 없다. 그는 뇌물을 받은 혐의로 대법관의 직을 내놓은 사람이기 때문이다.
- 그가 쓴 책은 좋은 책이 될 수 없다. 그는 우울증을 겪고 있었기 때문이다.
- 그 촌놈 겨우 동네 이장 하다가 천신만고 끝에 한 자리 하는 거야.
- 그 가수의 노래는 이제 1위를 할 수 없어. 왜냐면 그 사람은 병역비리 혐의로 국민들의 신뢰를 잃었잖아.

◼ 협박에 호소하는 오류

상대방에게 유형, 무형의 강압적인 수단을 동원하여 자신의 주장을 받

아들이게 하는 오류이다. 다음 문장들은 협박에 호소하는 오류를 범한 예
들이다.

예

- 오늘 청소시간에 청소 열심히 하여라. 만약 깨끗하게 하지 않으면 다
  른 반보다 한 시간 늦게 종례할 거다.
- (기자가 연예인에게) 나에게 특보를 주지 않으면 너를 연예계에 발도
  못 들여놓게 할 거야.

그런가 하면, 언어를 잘못 사용함으로써 빚어지는 오류도 있다. 이것은
언어적 오류로 분류된다.

■ 모호한 용어의 오류

두 가지 이상의 의미로 사용될 수 있는 단어의 의미를 명백히 분리하여
파악하지 않고 혼동함으로써 생기는 오류이다. 다음 문장들은 모호한 용
어의 오류를 범한 예들이다.

예

- 죄인은 감옥에 간다. 그런데 목사님께서 모든 인간은 죄인이라 하셨
  어. 그러니 모든 인간은 감옥에 가야 해.
- 꼬리가 길면 반드시 잡힌다. 쥐는 꼬리가 길다. 그러므로 쥐는 반드시
  잡힌다.

■ 모호 문장의 오류

구(句)나 문장이 구조적으로 두 가지 이상의 뜻으로 해석될 때 생기는

오류이다. 다음 사례들은 모호 문장의 오류를 범한 예들이다.

예

- "아내는 나보다 돈을 좋아한다."는 "아내가 돈을 좋아하는 정도는 내가 돈을 좋아하는 정도보다 크다."를 의미할 수도 있고, "아내가 돈을 좋아하는 정도는 아내가 나를 좋아하는 정도보다 크다."를 의미할 수도 있다.
- "내가 좋아하는 내 남자친구의 친구"는 내가 사랑하는 사람이 남자친구일 수도 있고, 남자친구의 친구일 수도 있다.

강조의 오류

문장의 한 부분을 불필요하게 강조함으로써 발생하는 오류이다. 다음 문장이나 사례는 강조의 오류를 범한 예들이다.

예

- "우리의 친구들에 대해서 험담을 해서는 안 된다." "그래요? 그러면 선생님에 대한 험담은 상관없겠네요?"
- "네 이웃을 사랑하라."는 성경 구절에서 '네 이웃'을 강조하여 "나의 이웃만 사랑하면 된다."고 주장하는 것.
- 어머니 : 승훈아, 얼른 밥 먹어야지. 게임 그만 하고 밥부터 먹어. 밥 먹고 게임해.

  승훈 : 그럼 밥 먹고 밤 새워 아침까지 게임해도 되겠네? 나 밥 먹고 게임 계속 할 거야.
- 갑 : 물을 아껴 씁시다.

  을 : 그러면 전기는 안 아껴 써도 되겠네?

☐ 은밀한 재정의의 오류

용어가 갖는 사전적 의미에 자의적인 의미를 은밀하게 덧붙임으로써 생기는 오류이다. 다음의 표현들은 은밀한 재정의의 오류를 범한 예들이다.

예

- 빨간 신호에 그렇게 위험한 길을 건너다니. 그 친구, 정신이 나간 게 분명해. 틀림없이 정신병자일 거야. 그러니 빨리 정신 병원에 보내야겠어.
- 마누라가 오늘 설거지를 안 해 놓고 간 걸 보니 바빴나보군. 바쁘다고 도무지 집안일은 하지를 않는다니까. 여자면 집안일을 해야지. 정신이 있는 거야? 없는 거야? 나를 무시하는 거야?

☐ 대상언어와 메타언어 혼동의 오류

언어에는 대상을 가리키는 대상언어와 언어를 가리키는 메타언어가 있다. 예를 들어, '고양이'라는 단어가 고양이 과의 짐승을 가리킬 때는 대상언어이고 "'고양이'는 세 글자로 이루어져 있다."라고 할 때에는 메타언어이다. 이 구분을 하지 않는 경우에도 오류가 발생한다. 다음 사례는 대상언어와 메타언어 혼동의 오류를 범한 예이다.

예

- "유대 민족의 고대사는 모두 성경 안에 들어 있다. 성경은 두 글자로 이루어져 있다. 그러므로 유대민족의 고대사는 두 글자로 이루어져 있다."고 주장하는 것.

이상과 같은 것이 우리가 사고할 때에 논리성을 갖추고 있는가, 없는가

하는 문제들이다. 이러한 것을 섭렵하면, 언어문화콘텐츠라고 하는 창의적 생산물을 만들어낼 때에 그것이 이치에 맞고 합당한 것이 되는가에 대해 신경을 기울이는 데에 많은 도움을 받을 것이다.

(3) 공의적 · 객관적 목적과 태도

논리성 획득에 필요한 세 번째 조건으로, 생각하는 목적과 태도가 공의적(公義的)이고 객관성을 유지해야 한다는 점을 들고자 한다. '공의'란 '공평하고 의로운 도리'라는 뜻으로 세상일에 대해 생각할 때 어느 쪽으로도 치우치지 않게 고르게 생각하는 것을 말한다. '객관적(客觀的)'이라는 것은 주관에 좌우되지 않고 언제 누가 보아도 그러하다고 인정되는 성질을 말한다. 논리성은 그 방법을 아는가 모르는가 하는 지식적인 문제도 있지만 그보다는 먼저 마음속에 공의적이고 객관적인 목적과 태도가 깊이 뿌리 내리고 있어야 한다. 개인 간의 올바른 도리를 지키고 사회 정의를 실현하고자 하는 마음 없이는 아무리 논리 교육을 받고 논리성 연구를 해도 교묘히 피해갈 수 있는 것이다. 우리 사회에 새로운 법이 제정되고 제도가 생기면 항상 빈틈을 이용해 편법을 쓰고 그 그물망을 빠져나가면서 악의를 행한 역사가 늘 있었다. 세상이란 과학 공식과도 같이 돌아가지 않으며 우리의 언어 표현이란 것 자체가 많은 절묘함을 안고 있기 때문에 우리는 항상 개인의 도리와 사회 정의를 실천하겠다고 하는 마음가짐 없이는 제대로 살기가 어렵다. 그러므로 논리성의 획득을 위한 기본자세로서, 공의적 · 객관적 목적과 태도에 대해 생각해 보기로 한다.

말은 어떻게 표현하는가에 따라 그 내포적 의미가 미묘하게 다르게 형성된다. 다음 두 문장을 비교해 보자.

위 예문은 같은 사실을 두고서 나온 다른 표현의 보도 기사이다. 이 두 문장의 차이는 확연하다. 위 문장은 진씨의 부정함을 더 강조하고자 하는 것으로 보도하는 사람이 진씨를 비난하고자 하는 의도를 표출하고 있다. 이에 비해 아래 문장은 비난의 의도 없이 객관적으로 기술되어 있다. 위의 첫 번째 문장이 진리조건으로 '참'이 되려면, 어떤 현실 상황이 필요한 걸까? '논과 밭 가리지 않고'라는 표현은 구매 대상이 논이어도 좋고 밭이어도 좋았다는 일반적인 뜻을 지나쳐서 뭐든 구매하려고 혈안이 되었다는 내포적 의미를 가진다. 그리고 '사들이다'라는 표현은 구매했다고 하는 객관적인 의미를 지나쳐서 착복했다는 식의 부정적 의미를 갖는 것이다. 같은 현실을 두고서 위의 두 문장처럼 표현했을 때 독자의 이해 내용은 매우 다르게 된다.

특히 보도 기사에서 논리성은 최고로 중요한 요소이다. 보도되는 기사가 현실의 문제와 일치해야 한다. 그런데 같은 내용을 두고서 어떻게 표현했는가에 따라 매우 다른 이해를 하게 한다. 한 예를 들어보자. 1998년 전 안기부장의 할복 사건 보도에서 '자살 기도'라는 표현과 '자해'라는 표현 두 개가 사용되었는데, 이 둘은 매우 다른 시각의 차이를 보여주는 것이 된다. '자살'은 극단적이고 보다 자극적인 의미와 함께 동정심을 유발하는 말일 수 있는 반면, '자해'는 부정적인 이미지를 나타내는 것이다(홍성호, 2000 : 412 참고). 늘 정당한 보도가 되기 위해 단어 하나라도 제대로 선택하며, 논리적 관점을 견지하여 타당한 내용을 전달하도록 신경 써야 한다. 사소한 표현 단어의 선택이 가져오는 내포적 의미의 다름에 관해서도 인식하고, 그렇게 되지 않기 위한 공정한 표현을 찾아야 한다.

우리가 말로써 무언가를 획책하자면 충분히 할 수 있다. 그러므로 그러한 간사할 수도 있는 재주를 부리기에 앞서, 정의로운 마음이 기본으로 갖추어져 있어야 한다는 점을 강조하지 않을 수 없는 것이다. 다음에 제시하는 것은 공정한 언어 표현을 하기 위한 유의사항이다.

■ 비난의 마음에서는 사실의 전달이 이루어지기 힘들다

비난의 마음은 어찌 보면 인간이 가진 본능적인 마음이다. 실제로 누군가가 크게 잘못하여 비난을 하는 것이 마땅한 경우가 있을 수 있으나, 대부분의 비난은 곰곰 생각해 보면 비난하지 않아도 좋은 경우가 많다. 각박한 마음속에 비난의 마음이 많이 들어 있다. 현대 사회는 너무나 빠르게 모든 정보가 흘러가며 다른 사람보다 잘 해야 한다는 경쟁심을 유발시키므로 마음이 안정되거나 평화롭기 어렵다. 그러다보니 현대인들은 남의 흉보기를 좋아하고 남이 잘 되면 배 아파 하고, 나 아니면 안 되고, 함께 잘못하여 일이 그르쳤어도 상대방을 원망하는 것이 다반사이다. 그런 비난의 마음에서는 사실을 공정하게 전달하기 어렵다. 우리 속담에 "종로에서 뺨 맞고 한강에서 눈 흘긴다."는 말이 있다. 종로에서 뺨 맞는 사건 때문에 화가 나 있다가 그 화가 풀리지 않아 전혀 상관이 없는 다른 상황에서 분풀이를 한다는 것이다. 흔히 사춘기 때 생각과 욕구가 많아지고 그러다보니 상대적으로 되는 일이 없어 짜증이 나 있는 상태에서, 부모님이 무슨 말이라도 하면 그것이 분출의 꼬투리가 되어 부모님께 불손하게 대하고 짜증을 부리는 것이 바로 그런 예이다. 마음속에 비난의 마음을 없애고 공정한 관점을 가지고 대해야만 논리적인 표현을 할 수 있게 된다. 마음속이 평정되지 못하고 꼬여 있고 이것이 습성화된 사고방식은 늘 우리의 사고에 가리개를 치고 문제 해결을 가로막는 수가 많다는 것을 유념해야 한다. 다음을 보자.

오늘 기사에서 차범근 해설위원님이 축구장 만들고 있다는 기사를 봤다. 정말 대단하다. 개인적으로 돈이 있으면 나 먼저 그리고 자기식구들 먼저 먹기 살기를 할 텐데 개인이 축구장을 만드신다고 할 때 정말 제 자신이 부끄러움이 음… 근데 조금은 걱정되는 게 이런 분위기로 가면 분명 대기업에서 후원을 하기 시작할 텐데 그러다 보면 분명히 자기들 입맛대로 움직일 테고 그러다 보면 당신이 생각한 의도한 정 반대로 가는 것이 뻔하게 보인다. 우리나라 사람들이 다 그렇다는 것은 아니지만 분명 그렇게 될 것이다. 진짜 시민들을 위해서 만들어진다면 얼마나 좋을까? 제 생각에는 우리들이 어떻게 도와주면 좋을까 하는 생각을 해봤으면 좋겠어요. 아마 후원을 한다고 하면 더 부담을 느끼실 것 같기도 한데 근다고 누가 어떻게 도와주냐가 관건이죠. 요즘 워낙 사기꾼들이 많아서 정말 이번 기회에 축구 좋아시는 분들이나 차샘을 좋아시는 분들이 마음을 합쳐서 한번 멋지게 만들어 보자구요^ ^*

ㄴ 반대합니다. 축협에 지원해달라고 하세요.

ㄴ 차붐의 정신과 열정에 박수를 드립니다 홧팅!!! 서명합니다 참여할게요. 맹글어봅시다

└무개념 차빠들 악명 높은 거야 유명하지만 참 개념이 없네. 그것은 엄연히 차범근 개인 사유재산이오. 뭘 착각하고 자빠졌나?? 개인 재산에다 기부 운동하는 놈들이 어디 있습니까. 차범근이 무료개방 한다, 사회에 기부한다 언급도 없었고 지자체랑 말도 오간 적 없는데 이런 설레발이짓 좀 하지 마요

—출처 : 다음 아고라

위의 내용은 인터넷 다음 아고라 사이트에서 오고간 의견의 표명이다. 처음 문제를 제기한 사람은 상황 설명을 잘 하고 자기 의견을 서술하였다. 그 의견에 대해 반대와 찬성 의견의 댓글이 나왔는데, 맨 마지막 댓글은 비방조로 아주 거칠게 표현되어 있다. 반대의 의견을 차근차근 정중하게 서술해야 그 의견이 통하지, 위와 같이 욕하듯이 표현하면 그 내용의 옳고 그름을 떠나 눈살을 찌푸리게 된다. 마지막 댓글의 첫 문장은 성급한 일반화의 오류를 범하고 있으며 전체적으로는 인신공격의 오류를 범하고 있다. 그 일의 내용을 객관적으로 보면서 옳고 그름에 대해 논했으면 좋은데 무조건 비방의 태도로 접근하니 그 의견 진술이 논리적으로 이루어지지 못하였다.

■ 섬세한 의미 차이를 다각적으로 고려하여야 한다

우리말에 "'아' 다르고 '어' 다르다."는 속담이 있다. 비슷한 말이라도 어떤 단어를 선택하는가에 따라, 어떤 토씨나 어미를 선택하는가에 따라 내포적 의미가 달라질 수 있다. 글이나 말을 통해 정확한 의사소통을 한

다는 건 쉬운 일이 아니다. 우리는 부적당한 언어 사용이나 의미론적 혼동 때문에 잘못된 메시지를 보내거나 받는 여러 방식들에 대해 조심해야 한다. 표현된 단어가 갖는 뜻에 대해 논리적인 결함은 없는지, 미묘한 어감 차이로 인해 전달하려는 의도가 왜곡되지는 않는지에 대해 생각해야 한다.

> • 작은 나라에서 큰 아이로 키우겠습니다.
> • 고객이 한 명도 없는 보험회사

위의 자료들은 광고 문구이다. 위의 문장은 어떤 학원의 학원 버스 뒤에 붙여 놓은 광고 문구로, 여기서 '작은 나라'는 우리나라, 곧 한국을 지시한다. 이 광고 제작자의 의중은 '비록 우리나라는 작지만'으로, 국토의 넓이가 작다는 뜻일 것이다. 그러나 '작은 나라'라는 것은 국토가 좁다는 의미뿐만 아니라, '힘이 없는 나라'라는 뜻도 되므로, 이 광고를 보는 사람은 그다지 유쾌한 기분이 들지 않을 수 있다. "큰 나라의 큰 사람으로 키우겠습니다."라고 표현한다면, '큰 나라'는 '힘 있는 나라'의 의미로 다가오고 큰 사람으로 키워 나라까지도 큰 나라로 만들겠다는 의지를 포함할 수가 있을 것이다. 두 번째 문장은 한 보험회사의 광고 문구이다. 고객을 고객보다 더 소중한 가족으로 생각한다는 뜻을 전하고자 하는 의도가 있다. 그런데 과연, 보험회사의 전통적인 '고객'의 이미지를 '가족'으로 바꿀 수 있는 걸까? 굳이 고객이라는 단어를 부정하면서 가족 이미지화 하려는 것은 너무 극단적인 전환이라고 생각된다. 가족으로 생각한다는 속

뜻은 좋지만, 고객이 한 명도 없다는 부정 표현에서 고객은 뭔가 고객다운 대우를 못 받는 건 아닌가 하는 우려를 하게 될 수도 있다. 이렇게 위 두 문장은 세심하게 논리적으로 따졌을 때 부정적인 내포 의미를 가져올 수 있어서 설득력을 얻지 못한 예가 된다.

■ 사실과 추론의 구분을 분명히 인식해야 한다

말에서 '사실'과 '추론'은 매우 다른 것이다. '사실'은 실제로 있었던 일이나 현재에 있는 일이며 '추론'은 미루어 생각하여 논하는 것을 말한다. 사실은 실제로 있었던 것이므로 단정을 할 수 있지만 추론은 어디까지나 추리이며 예측이므로 단정으로 말해서는 안 되는 것이 된다. 이러한 차이점을 잘 인식하여 표현해야 논리적으로 바른 표현을 할 수 있게 된다.

그러면 추론과 사실의 기술을 어떻게 구별하면 좋을까를 2개의 예로 생각해보자. 우선 다음 사건에 관한 신문을 보자. 이하의 내용은 모리오까 케지 외(1994 : 111~112)를 인용한 것임을 밝혀 둔다.

나카무라 씨 부부는 목수 A를 고용해 하루 종일 집 수선을 했다. A가 5시에 돌아갔으므로 부부는 뒷정리와 문단속을 하고 일찍 쉬었다. 다음 날 아침에 일어나 보니 응접실 창문이 열려 있고 옆방 장롱에 넣어둔 10만 엔이 없어져 버렸다. 파출소에 신고해 경찰에게 조사를 부탁한바 응접실 창문에 4, 5일 동안 마을에서 도둑질한 강도 X의 지문이 발견되었다.

이 사건을 그날 석간의 네 개 신문이 취급해 각각 다음과 같은 표제를

붙여 보도했다고 하자. 네 개의 표제 중 추론은 어느 것이고 사실의 기술
은 어느 것일까.

    (1) X가 10만 엔을 훔치다.
    (2) 10만 엔 도둑맞다.
    (3) X의 지문 발견.
    (4) 범인은 A인가 X인가.

이 중 현지의 사건과 완전히 일치하는 것을 찾아보자. 우선 (1)은 사실
과 같이 보이지만 (4)와 같이 목수 A도 의심할 여지가 있는 이상 X를 범
인이라고 보는 것은 추론이다. 다음으로 (2)는 (1) 이상으로 사실같이 보
이지만 누구도 훔쳤다고 하는 현장을 본 사람은 없고 나카무라 부부가 장
롱 이외의 곳에 잘못 두었는지 혹은 어느 쪽에서 몰래 써 버렸는지도 모
른다. 따라서 (2)도 사실 같지만 추론이 들어 있다. (3)은 다른 사람의 동
일 지문이 없는 것이 사실이며 지문검출 과정에 잘못이 없는 한 " X의 지
문 발견"이라는 것은 사실에 일치한다. 추론이 들어갈 여지가 없고 이 표
제에 관한 한 현지와 대응하는 사실을 서술한 것이다. (4)는 처음부터 추
론을 서술한 것으로 사실로 혼동하는 사람은 없을 것이다. 문제는 (1), (2)
의 표제이지만 이런 종류의 표제를 보면 많은 사람이 이것을 사실이 아닌
것도 있을 수 있으므로 그 경우에는 범인이 아닌 X를 범인이라고 믿어버
리게 된다. 역시 이들 표현을 추론으로서 받아들이는 것이 필요하다.

다음 두 번째 예로 옮겨보자. 그 후 2, 3일 후 나카무라 씨의 집 앞에
목수가 몰고 다니던 A라는 이름이 붙여진 저전거가 서 있었다. 그것을 보

고 지나가던 네 명의 어린이들이 말했다.

> (1) 나카무라 집 앞에 A의 자전거가 있어요.
> (2) A가 또 와 있어요.
> (3) 수선을 가시하고 있는 것일까?
> (4) 오늘 아침 "돈을 찾기 어렵다"고 말했으니까 돈을 찾으러 온 것
>   일 거야.

이 아이들의 이야기 중 (2), (3), (4)가 추론인 것은 확실하다. 이것들은 사실에 일치하고 있을지도 일치하지 않을지도 모른다. 일치하는지 여부를 증명하기 위해서는 나카무라의 집안에 들어가 안의 모습을 보면 안다. 문제는 (1)이지만 객관적 사실을 서술하여 추론이 들어갈 여지가 전혀 없는 것 같이 보인다. 그러나 잘 생각해 보면 "A의 자전거"라는 아이들의 판단에는 추론이 포함되어 있다. 즉 A가 몰고 다녔던 것, A라는 이름이 들어 있었던 것이 이 판단의 근거가 된다. 하지만 2, 3일 전 집수리하러 왔을 때 A가 나카무라 씨에게 자전거를 양보했을지도 모르고, A가 동명(同名)인 아는 사람의 자전거를 빌렸을지도 모른다. 물론 (1)의 판단은 대부분의 경우 사실과 일치하고 그 일치의 확률은 상당히 높은 것이다. 그러나 만에 하나 현재는 나카무라의 소유로 되어 있을 수도 있고 역시 추론인 것을 인정하지 않을 수는 없다. 만약 아이들이 완전하게 사실만을 전하려고 생각하면, "나카무라 집 앞에 A라는 이름이 들어간 자전거가 있어요."라고 해야 할 것이다. 요컨대 사실은 하나이며 만인이 부정할 수가 없다. 만약 만인 중 한 사람이라도 부정하고 그 부정이 성립할 가능성이 조금이라도

있다면 그 표현은 사실의 기술이 아니라 추론이다. 다음은 어빙글리에 의한 사실과 추론의 차이를 정리한 것이다.

<table>
<tr><td>

〈사실〉
① 관찰한 후에 서술할 수 있다.
② 관찰한 사항에 대해서만 서술할 수 있다.
③ 사실의 전체가 아니라 몇 개인가의 한정된 사실을 서술할 수 있다.
④ 누가 시도해 봐도 같은 결과가 될 것 같은 확실한 것을 서술할 수 있다.
⑤ 사실에 대해서는 누구라도 인정하지 않을 수는 없다.

</td><td>

〈추론〉
① 관찰 전후 도중이라도 언제든지 서술할 수 있다.
② 관찰한 이상의 것을 서술할 수 있다.
③ 제한하지 않고, 일반화해서 전체에 대해서 서술할 수 있다.
④ 개연성, 즉 일어날 수 있는 가능성을 서술하는 데 지나지 않는다.
⑤ 추론에 대해서는 남한테 인정받기도 하고 안 받기도 한다.

</td></tr>
</table>

논리성이란 결국 우리의 사고를 명료하고 올바르게 하는 특성을 말하는 것이다. 나의 생각을 표현할 때, 다른 사람의 말을 들을 때, 그 말을 다시 남에게 전달할 때, 사실과 추론의 정확한 구분을 해야만 명료하고 올바른 사고를 할 수 있다. 추론을 들을 때 그것이 추론인 것을 인식하면서 단정적인 생각을 하지 말아야 한다. 미래의 일에 대한 진술이 아무리 확실함을 갖고 있다고 해도 추론이다. 추론을 사실로 생각하기 쉬운 것 중 하나로 사람의 성격, 감정, 의도, 행동의 동기 등에 대한 서술이다. 이런 것들에 대해 미묘하게 세세한 부분을 잘 묘사하면 우리는 그것을 사실이라고 믿기 쉽다. "그는 사교성이 안 좋다 / 이기적이다 / 음험하다 / 구두쇠다

/ 독단적이다 / 손톱만큼의 동정심도 없다”라는 비평을 10명 중에 10명이 모두 했다 하더라도 어차피 우리들은 사람 마음속을 투시하여 관찰할 수 없는 일이며 이들은 몇 개인가의 외부적인 추론밖에 되지 않는다. 10명 중 10명 모두 같은 평가를 내린다고 해도 11명 째의 사람은 반대 인상을 가질 수가 있는 것이다.

■ ‘공정성’에 대한 통합적인 인식을 해야 한다

이 항목은 이 장에서 논리성 획득의 세 번째 요건으로 제시한 공의적·객관적 목적과 태도를 그대로 다시 강조하면서 그 정신적인 것에 대해 언급하려는 것이다. ‘공정성’이란 공평하고 올바른 것을 말한다. 사회 각 분야에서 공정성 기준에 대한 논의를 한다. 예를 들어 방송 보도에서 공정한 방송을 하기 위해 논쟁적 사안에서 다양한 견해를 치우침 없이 반영해야 하고, 뉴스 내용뿐 아니라 인터뷰 대상자나 시간, 카메라 앵글, 자막 등도 공정성을 준수해야 한다는 등의 기준을 세우기도 하고, 한편에서는 그 기준이 규제 조항이 많아 언론의 자유를 침해할 수 있다는 의견을 내기도 한다.

우리가 살아가는 세상에 결코 단순하거나 단면적인 것이 아니라 복합적인 여러 요인들로 이루어져 있어서 고려해야 할 다양한 측면을 지니고 있기 때문에 공정하게 생각하는 것이 어떤 것인지에 대해 판단하기 힘들 때가 많다. 그러나 그럼에도 불구하고 우리가 올바르게 생각하며 살아가기 위해서는, 사회적 사안은 물론 일상적 사고 속에서 늘 논리의 문제를 생각해야 한다. 논리학이 일상적 사고에서 멀어져 있는 현실 속에서 이 문제의 중요성은 더욱 부각된다. 논리성을 갖추기 위해 제시한 앞의 요건들(진리조건과 논리적 구조, 그리고 섬세한 지적들)이 분석적인 것이라면 여기서 강조하고자 하는 것은 공정성은 여러 논리적 요건들을 따지면서 전체적으로 아울러 생각해야 하는 통합성 성격을 띤다. '분석(分析)'이란 것이 복합체 속에서 개별적인 요소를 뽑아내는 것이라면 '통합(統合)'이란 여러 요소들이 조직되어 하나의 전체를 이루는 것을 말한다. 논리적인 생각이란 세부적으로 분석된 타당한 생각과 전체적으로 통합된 정신적인 가치를 요한다. 몇 사례를 보면서 이 문제에 대해 생각해 보자.

한 가족이 산책을 끝내고 아파트 현관에 들어설 때, 한 남자가 큰 개를 현관에 앉혀둔 채로 서 있었다. 아마도 개와 산책을 나왔나보다. 그런데 현관으로 가족들이 들어설 때 그 개가 코를 킁킁거리며 몸을 일으켜 아이 쪽으로 코를 대려 하였다. 가족들은 움칠하며 그 개를 피해 엘리베이터로 향한다. 그때, 아이의 아빠가 크지도 작지도 않는 소리로 "아파트에서 개를 키우냐."라고 혼잣말로 말을 하였다. 엘리베이터 안에서 아이는 "아빠, 주민한테 그렇게 말을 하시면 어떡해요."라고 하고, 아이 엄마는 "요즘 아파트에서 개 키우는 집이 많은데 그런 말 하면 안 돼요."라고 말한다. 약 10분 지나 이 집에 딩동딩동 초인종이 울렸다. 개 주인이었다. "저 8층에 사는 사람인데, 좀 전에 뭐라고 하셨어요? 아파트에서 개를 키운다고 뭐라 하신 거예요?" 그러자 아이 아빠가 "네, 그랬어요." 하고 퉁명스럽게 대꾸한다. 이 남자는 개는 자기 자식인데 그런 말을 했다고 막 따졌다. 옆에서 아이 엄마가 "그렇잖아도, 요즘 아파트에서 개를 많이 키운다고 우리끼리 얘기했어요. 아까 말이 거슬렸겠네요, 이해하세요."라고 중재를 청했다.

그래도 이 남자는 계속 왜 자기보고 그런 말을 했느냐고 따지고 아이 아빠는 사과할 생각을 하지 않았다. 아이 아빠는 "여기서 이럴 게 아니라 경비실로 내려갑시다." 하고 그 사람과 개와 함께 1층으로 내려갔다.

결과는 어떻게 되었을까? 개 주인이 계속 그 말이 기분 나쁘다고 하면서, 경찰을 부르겠다고 하고, 그럼 그러자고 하여 경찰이 왔다. 경찰은 자초지종을 들은 다음, 개 주인에게 경범죄에 걸린다며 서명을 하라고 요청했다. 경찰의 판단이니 이 남자는 안 따를 수가 없었고 결국 경범죄로 처리되었다. 경찰의 말은 개를 키우는 문제는 아파트 주민이 결정하는 것이라는 것이다.

위 사례는 개를 애지중지하는 사람이 지나치게 자신의 입장에서만 생각한 결과 벌어진 일이다. 또 상대편 역시 개를 애지중지하는 사람의 입장을 조금도 고려하지 않고 말을 하여 상대방을 기분 나쁘게 만든 것이다. 위의 경우 관련법이 있어 이에 의존하여 다툼에 대한 판단이 내려졌지만, 우리가 관심을 가져야 할 것은 법 조항의 문제를 떠나 무엇이 옳고 그른 것인가에 대한 판단일 것이다. 법 조항도 결국 무엇이 옳은가에 대한 공의적 해석의 결과일 것이다.

만일 개를 키우는 사람이 안 키우는 사람보다 월등히 많으면, 개를 키우는 것은 아파트 주민이 결정한다고 하는 법 조항이 아니라, 그냥 개를 키우는 것을 아파트 주민들은 동의해야 한다는 것으로 정해지게 될까? 그렇다면 다수결의 원칙이 적용되는 것인가?

그러나 다수결의 원칙이 적용되면 안 되는 현실도 또한 많다. 예를 들어 '길 잃은 한 마리의 양이 보호되어야 한다.'는 성경의 말씀과 관련된

다. 이 경우에, 아흔 아홉 마리의 양을 두고 한 마리 양을 찾아 나선다는
사실만 두고 보면, 숫자 개념으로 타당하지 않을 것이다. 그러나 아흔 아
홉 마리의 양을 잠시 그냥 놔두더라도 큰 문제가 일어나지 않을 것이다.
반면에 한 마리 양은 길을 잃어 죽음에 처할지도 모른다. 곧 양과 질의 두
측면을 모두 고려하여 어떤 경우에 치명적인 결과를 초래할 것으로 예상
되면 그 쪽을 보호해야 하는 것이 정당할 것이다. 곧, 다수결의 원칙은 피
해보는 쪽, 소수의 심각성에 대하여서도 함께 통합적으로 고려해야 할 때,
예외를 인정해야 할 때도 있는 것이다.

사실, 다수결의 원칙은 제도에서만 언급될 수 있는 것이다. 개인의 의
사를 일일이 물어 통계 내지 않고서는 어떤 견해가 다수의 견해인가를 결
정할 수 없기 때문이다. 그런데 우리 사회에서는 '국민이 원하는 것이다,
국민이 불안해하고 있다'는 식으로 '국민'이라는 전체를 지시하는 단어를
쉽게 사용한다. 정작 생활 속에서 지인들과 함께 이야기를 나누다보면, 우
리는 국민이 아닌 사람인 것 같은 착각에 빠질 정도이다. 언제 우리에게
물어 본 적도 없는데 '국민'의 이름을 팔고 있는 듯하다. 언어 표현에서
전체를 지시하는 단어들, 예를 들면 '중국 사람들, 일본 사람들, 요즘 젊은
사람들' 등과 같은 표현은 성급한 일반화를 하는 것이 되므로 논리적으로
타당하지 못하고 공정성을 잃게 되므로 주의해야 한다. 혹, 투표를 하거나
손을 들어 결정하는 경우라고 한다면, 무조건적으로 서둘러 결론을 내리
려는 상황에서 진행되면 그것 역시 공정하지 못한 결론을 내게 될 것이다.
충분한 검토를 하고 자료를 이해하고 토의 과정을 거친 상태에서 다수의
의견이 무엇인지를 파악해야 하는 것이다. 많이 알면 객관적인 안목도 생

기고 공정한 기준을 세울 수가 있다. 세상의 많은 갈등들이 다양한 정보들을 이해하고 논리적으로 따져가면서 이성적인 판단에 이르는 과정을 거칠 수 있어야 한다. 많이 알아야 편협한 생각을 하지 않을 수 있다. 그런데 사실 요즘 지식정보화 사회에서 알아야 할 것이 너무 많다보니, 결국은 자기가 관계하고 있는 분야나 파벌의 지식만을 편식하는 경향이 있다. 그러다보니 우리 사회가 차츰 사고의 차이가 벌어지는 사회적 갈등이 생기고 있는 것이다.

또한 공정한 생각 과정에서는 누가 먼저 원인 제공을 했는가 하는 점도 중요하게 생각해야 한다. 위 사례에서 사건의 발단은 개를 묶지 않고 나와 주민에게 약간의 불편함을 준 점이 될 것이다. 그러나 한편으로 보면, 뭐, 개가 좀 킁킁거리며 코를 댄 것이 뭐 그리 큰일일까 하고 생각한다면, 아파트에서 개를 기르냐고 퉁명스럽게 말한 것이 원인이 될 수도 있다. 그러나 또 그 말이 뭐 그리 큰 자존심을 상하게 할 정도인가를 생각한다면, 그럴 정도도 아닌 것이다. 잘못을 했더라도 그 경중을 따져보아야 하고, 그에 대한 대가가 어느 수준일지를 고려할 수 있는 공정성도 필요하다. 예를 들어, 누가 자기에게 나쁜 욕을 했다 하여 그 사람을 죽였다면, 그것은 자신이 겪은 피해를 너무 과장하여 보복한 것으로 공정하지 못하다는 판결을 받게 될 것이다. 또, 어떤 사안이 서로가 피해를 보아야 하는 경우가 있다면 피해 보는 쪽의 심각성의 경중을 따져보아야 할 것이다. 역으로 어떻게 결정하는가에 따라 이득을 보는 분야들이 있다면, 역시 어떤 분야의 이득이 공의를 위해 더욱 중요한가를 따져야 할 것이다.

많은 사람이나 집단이 사실을 짜 맞추고, 사실에 근거를 두지 않으면서 감정에 호소함으로써, 그리고 무의식적으로 영향을 미치는 메시지를 이용하거나 오류가 있는 추론을 함으로써 우리의 의견과 행동에 영향을 주면서 각기 자신의 이익을 주장한다면, 다양한 사람들이 함께 조화를 이루어야 할 우리 사회에 공정성은 무너지고 만다. 다양한 사람들이 살아가면서 겪게 되는 갈등을 해결하기 위한 법이 제정되어 있고, 일차적으로 이 법을 따르는 준법정신도 물론 필요하며, 일상사 많은 일들이 모두 법을 근거로 생각하며 살 수 있는 것은 아니므로 결국은 양심적이고 정직한 마음에서 우러나는 공정성에 대한 인식을 철저히 하는 사회가 되지 않으면 안 되는 것이다.

03 │ 논리력 실습

논리적 구조를 얘기하는 전제와 결론이 반드시 언어로 표현되는 문장으로만 이루어지는 것은 아니다. 예를 들어, 동네 빈터에서 야구를 할 때 투수가 막 공을 던지려는 순간 포수 뒤쪽으로 한 떼의 어린이들이 지나가고 있다면, 바로 그때 투수에게는 공을 던지지 않고 기다릴 만한 충분한 이유가 있다. '즉 기다렸다가 공을 던져야 한다.'는 판단이 받아들일 만한 충분한 근거가 상황에 존재하는 것이다(한국철학사상연구회 논리교육연구실, 1997 : 18~19 참고). 한 드라마에서 어떤 사람이 텐트에 갇혀서 지퍼 열어달라고 아우성을 친다. 안에서는 지퍼를 못 열기 때문이다. 그런데 밖에서 '딩동' 하고 초인종 소리가 들리자 이 사람은 마술을 써서 그 문을 열어준다. 그런 스토리가 있을 때, 관객들은 뭔가 석연치 않다. 아니 그런 마술을 하는데, 왜 텐트의 지퍼 하나 못 열었나 하고 생각한다. 앞의 전제에 따라 그 지퍼는 열리지 못해야 하는 것이 맞기 때문이다. 그런 장면을 보면서 시청자는 그 드라마가 논리성이 결여되었음을 느끼게 되고 감정이입에 반감되는 요소로 작용한다.

요즘, 문화콘텐츠 관련 공모전이 많이 열리고 있고, 대학생들은 학창 시절 공모전에 도전하기 위해 열정을 쏟는다. 공모전미디어 '씽굿'이 심사기준을 요강 내에 공개한 66개의 공모전을 분석한 결과, 주요 평가 항목으로 꼽는 것은 첫 번째가 '창의성' 두 번째가 '실용성', 세 번째가 '논리성'이라고 조사되었다. 여기서 논리성이란 아이디어 제안이나 주장이 타당해 보이느냐를 결정하는 요소로 생생하고 탄탄한 근거를 절절하게 제시하는 것을 의미한다고 했다. 조사대상 공모전 중 '논리성'을 심사요소로 제시한 공모전은 모두 24개로 30.6%에 달한다고 한다(이동조, 공모전 코칭전문가, 다음오픈지식 참고). 논리성이 언어문화콘텐츠를 창작하는 데에 중요한 요소가 됨을 인식하면서, 논리력 향상을 위해 노력해 보기로 하자.

❶ 다음 단락에서 전제와 결론 부분에 대해 논리적 관점에서 분석해 보자.

(1) 우리가 지구의 반대편에서 벌어지고 있는 축제나 운동 경기, 분쟁이나 천재지변까지도 안방에서 볼 수 있고, 세계 어느 곳에 있는 사람과도 직접 이야기를 나눌 수 있을 만큼 세계는 온갖 문명의 이기를 통한 동시 생활권에 들어서고 있다. 따라서, 사람들이 행동 반경도 놀랄 만큼 커져서 세계 각국의 사람들간에 교류가 작아짐에 따라, 그 어느 나라 사람이든지 배타적인

고립주의의 아성을 구축하고 살 수는 없게 되었다. 이러한 시대적 추세에 발맞추어 한국의 세계 진출은 가속화하고 있으며, 현재 세계 각처에 나아가 살고 있는 한국인은 약 400만 명을 헤아린다.

— 김상우 편(2003 : 18~19) 인용

(2) 피라미드와 스핑크스, 그리고 다른 왕릉과 사원들을 갖고 있는 이집트의 일 년 관광 수입은 보통 일 억 불 정도 된다. 그러나 올해의 수입은 4천만 불 정도에 불과할 것이다. 영국이 자기 나라의 관광 여행자들에 대해서 엄격한 통화 통제를 가하고 있고, 서독은 자기네 정부가 이스라엘을 인정했다고 카이로가 외교 단절을 선언했기 때문에 서독은 휴가객들에게 이집트로 가지 말 것을 권하고 있고, 엄청나게 돈을 써대는 미국인들은 3류 호텔과 지저분한 서비스와 나쁜 음식에 길들여져 가고 있기 때문이다.

— 김상우 편(2003 : 39) 인용

❷ 다음 사례를 읽고, 논리적 관점에서 이 주장들이 타당한 것인지 판단해 보고, 오류가 있다면 2절에서 제시한 논리적 오류 중 어떤 것에 해당할지에 대해 토의해 보자(노자키 아키히로, 1994, 56~57 참고).

(1) 도둑이 잡혔다. 도둑은 경찰에게 "왜 나만 잡는 거요? 나 말고도 도둑이 많은데."라고 주장한다. 도둑은 경찰이 공평하지 않다고 생각한다. 경찰은 '도둑에게도 서푼의 이유가 있다는 게 바로 이런 거로군.' 또는 '도둑이 매를 든다더니, 바로 너를 두고 하는 말이구나.'라고 생각한다.

(2) 신주쿠 역에서 스키를 메고 전차에 뛰어든 어느 여자의 이야기다. 그 사람은 몇몇 승객들과 함께 빈자리를 차지하려고 우르르 밀고 들어가는 바람에 스키가 내 딸 머리에 부딪칠 뻔해서 아내가 비명을 질렀다. 그래서 내가 그 여자에게 "조심해요." 하고 소리를 질렀다. 그러자 그 여자는 성을 내면서 사납게 대드는 것이었다. "왜 나한테만 그러는 거예요?" 이렇게 나오는

데는 어처구니가 없어서 입을 다물어 버리고 말았다. 분명히 올라 탄 사람
은 그녀 외에도 많이 있었지만, 스키를 메고 우르르 밀고 들어온 사람은 그
녀 혼자인 것이다!

❸ 다음에 제시한 문장들을 논리적 관점에서 생각해 보고 논리성이 결여되었다면 어떤 점
에서 그러한지 대해 토의해 보자.

(1) 정우성은 심은하를 짝사랑한다. 어느 날 정우성이 도서관 로비에서 커피
를 마시고 있는데 심은하가 웃으면서 다가와, "이거 너 가져."라고 꽃을 한
다발 안겨주었다. 정우성은 너무 기뻐 기절할 뻔했고, 그날 저녁 학교 앞 맥
주집에서 정우성은 그의 친구들과 모여 기쁨을 나누었다. 마치 무용담처럼
꽃을 받은 이야기를 들은 친구들은 보통 꽃은 누군가를 좋아하면 선물하는
것인데, 심은하가 정우성을 좋아하는 것이 틀림없다고 결론을 내렸다.

(2) "요즘 홍역이 유행한다는데 길동이는 괜찮을까?"

  "응, 괜찮을 거야. 백신을 맞았거든. 백신을 맞으면 홍역에 걸리지 않는
다잖아."

(3) 지하철에서 순간접착제를 파는 행상의 말을 재구성해보자.

    전제 ① 이 순간접착제는 한번 붙으면 절대 안 떨어진다.
         ② 가격은 단돈 천 원이다.
         ③ 시범을 통해 효능을 증명한다(두 조각의 고무에 접착제를 바른
            후 딱딱 소리가 나도록 잡아당긴다).
         ④ 집에 가서 해보면 안 붙을까 걱정하는 사람들을 위해 애프터서
            비스를 해주는 전화번호를 즉석에서 불러줌과 동시에 제품에
            씌어 있다고 말한다.
    결론 ⑤ 이 접착제를 하나씩 구입하십시오.

(4) 어떤 영화 제작인이 제작 발표회를 열어 영화가 성공할 것이라고 열심히 기자들을 설득한다. 그가 내세우는 논증은 다음과 같다.

    전제 ① 시나리오가 좋다.
        ② 최고의 감독이 연출한다.
        ③ 연기력과 인기를 겸한 배우가 주연을 맡는다.
    결론 ④ 이 영화는 성공할 것이다.

(5) 전제 ① 컴퓨터 기술은 날이 갈수록 발전한다.
        ② 기술 발전의 속도는 매우 빠르다.
        ③ 신형 컴퓨터를 사도 얼마 지나지 않아서 더 나은 컴퓨터가 나온다.
    결론 ④ 컴퓨터를 사지 않는 것이 좋다.

(6) 똘똘이 : 할머니, 선생님이 그러시는데요, 지구가 돌고 있대요.
    할머니 : 아! 그래서 내가 어지러운가 보구나.

(7) 최불암이 운전하는 버스에 어떤 청년이 올라탔다. 운전석 뒷좌석에 앉은 청년은 주머니에서 술병을 꺼내 술을 마시려 했다. 이를 본 최불암이 "이봐요! 버스 안에서 술을 마시면 어떻게 합니까?" 하고 소리치자 깜짝 놀란 청년은 술병을 집어넣고 담배를 꺼내 물었다. 최불암이 다시 "금연이야, 금연!" 하고 소리치자, 담배를 창 밖으로 던져버린 청년은 기분 나쁘다는 듯이 최불암을 힐끗 보고는 신문 한 장을 꺼내들었다. 순간, 급브레이크를 밟은 최불암, 그 청년에게 다가가며 외쳤다. "야! 버스 안에서 똥을 누면 어떡하자는 거야! 내려!"

(8) 안과 의사가 시골 사람에게 말했다.
"당근은 눈이 나쁜 사람에게 아주 좋은 야채입니다."
"그걸 어떻게 알죠?"
"간단합니다. 안경 낀 토끼나 당나귀를 본 적이 없으니까요."

이상의 예들은 탁석산(2001)과 박우현(2004)에서 인용한 것이다. 토의를 마친 후 다음에 제시한 답들을 참고해 보자.

    (1) 추론 : ① 심은하가 정우성에게 꽃을 주었다.
          ② 심은하가 정우성을 좋아한다면 꽃을 줄 것이다.
          ③ 따라서 심은하는 정우성을 좋아한다.

위 추론은 후건긍정의 오류이다.

  ※ (후건긍정의 오류 : 조건문의 후건을 긍정하면 조건문의 전건이 도출된다고 추론하는 것—예 ① 유쾌한 씨는 만 45세다.
          ② 대한민국의 대통령이라면 만 40세 이상이다.
          ③ 따라서 유쾌한 씨는 대한민국의 대통령이다.)

    (2) 전제 ① 홍역 백신을 맞으면 홍역을 예방할 수 있다.
          ② 길동이는 홍역 백신을 맞았다.
     결론 ③ 길동이는 홍역에 걸리지 않을 것이다.

  ※ 백신을 접종하면 홍역에 걸릴 확률이 크게 낮아진다는 것은 이미 잘 알려진 사실이므로 새삼 증명할 필요가 없다.

(3) 이 논증은 매우 효과적이다. 이 논증의 효능을 물론 눈 앞에서 펼쳐진 시범에 기인하는 바가 가장 크다. 그러나 전제 ④도 한몫을 한다. 고정된 곳에서 장사를 하지 않는 행상에게 우리는 '그런데 안 붙으면 어떡해?' 하는 불안감을 갖는다. 불량품을 환불하거나 항의할 곳이 없기 때문이다. 이 불안감을 해소해 주는 것이 이 행상이 풀어나가는 논증의 장점이다. 사실 그 전화번호가 맞는지 그 지하철 안에서 확인하는 사람을 못 보았지

만, 어쨌든 예상되는 반박을 잠재우는 좋은 논증 방식이다.

(4) 이 논증에 대해 기자들이 제작비를 어떻게 조달할 것인가 하는 문제를 제기할 수 있다. 사실 시나리오, 감독, 배우가 아무리 좋아도 자금력이 없다면 제작하기 어렵기 때문이다. 하지만 이 정도는 누구나 아는 것이어서 제작자가 어떻게 제작비를 마련할 것인지 미리 제시하기 마련이다. 이럴 때 제작자가 투자자의 신용을 보여주는 충분한 자료를 미리 제출한다면 영화가 성공할 것이라는 주장의 설득력은 더욱 커질 것이다. 모든 전제에 대해 반론이 나올 수 있으므로 가장 취약하다고 생각되는 전제를 미리 방어하는 것이 자신의 주장을 관철시키는 데 효과적이다.

(5) 컴퓨터를 사야 하는 데 고려해야 할 것이 가격만은 아니다. 6개월이라 할지라도 컴퓨터로 할 작업이 있고 그 작업이 충분한 보상을 준다면 신형 컴퓨터가 나올 것을 예상하고 구입하지 않는 것은 정당화되지 않는다. 고려해야 할 요소가 여러 가지가 있음에도 불구하고 한 가지 요소만을 부각시켜 결론을 이끌어낼 때 생기는 근시안적인 귀납의 오류이다.

(6) 이 유머에 내재된 추론 방식은 귀납 추론이다. 한두 가지 행동을 근거로 다른 행위에 대한 결론을 끌어냈기 때문이다. 그러나 한두 가지 행동을 근거로 다른 행동도 문제가 있을 것이라고 생각하는 것은 잘못이다.

(7) 이 유머에 내재된 추론 방식은 연역 추론이다.

대전제 : 도는 물체 위에 있으면 어지럽다.
소전제 : 지구는 돌고 있다.
결 론 : 그러므로 지구 위에 있는 할머니는 어지럽다.

물론 할머니가 어지러운 이유는 지구가 돌고 있기 때문이 아니다. 이 이야기에 나오는 할머니는 자신이 어지러운 이유를 엉뚱한 데서 찾고 있다. 그래서 유머가 되었다.

(8) 이 추론은 당근이 토끼와 당나귀의 눈에 미치는 영향을 근거로 사람의 눈에도 똑같은 효과를 미칠 것이라고 주장하는 유비 추론의 예이다.

전제 : 당근을 잘 먹는 토끼나 당나귀는 시력이 좋다.
결론 : 그러므로 당근은 사람의 눈에도 아주 좋다.

물론, 실제로 토끼나 당나귀가 눈이 좋은지, 설사 눈이 좋더라도 그것이 당근 때문인지, 또한 그것이 사람에게도 해당될 수 있는 것인지에 대한 것은 불확실하다. 그러므로 이 내용은 유머이다.

1 우리는 "열이면 열 사람 다 그래 말해."라는 표현을 쓸 수 있다. 이 말은 허점투성이의 말이 될 수도 있고, 논리적인 말이 될 수도 있다. 이러한 정황을 고려하면서 비논리성과 논리성에 대해 생각해 보고 생각한 내용을 글로 적어보자.

2 다음 우화를 읽고, 등장인물들의 논리성에 대하여 의견을 나누어 보자.

[참고 글] 당나귀를 팔러가는 아버지와 아들

옛날, 어떤 아버지와 아들이 당나귀를 팔러 장에 가고 있었습니다. 아버지는 당나귀 고삐를 붙잡고, 아들은 그 뒤를 따라가고 있었지요. 두 사람이 어느 주막을 지날 때였습니다. 주막 앞에 모여 있던 장사꾼들이 두 사람을 보고 하하하 웃었습니다. "여보게, 저기 저 어리석은 사람 좀 보게. 당나귀를 타지 않고 힘들게 끌고 가고 있잖은가?" "정말 어리석은 사람이로군. 아마 저 사람은 당나귀를 상전처럼 떠받드는 모양이야." "저렇게 어리석은 주인을 만나면 당나귀 팔자도 참 편할 거야. 우리 집 당나귀는 매일 산더미 같은 짐을 싣고 다니는데 말이야." 아버지는 이 말을 듣자 갑자기 창피해졌습니다. '정말 장사꾼들의 얘기가 맞아. 당나귀는 원래 짐이나 사람을 태우는 데 쓰는 동물이 아닌가 말이야.' 아버지는 이렇게 생각하고 당나귀 등에 아들을 태웠습니다. 이렇게 얼마쯤 가다보니 마을 정자가 나왔습니다. 그 정자 위에는 노인들이 앉아 쉬고 있었습니다. 그들은 당나귀 위에 앉아 있는 아들을 보고 혀를 끌끌 찼습니다. "저, 저런 고얀 경우가 있나. 아버지는 힘들게 당나귀를 끌고 가고 있는데, 아들이란 놈은 편안하게 당나귀를 타고 가다니!"“요즘 애들은 버릇이 없어서 큰일이야. 통 어른 공경을 할 줄 모른다구.”“애비란 사람도 그렇지, 아들 버릇을 저 따위로 가르쳐서야, 원.” 아버지는 이 말을 듣고 다시 고개를 끄덕였습니다. ‘노인분들 말씀이 옳아. 내가 아들놈 버릇을 망치고 있군.’ 그래서 아버지는 아들더러 내리라 하고, 자기가 당나귀 등에 올라탔습니다. 이렇게 얼마쯤 가다보니 개울가 빨래터에 다다랐습니다. 그 빨래터에는 아기를 업은 아낙네들이 모여 있었습니다. “아유, 가엾기도 해라. 저 조그만 아이가 이 뙤약볕을 맞으며 터덜터덜 걸어가고 있어.”“정말 못된 아버지야. 아들은 다리가 아프든 말든, 자기만 편안하면 그만인 줄 아나 봐!”“아들을 저렇게 학대하며 키워 놓고, 나중에 늙으면 아비랍시고 대접이나 받으려 들겠지? 흥!” 아버지는 이 말을 듣자 얼굴이 새빨개졌습니다. ‘아낙네들 말이 옳아. 저 조그만 녀석이 얼마나 다리가 아프겠어.’ 아버지는 아들을 당나귀에 태웠습니다. 이렇게 얼마쯤 가다가 우물가를 지나게 되었습니다. 그 우물가에는 동네 아가씨들이 모여 수다를 떨고 있었습니다. “어머머, 얘들아. 저것 좀 봐. 저렇게 조그만 당나귀 위에 두 사람이나 타고 가고 있어.”“아이, 가엾어라. 당나귀가 힘이 들어 헉헉거리잖아? 동물을 사랑할 줄 모르는 사람들인가 봐.”“아마 이웃 고을 장에 팔러 가는 모양인데, 저러다간 장에도 못 가고 죽어 버리겠어.” 아버지는 이 말을 듣자 또 생각을 바꾸었습니다. ‘아가씨들 말이 옳아. 당나귀가 장에 닿기도 전에 힘에 부쳐 죽어버리면 큰일이 아닌가 말야.’ 하지만 이제는 달리 방법이 없었습니다. 그냥 끌고 가도 안되고, 아들만 태워 가도 안 되고, 아버지만 타고 가도 안 되고, 둘이 함께 타고 가도 안 되니 말입니다. 그때, 어떤 사람이 지나가다가 아버지의 고민을 듣고 껄껄 웃으며 이렇게 말했습니다. “여보시오. 그러지 말고 아예 둘이서 당나귀를 짊어지고 가면 될 게 아니오? 정말 별 것도 아닌 걸 가지고 다 고민을 하고 있구먼.” 그 말을 듣고 아버지는 무릎을 탁 쳤습니다. “그래. 그것 참 좋은 방법이로군! 얘야, 이래도 안 되고 저래도 안 되니, 우리 아예 당나귀를 짊어지고 가자꾸나.” 그리하여 아버지와 아들은 끙끙 당나귀를 짊어지고 걸어갔습니다. 그런데 다리를 건널 때였습니다. 당나귀가 갑자기 푸드득 하고 버둥거렸습니다. 그 바람에 아버지와 아들은 그만 당나귀를 등에서 떨어뜨리고 말았습니다. 당나귀는 다리에서 떨어져 물 속에 풍덩 빠져버렸습니다.

—위기철(1992 : 21~24) 인용

위기철(1992)은 이 이야기를 '자기 생각을 갖고 살자'는 주제를 언급하기 위한 예문으로 실었다. 장사꾼들 말도, 노인들 말도, 아낙네들 말도, 아가씨들 말도 아주 틀린 말은 아니지만, 다만, 그 말들을 아무런 자기 생각 없이 곧이곧대로 받아들인 게 탈이었다고 지적한다. 이것을 논리적으로 따져서, '그 말은 틀리지 않았는가, 맞더라도 지금 나한테는 맞지 않는 것이 아닌가, 그러면 나는 그 말을 어떻게 받아들여야 옳은가…' 등을 생각해서 판단해야 한다. 위 예문을 통해 우리는 과연 어떻게 행동하는 것이 옳을까에 대해 생각해 보자. 장사꾼, 노인들, 아낙네, 아가씨들의 말의 논리, 이에 대처하는 아버지의 행동에 대해 논리적 관점에서 분석해 보자.

3 다음에 제시한 글을 읽고 현대 사회의 논리적인 문제점에 대해 토의해 보자.

[참고 글]

현대 문화에 떠돌아다니는 다소 엉뚱한 생각들을 우리는 어떻게 받아들여야 할까? 잠깐 동안 인터넷 검색만 해봐도 음모이론이며 외계인 납치설에, 엘비스 프레슬리의 생존 증거에 관한 내용이 홍수를 이룬다. 켄터키 프라이드 치킨은 유전자 조작으로 다리가 6개 달린 암탉을 기르고 있으며, 주유소에서 핸드폰을 끄지 않으면 불이 붙어 폭발할지도 모른다는 이야기도 있다. 실종된 여류

비행사 아멜리아 이어하트가 첩자였으며, 장어가죽으로 된 지갑은 신용카드 마그네틱을 손상시키고, 방수 자외선 차단제는 아이들의 눈을 멀게 할 수도 있으며, 현 세대의 정자와 난자에서 환경 재앙이 비롯된다는 불가사의한 이야기도 있다. 좀더 알아보고 싶다면 그냥 인터넷에서 '괴상한 이론들(weired theories)'을 검색하면 된다.

무용지식을 모두 없앤다고 하더라도 우리가 돈, 사업, 부에 대한 지식 또는 그 밖의 여러 가지 알고 있는 사실 중 어느 정도가 무의미한지, 혹은 허구인지를 어떻게 알 수 있을까? 우리가 듣는 사실 중 어느 정도를 믿을 수 있을까? 어떻게 이를 결정할 수 있을까? 더욱 중요한 것은 어떻게 결정할 것인가를 누가 결정할 것인가 하는 것이다.

거짓과 실수가 입사지원서, 납세신고서, 계약 견적서, 업무 평가, 보도 발표, 연구, 통계를 가득 메우고 있다. 손익계산서는 말할 것도 없다. 실제로 이익을 과대 선전하면서 터진 엄청난 기업 스캔들이 새 천년의 과도기를 장식했다. 거짓말로 코가 자라버린 피노키오처럼 최고경영자(CEO), 최고재무관리자(CFO), 회계사, 주식 분석가들이 세계 주요 신문의 일면을 장식했다. 텔레비전 카메라 세례를 피하며 지나가던 이들 중 몇몇은 기업 이익에 대해 거짓말을 한 죄로, 자신의 주식은 처분해 버리고 다른 이들에게는 공공연히 주식을 구입하도록 종용한 죄로, 그 밖의 강력범죄와 경범죄로 수갑을 찬 채 교도소로 직행했다. 정부 당국은 주식시장에서 투자자들의 자신감을 잃게 하고 세계 금융시장을 뒤흔들어 놓은 죄로 이들을 고발했다. 진실이 바닥난 듯 보였다.

— 앨빈 토플러 외(2006 : 184~185) 인용

4 다음 글을 읽고 변호사가 어떤 변호를 하는 것이 좋을지에 대해 토의해 보자.

링컨의 변호사 시절, 마을 숲에서 살인 사건이 일어났다. 그 마을의 어떤 사람이 살인 사건의 범인은 암스트롱이라는 젊은이라고 증언을 하여 그 사람과 암스트롱은 재판정에 서게 되었다. 증인은 암스트롱이 사람을 죽이는 광경을 자기 두 눈으로 똑똑히 보았다며 맹세하였다. 링컨은 두 번째 재판부터 암스트롱의 변호를 맡았다.

링컨 : 증인은 10월 18일 밤 열한 시쯤에 암스트롱이 사람을 죽이는 광경을 보았다고 했지요?
증인 : 그렇습니다.
링컨 : 증인은 어디서 그 광경을 보았습니까?
증인 : 저는 사건이 일어난 큰 나무 곁에서 동쪽으로 20~30미터 떨어진 풀숲에 있었습니다.
링컨 : 그곳은 깜깜했을 텐데, 그가 암스트롱인 줄 어떻게 알았습니까?
증인 : 그때, 달빛에 그의 얼굴이 드러났기 때문이지요.
링컨 : 틀림없는 암스트롱이었습니까?
증인 : 그렇습니다. 제가 두 눈으로 똑똑히 보았으니까요.

이 말을 듣고 링컨은 재판장에게 큰 소리로 말했다.

링컨 : 이 증인은 거짓말을 하고 있습니다. 10월 18일은 달이 일찍 떴다 일찍 지는 초승달입니다. 그러니 그날 열한 시 무렵에는 달이 이미 져서 달빛이 없었습니다.
증인 : 저, 어쩌면 그때 시간이 열한 시가 아니었는지도 모릅니다. 저는 시계를 가지고 있지 않았거든요.
링컨 : 좋습니다. 그럼, 그때가 좀 더 이른 밤이었다고 합시다. 그래도 달은 이미 저물고 있어서, 서쪽 하늘에 걸려 있었을 겁니다. 그렇다면 나무 그림자는 동쪽으로 드리워져 있었겠지요? 그리고 이때 증인은 동쪽 풀숲에 숨어 있었지요. 제 말이 맞습니까?
증인 : 네, 맞습니다.

링컨 : 만일 암스트롱이 큰 나무 서쪽 편에 있었다면, 증인은 나무 때문
　　　에 그를 볼 수 없었을 겁니다. 또 암스트롱이 큰 나무 동쪽 편에
　　　서 있었다면 증인은 나무 그늘 때문에 암스트롱을 볼 수 없었을
　　　겁니다. 그런데도 증인은 동쪽 풀숲에 숨어 암스트롱의 얼굴을
　　　똑똑히 보았다고 증언했습니다. 더구나 나무에서 20~30미터나 떨
　　　어져 있었으면서 말입니다. 그러니 증인이 피고의 얼굴을 똑똑히
　　　보았다는 것은 거짓말입니다.

　　그러자 증인은 고개를 떨구고, 겁먹은 목소리로 사실을 털어 놓았다.

증인 : 저, 죄송합니다. 사실은 범인들이 거짓 증언을 하면 돈을 준다고
　　　해서 그만 ….

— 위기철(1996 : 43~47) 인용

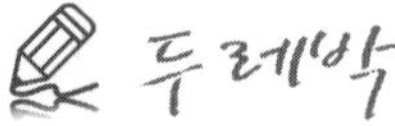

1 다음 글을 읽고, 우리 사회에 이러한 일들이 발생되는 있는 실례를 더 찾아 보자. 정치·사회적인 문제를 지적해도 좋고, 책 광고, 영화 광고, 드라마 광고 등 문화콘텐츠의 광고에서 실제의 내용이나 가치와는 차이가 나는 경우를 찾아 봐도 좋다. 그 예를 소개하고 무엇이 논리적으로 잘못된 것인지 분석해 보자.

※ 이것은 사실과 맞지 않는 것은 논리성에 위배된다고 하는 점을 다시 한 번 깨닫고, 우리 사회에 논리성이 없는 일이 얼마나 벌어지고 있는지에 대해 살펴보려는 과제이다.

[참고 글]

'우지라면' 파동은 1989년 가을, '라면을 공업용 우지(牛脂 : 쇠기름)로 튀긴다.'는 익명의 투서가 검찰에 접수되며 시작되었다. 야자유를 사용하던 한 회사를 제외하고 거의 모든 라면 제조업체의 간부들이 줄줄이 구속되었고 100억 원대의 라면이 수거되었다. 그 당시라면 생산 1위 업체는 3개월간의 영업정지 처분을 당했다. 금전적인 피해도 컸지만 더 큰 타격은 회사의 이미지가 도저히 회복이 불가능할 정도로 땅에 떨어졌다는 것이다. 그로부터 10여 년이 지난 1997년 대법원 판결을 통해 결국 모든 혐의가 무죄로 드러났지만 연루된 업체들은 이미 도산해 흔적도 없이 사라지거나 극심한 경영난을 겪고 있는 상태였다. 그런데 '공업용 우지'라는 말이 오해를 사게 된 것은 우리나라와 서구의 문화적 차이 때문에 생긴 것이다. 서구에서 '소'라는 가축은 육류를 제공하기 위한 사육대상 그 이상도 그 이하도 아니다. 그래서 그냥 먹어도 된다고 하는 신장 주변의 1등급 우지 이외의 우지나 사골, 우족, 내장 등은 사실상 폐기물로 취급하고 있다. 이것이 바로 우리가 비난했던 '공업용'이란 단어의 의미였다. 그러니까 우리가 즐겨먹는 곰탕이라는 음식은 미국 사람들의 입장에서는 공업용 폐기물로 국을 끓여 먹는 것이 되고 만다. 이런 차이를 간과한 채 사용된 언어 표현인 '공업용 우지'라는 표현 때문에 본질에서는 많이 왜곡된 의미로 받아들인 것이 되어 사람들은 불안감과 혐오감을 느끼게 되고 라면 회사는 큰 타격을 입게 된 것이다.

— 김미형 외(2005 : 200) 인용

2 이 장에서 든 추론의 오류들을 다시 한 번 살펴보고, 우리 사회에서 일어나는 일 중 이런 오류에 해당하는 예를 찾아 소개해 보자.

    (1) 성급한 일반화의 오류

    (2) 복합 질문의 오류

    (3) 순환 논증의 오류

    (4) 흑백 사고의 오류

    (5) 원칙 혼동의 오류

    (6) 원인 오판의 오류

    (7) 발생학적 오류

    (8) 논점 일탈의 오류

    (9) 의도 확대의 오류

    (10) 허수아비 논증

    (11) 결합의 오류

    (12) 분할의 오류

    (13) 무지에 의존하는 오류

    (14) 유비 추론의 오류

(15) 자가당착적 오류

(16) 정황적 논증의 오류

(17) 피장파장의 오류(역공격의 오류)

(18) 원천 봉쇄에 호소하는 오류

(19) 부적합한 권위에 호소하는 오류

(20) 대중에 호소하는 오류

(21) 사적 관계에 호소하는 오류

(22) 힘에 호소하는 오류

(23) 동정에 호소하는 오류

(24) 아첨에 호소하는 오류

(25) 인신공격의 오류

(26) 협박에 호소

(27) 모호한 용어의 오류

(28) 모호 문장의 오류

(29) 강조의 오류

(30) 은밀한 재정의의 오류

(31) 대상언어와 메타언어 혼동의 오류

제4장

브랜드 네이밍 실습

존재가 먼저이고 그 존재를 표상하는 기호가 이름이지만, 실제로 이름이 없다면 그것은 존재하지 않는 것이나 다름없다. 왜냐하면 우리가 아는 '존재'란 인식 속의 유무(有無)이기 때문이다. 역사 속의 이름 없는 수많은 인물들을 우리가 기억할 수 있는 방법이 없으며 산야에 핀 이름 모를 꽃은 그저 그 자리에서 삶의 영역이 끝나는 것이다. 사람들이 이름을 모르므로 불러주지 않고, 그런 꽃이 있었고 예쁘더라는 가치에 대해서도 얘기하기 어렵다. 가수 김정호의 노래 '이름 모를 소녀'도 그 이름을 모르기 때문에 안개 속으로 사라진 것인지도 모른다. '이름'이란 비로소 삶 속에서 존재하게 하는 필수 요건이 된다.

주목 받을 정도의 특별한 이름은 사람의 기억 속에서 오랫동안 잊히지 않는다. 이름으로 인하여 그 존재가 빛을 발하게 하는 것이 바로 명명(命

名)의 효과이다. 이름은 사람들이 지은 것이므로 그 이름 속에는 사람들의 '생각'이 들어가 있다. 사람들은 이름을 보고 그 생각을 읽어낸다. 그 과정에서 기억되고, 공감도 일어난다. 이름 하나로 커뮤니케이션이 이루어지는 것이다. 특히 누군가에게 팔 목적으로 탄생되는 제품의 이름은 그 제품과 필연적인 관련성을 지닌 듯하다.

상업 분야에서는 "잘 지은 이름 하나 열 광고 안 부럽다."는 말을 한다.[2] 이름을 잘 지어 놓으면 사람들이 주목하고 기억하고 대화 속 소재가 되고 구매 행동으로 이어지기 때문이다. 기술이 발전하면서 실제적으로 제품 품질과 기능의 차이에 의해 차별성을 띠는 일이 점점 더 어려워지면서, '이제는 브랜드 싸움이다.'라는 말이 나올 정도로 브랜드의 중요성이 높아지고 있다.[3] 팔고 사는 상품뿐만 아니라, 회사 이름, 가게 이름, 건물 이름, 아파트 이름, 프로그램 이름, 서비스 이름, 영업부서 이름, 홈쇼핑 도메인 등 각종 다양한 분야가 모두 좋은 이름을 지으려고 한다. 그래서 이름 짓기 전문가가 나오고 이름 지어주는 회사가 생기고 이것이 하나의 사업 분야가 되었다. 이러한 일련의 작업을 '브랜드 네이밍'이라고 일컫는다. 그리고 이 일을 하는 전문인을 '네이미스트(namist)' 또는 '브랜드 네

---

2) 이 말은 남아선호 사상이 팽배하던 시대에 나왔던 '잘 키운 딸 하나 열 아들 안 부럽다'고 한 표어를 패러디한 것이다. 이는 마케팅에서 광고의 중요성을 폄하하는 것이 아니라, 일단 상표 이름을 잘 지어 놓으면 마케팅에서 점수를 따고 들어간다는 뜻이다. 또한, 브랜드 네임이 잘 만들어지면 광고도 조화를 이루어 잘 만들어질 수 있다. 예를 들어 '떠불'이라는 제품은 '떠먹는 불가리스니까 떠불, 맛도 떠불, 기분도 떠불'이라는 광고 카피를 갖는다. 이는 제품명과 광고 카피가 함께 어우러져서 소비자들에게 더욱 기억하게 만드는 효과를 갖는다.
3) '이제는 브랜드 싸움이다.' 이 말은 세계적인 다국적 광고회사 오길비앤드매더의 회장 셀리 라자르즈의 말이다(박종한·김민수, 2008 : 5 참고).

이미스트'라고 한다. 우리 말 표현으로는 '상표의 이름 만들기'라고 할 수 있을 것이다. '네이미스트'는 국립국어원에서 '이름설계사'로 순화어를 제시한 바 있다. 브랜드, 곧 상표란 '상공업자가 자기의 생산·제조·가공·증명·취급 및 판매·영업에 관계되는 상품이라는 것을 다른 업자의 상품과 식별시키기 위하여 사용하는 기호·문자·도형 따위의 일정한 표지를 뜻한다. 브랜드에는 상징 부호도 들어갈 수 있고, 상표 이름과 상징 부호를 인쇄한 표 딱지도 들어갈 수 있다. 그런데 네이밍에서 다루는 브랜드는 언어 표현을 사용하여 이름 짓는 것을 말한다. 브랜드의 여러 요소 중 특히 언어 표현을 사용하여 만드는 것을 구체적으로 일컫자면, 브랜드 네임, 상표 이름이라고 할 수 있다.[4)]

브랜드 네이밍 분야는 말을 매만지는 국어국문학도가 관심을 가지지 않을 수 없는 분야이다. 뛰어난 언어적 감각으로 말맛의 묘(妙)를 찾아내면서 그 존재나 정체성이 제대로 드러나지 않던 제품을 비로소 이 세상에 내놓은 작업인 브랜드 네이밍은 참 매력적인 분야임에 틀림없다. 국어 어휘력과 반짝이는 아이디어가 결합하여 어마어마한 재화 가치를 창출하는 브랜드 네이밍! 전문 네이미스트들이 하는 이야기를 참고하며 그 기본기와 가능성에 대해 탐색해 보자.

---

4) 되도록이면 외국어가 아닌 한국어를 사용하고 싶은 마음에서, '상표 이름'이라는 표현을 쓰고 싶은데, 이미 네이밍 사업에서 '브랜드', '네이밍'이라는 말로 굳어져서 통용되고 있는 상황이다. 이 책에서는 '브랜드, 브랜드 네임, 브랜드 이름' 등을 두루 써 보기로 한다.

 우리가 사는 세상에서 '이름'이 갖는 의미는 매우 중요하다. 이름이 없으면 불릴 수도 없고 사람들이 그 존재를 알 수도, 알릴 수도 없다. 곧 이름은 일차적으로 지시 기능을 갖는다. 사람이 태어나면 반드시 이름을 지어 이름을 불러준다. 아가는 누군가가 'ㅇㅇ야.'라고 부르는 목소리를 들으면서 자신의 존재를 알게 된다. 제품들도 탄생하여 이름이 붙여지고 소비자들이 불러주며 찾을 때 비로소 존재의 가치가 생겨나며 고객에게 친숙하게 다가갈 수 있다.

 몇 년 전 "빼앗긴 이름 '동해'가 살아나고 있다"라는 기사가 나온 적이 있다. 내용인즉, 2,000년 동안 사용된 이름 '동해'가 일제 때 '일본해'로 고착된 잘못을 바로 잡기 위한 정부와 민간단체의 노력으로 세계 주요 국가들이 발간하는 지도의 절반 이상이 일본해와 동해를 함께 적고 있다는 것이다. 여기서 '동해'라는 이름은 이 바다가 한국의 바다라는 소속을 분명히 명시하는 요건이 된다. 이름의 가치는 존재의 확인뿐만 아니라, 정체성까지를 부여해 주는 것이 된다.

 붙여진 이름은 지시 대상의 표상(表象) 작용을 한다. 표상이란, 상을 드러낸다는 것으로, 형식과 내용으로 이루어지는 기호(記號)의 본질적인 기능이다. '언어'는 기본적으로 상징적 기호로서 언어 형식이 언어의 의미를 나타내는 이원성(二元性)을 지닌다. 그리고 언어 형식과 언어의 의미는 자의성(恣意性)을 지닌다. 가령, 과일의 하나인 사과는 그 이름이 필연적으로

'사과'여야 할 필요는 없었던 것이다. 만일 처음부터 '달과'라고 하여 사회적으로 그렇게 약속이 되었다면 '사과'가 아닌 '달과'로 불렸을 것이다. 이런 점이 바로 언어의 속성이다. 우리는 '사과'라고 할 때, 우리의 머릿속에는 '사과'의 모습이 그려진다. 이것이 바로 표상이다. 그러면, 이러한 언어를 사용하여 만든 이름의 속성은 어떠한가? 지역명칭을 사용하여 '문경 햇살 농장 사과'라고 하면, 우리는 일반적 사과 중에서 특히 하나의 상표를 지닌 구체적 사과를 표상하게 된다. 곧 상표는 표상하는 제품을 떠올리게 하는 유연성(有緣性)을 가지게 되며 아울러 이 이름이 뜻하는 세상 속의 여러 의의를 포함하게 되는 것이다. 가령 '문경'이란 지역, 그리고 '햇살'의 의미 등은 세상 속의 여러 의의를 가지며, 이 이름을 갖는 사과 상품은 이러한 의의를 소비자들에게 전달하게 되는 것이다.

네이밍 분야에서는, 광고가 자본주의의 꽃이라면 네이밍은 꽃가루라고 비유한다(김홍열, 2007 : 14 참고). 꽃을 더욱 꽃이 되게 만드는 것이 꽃가루이며, 광고를 광고답게 만드는 것이 바로 네이밍이라고 말한다. 곧 네이밍을 잘 하여 제품을 광고해야 효과가 있음을 언급한 것이다. 네이밍을 사람들의 마음을 움직이기 위해 철저한 마케팅 분석을 통해 주제를 잡고 소비자들을 사로잡을 수 있는 감성을 불어넣어 완성하는 예술이라고도 말한다. 상업적 목적과 예술적 목적을 동시에 추구해야 하는 것이 네이미스트의 일이므로, 매우 독특한 직업군에 속한다고 할 수 있다.

몇 예를 들어보자. LG전자의 초콜릿폰은 개발 초기에 '슈퍼 슬림 슬라이드 폰'이었다. '초콜릿폰'은 싸구려 같다는 느낌이 있다고 내부 반발이 컸다고 한다. 이런 산고 끝에 나온 초콜릿폰은 1,000만 대가 넘게 팔렸다고 한다. 린나이 코리아의 히트상품인 음식물 처리기 '비움(VIUUM)'도 '제로클(zero+clean)'이란 이름과 끝까지 경합하다 나왔다고 한다. 쿠쿠홈시스의 '쿠쿠 밥솥'은 요리(cook)와 뻐꾸기 시계의 소리를 합성한 것이다. 쿠쿠홈시스 관계자는 '요리(음식)에 대한 기대와 정확한 시간에 밥이 된다는 의미가 함축된 것'이라며 밥솥이 총 1,300만 개 이상 팔린 데는 '쿠쿠'란 이름이 결정적으로 기여했다고 말한다. 옥시의 유머러스한 '물먹는 하마'는 방습제 시장에서 기존의 10분의 1도 안 되는 마케팅 비용과 시간으로 시장점유율 및 인지도를 70% 이상으로 끌어올렸다고 한다. 제품의 판매 성공률이 이름을 잘 짓느냐 못 짓느냐 하는 문제와 매우 긴밀함을 알 수 있다.

제품뿐 아니라 다른 다양한 분야에서도 좋은 이름의 중요성을 인식하고 있다. 톡톡 튀는 부서 명칭에도 신경을 써서 그 회사의 시너지 효과를 기대한다. 예를 들어, 영업팀 이름을 '소비자 요구 창출팀'으로, 인재개발센터 직원들을 '상상지기', 품질테스트 실을 '고문실(The Torture Chamber)' 등으로 이름 붙이는 것들이다. '고문실'은 최고의 제품을 만들기 위해 제품을 고문하겠다는 의지가 담긴 것으로, 실제로 리모컨 같은 제품에 음료수나 뜨거운 물을 붓는 물고문이 수시로 이루어진다. 이름을 통해 제조에 대한 적극적 의지를 표상하려는 시도라고 할 수 있다.

우리 사회에서 아름답고 바람직한 양질의 문화를 주도해 나가기 위해 공공 기관 등 범사회적으로 이름 짓기에 대해 세심히 신경을 쓰기 시작했다. "쓰레기통의 개념을 '쓰레기를 버리는 곳'에서 '에너지를 모으는 곳'으로 바꾸면 분리배출을 할 때 마음가짐이 달라지지 않을까요. 쓰레기를 버리기 직전 에너지를 아껴야겠다는 생각을 할 수도 있을 것 같습니다. 나아가 '재활용이 안 되는 진짜 쓰레기'를 모으는 통의 이름은 '오염물질 수거함'으로 바꾸는 것은 어떨까요."라는 제안도 나온다(동아일보, 김용석 기자). 지하철 곳곳에 붙은 좋은 글 알리는 벽보에 보면, '생각 한줌, 행복 두줌'이란 표현이 눈에 띈다. 참 좋은 표현이라 생각하며 사람들은 그곳에 제시해 놓은 글의 내용에 시선을 집중한다.

네이밍 전문가들은 다음과 같이 말하기도 한다 : "상품, 회사, 도시 등 사람들에게 알리고자 하는 대상의 이름을 짓는 것이 네이밍이다. 그런데 네이밍은 '제품이 아닌 철학을 파는 것. 즉, 보이지 않는 부가가치'이다. 바로 그 '보이지 않는 가치'라는 점에서 많은 기업들이 소비자의 심리를 이용하기도 하고 또 소비자들도 기업을 판가름하는 기준으로 삼기도 한다. 하지만 매번 새로운 브랜드를 개발하면 할수록 '브랜드=이미지=가치'라는 명목으로 제품들이 얼마나 거품으로 부풀려져 있는가, 진정으로 소비자들에게 제품의 철학을 심어주는 브랜드는 얼마나 있는가에 대한 회의가 들기도 한다(메타브랜딩 http://www.metabranding.com 참고)." 곧, 브랜드의 가치를 극대시 하는 현대 사회의 브랜드에 대한 맹목적인 사행 심리의 병폐를 지적한 것이다. 어디까지나 브랜드 네이밍은 세상의 문화 속에 새로운 대상을 좋은 이름으로서 흡수시켜 주고, 나아가 세상의 문화를 바람직한 방향으로 이끌어가는 문화 창달로서의 가치를 가진 것이라는 기본 정신을 가지고 임해야 할 것이다. 소비자의 기호를 따라가는 것도 중요한 일일 것이나, 소비자의 의식을 바람직한 방향으로 이끌고 가야 한다는 사명감도 지니고 임해야 한다. 외국어 범람의 사회 현상에 대해 심각하게 생각하면서 말을 처음 만들 때에 되도록이면 한국어를 사용하도록 하는 의식도 지닐 필요가 있다. 한국어를 사용하자고 하는 취지는 절대로 국수적인 발상이 아니다. 우리 사회의 사람들이 외국어에 대해 무식함을 느끼며 소외당하지 않게 해야 한다는 책임 의식을 기업인들은 가져야 한다. 채완 교수는 아파트 이름을 사회언어학적으로 분석하면서, 요즘 "아파트라는 주거 양식이 외국에서 들어온 것이기 때문에 이름도 서구어로 짓는다."는 발상과 전통적으로 과거 급제를 통해 신분과 수입이 보장됐던 우리 사회의 고정 관념에 기대어 "소비자에게 아부하기"라는 고전적 광고 전략의 하나로 "공부를 많이 하셨으니 그 정도 외국어는 아시겠지요."라는 목소리를 담기 위해 현학적인 이름을 짓는다고 분석했다. 외국어 이름이 범람하는 이면에는 얄삽하고 비도덕적인 상행위가 포함되어 있을 수 있음을 의식할 필요가 있다. 한국어를 사용하여 외국인들에게도 발음하기 좋은 브랜드 네임을 얼마든지 만들 수 있다. 마케팅 전략적 측면에서 본다면, 외국어 상표 범람 시대에 참신한 우리말 상표는 차별화 전략이 될 수도 있을 것이다.

02 | 좋은 브랜드 네이밍의 요건

한 사물이나 개념에 대해 하나의 이름을 붙이는 것은 가장 기본적인 언어화 방식이다. 명명(命名, naming), 곧 '이름 만들기'에 관하여 인지심리학에서는 '정보처리과정'이라는 중요한 개념이 들어가 있는 것으로 본다.

Carroll(1985 : 21~33)에 따르면, 이름은 지시물들을 일반적으로 범주화하고 묘사하여 생략과정을 거친 것이라고 한다. 그리고 이러한 명명 과정은 "지각(知覺, perception : 시각, 청각, 미각, 후각, 촉각) → 인지(認知, cognition : 형태, 속성) → 명명(命名, naming : 내부 준거, 외부 준거)" 같은 정보처리과정에 의해 이루어진다고 하였다.

제품의 종류도 많아지고, 제품의 질적인 수준도 비슷해져가는 현재 상황에 비춰볼 때 제품의 이름이 시장에서 차지하는 비중은 점점 더 높아져 가고 있다. 소비자들은 제품의 질을 먼저 고려하지만, 비슷하다는 인식을 하게 되면 아이디어 돋보이는 이름이나 광고에 주목을 하게 되기 때문이다. 그런 만큼 브랜드 네이밍의 중요성은 커지며, 따라서 과거보다 더 치열하게 다각적인 요인을 고려하게 되었다. 과거에는 제품에 대한 이름이 주를 이루었지만, 지금은 새로운 금융 상품, 회사 이름, 잡지 이름, 아파트나 병원 이름 등 각종 이름 지을 거리들이 다양하다. 또한 과거에는 유능한 네이미스트라고 하면 그저 참신하고 기억이 잘 되는 이름을 잘 만드는 것만이 전부였지만, 최근 들어서는 상품에 대한 종합적인 안목을 절대적으로 필요로 한다. 즉 의뢰받은 제품에 대한 경영 및 판매 전략에 대한 이해와 동일한 명칭의 유무에 대한 검색, 제품을 만든 기업 이미지에 대한 철저한 분석과 이해 등도 필수적인 요소다. 문헌과 각종 매체를 통해 정보도 습득하고 기존의 네이밍에 대한 사례를 연구할 수 있는 능력도 필요하다. 제품의 종류별로 네이밍의 특성이 있겠으나 여기서는 개괄적으로 브랜드 네이밍의 과정과 좋은 브랜드 네이밍의 요건들에 대해 살펴보기로 한다.5)

(1) 새 제품에 대한 마케팅 정보와 브랜드 전략 파악

상품이나 가게, 제도 등의 이름은 단순히 사람의 이름을 짓는 것과는 다르게 제품과 시장, 그리고 회사에서 이 제품에 대한 광고 전략에 대한 정보를 입수하여 그 내용을 염두에 둔 이름 만들기를 하여야 한다. 또한 현재의 상황뿐 아니라 앞으로의 변화도 잘 읽을 수 있는 안목을 지니면 좋을 것이다. 마케팅 상황 분석은 다음과 같은 몇 항목들이 조사되어야 할 것이다.

• 시장 분석
어떤 산업인가?
현재 이 산업의 시장 규모와 시장 경쟁상황은 어떠한가?
이 산업의 가장 중요한 특성은 무엇인가?
목표 시장은 어디인가?
유통경로는 어떠한가?

• 소비자 분석
주요 소비자 그룹의 연령대, 신분, 성별, 특성 및 기호 등을 분석

• 광고 전략 파악
광고비 예산과 마케팅 방식 및 비용에 대한 정보 파악

• 브랜드 전략 파악 및 수립
자사 브랜드들 간의 관계성 파악 / 자사 브랜드 체계의 수립 / 경쟁사의 브

---

5) 전문인으로서 브랜드 네이밍을 하는 절차에 대해 이관수(2003 : 242)에 상세하게 소개되어 있다. 제1단계 : 경영진 및 실무자 심층 인터뷰→제2단계 : 경쟁 브랜드 분석 및 평가→제3단계 : 네이밍 전략 수립 및 고객사 확인→제4단계 : 브랜드 네임 개발→제5단계 : 브랜드 네임 서면 간략 보고→제6단계 : 브랜드 네임 스크리닝→제7단계 : 최종 브랜드 네임 프레젠테이션→제8단계 : 상표 출원 및 등록. 이 책에서는 중요한 요건들을 중심으로 하여 설명해 보기로 한다.

랜드 분석을 통한 계획 수립

• **경쟁사 분석**

경쟁사와 자사의 특징 비교 대조를 통한 강점 발견 및 차별화 방안 강구

▣ 시장 분석

이름을 지으려는 제품에 대해 회사에서 세우고 있는 마케팅 정보에 대한 파악과 분석은 매우 전문적인 작업이 되어야 할 것이다. 네이미스트들은 전문적인 마케팅 상황에 대한 정보를 담당자로부터 전달 받을 수 있을 것이다. 김흥열(2007 : 20)에서, 네이밍을 하려는 제품이나 서비스의 시장 상황을 먼저 고려해야 함을 언급하고 있다. 즉 어떤 산업인가에 따라 브랜드 네이밍의 방향이 달라진다는 것이다. 예를 들어, 생필품(치약, 칫솔, 비누, 화장품 등) 같은 제품은 누구나 자주 부르고 쉽게 떠올릴 수 있어야 물건을 사므로 어려우면 안 되고 발음, 뜻, 표기가 쉬워야 한다. 명품이나 고급품은 이미지가 고급스럽고 정신적인 만족감을 채워주는 방향으로 콘셉트를 잡아야 할 것이다. 필요와 만족감이 동시에 필요한 핸드폰이나 첨단 제품, 자동차, 고가의 가전제품은 기능적인 면과 감성적인 부가가치가 적절히 조화를 이루어야 한다. 앞으로 지속 가능한 시장이며 현재 경쟁 제품이 많은 경우라면, 평범한 이름보다는 더욱 차별화한 이름으로 소비자들의 머릿속에 인지되도록 하는 전략을 세울 필요가 있다. 그 제품이 업계에서 선두주자인지 후발주자인지도 고려해야 한다. 선두주자라면, 제품의 이름에 그 제품이 어떤 것인지에 대한 정보를 주는 내용이 들어가면

좋다. 후발주자라면, 앞선 이름과의 차별성에 중점을 두고 제품의 장점을
알리는 의미를 집어넣으면 좋다.

▉ 소비자 분석

위에서 본 시장분석과 함께 시장에서 주 고객이 어떤 연령층이 될 것인
지, 어떤 상황의 사람들이 될 것인지에 대해서도 고려하여 소비자층에 맞
는 언어를 사용하는 것도 중요하다. 나이나 성별, 지역 특성, 신분 특성에
따라 선호하는 언어형태가 다르게 나타나기 때문에 각 타깃 층에 맞는 언
어를 적절히 사용하여 네이밍을 해야 한다. 예를 들어, 젊은 층이 주 소비
자라면, 톡톡 튀는 발랄한 느낌의 이름을 선호할 것이다. 노년층이 주 소
비자라면, 중후한 느낌이나 전통성이 가미된 이름을 선호할 것이다. 그러
나 세태가 날로 변화하고 있는 사회 상황을 고려한다면, 그러한 일반적인
선입견에 얽매이는 것도 금물이다. 선입견을 버리고, 소비자의 특성과 기
호에 대한 연구를 철저히 해야 한다. 소비자 분석에는 소비 트렌드에 대
한 시대적 흐름도 읽을 수 있어야 한다. 중국에서 브랜딩을 하는 메타브
랜딩사에서 최근 중국 소비자의 구매 행태에서 보이는 소비 트렌드로 '건
강(Health), 뷰티(Beauty), 그린(Green), 향수(Nostalgia), 개인주의(Egoism), 신
애국(Neo-Patriotic), 퓨전(Fusion), 소프트(Soft), 네트(Net), 공익(Public Good)'
의 10개 키워드로 기술했다(박종한·김민수, 2003 : 32, 261~302 참고). 한국
제품의 브랜드 네이밍을 잘 하기 위해서, 한국의 소비 트렌드는 무엇일까
에 대한 광역적이고 심층적인 연구가 필요하다. '헤럴드경제(2009. 12. 19)'
에 김난도 교수는 한국의 2010년 소비 트렌드 열 가지를 'TIGEROMICS'

로 제시한 바 있다 : T(Times for Korean chic, 코리안 시크—한국적인 것이 시크해진다. 기술적 경제적 사회적 문화적 수준이 높아지고 세계화되면서 국내외적으로 한국이라는 브랜드가 블루오션이 될 것이다.), I(Into our neighborhood, 떴다, 우리 동네—본격적인 동네 스펙 높이기가 시작됐다. 지역사회와 공조하는 기업이 성장할 것이다.), G(Good to be geeks, 딴짓의 즐거움—본업 이외에 제2, 제3의 딴짓에 몰입하는 괴짜들이 급증한다. 이는 곧, 생활문화의 다양성 증가를 예고한다.), E(End of taboos, 금기의 종언—금기의 벽이 허물어진다. 개방적인 정서 코드와 융화 경영이 중요시된다.), R(Ready-made to order-made, 당신의, 당신을 위한, 당신에 의한—소비자가 주도하는 제품생산 트렌드가 가속화된다.), O(Omni-U solutions, 전지전능 솔루션—소비자 요구의 종합적 충족 능력의 극대화, 편리성과 단순성의 극대화), M(Manner matters, 매너 남녀—인격과 매너가 다른 어떤 스펙보다 중요해진다. 기업이 원하는 인간형은 똑똑한 전문가형으로부터 도덕성을 갖춘 휴먼형으로 바뀜.), I(It's aqua, 물의 르네상스. 물의 시대가 온다. 물을 중심으로 도시와 문화와 산업이 재편된다.), C(Challenge your age, '나이야 가라!' 고령화 사회로 진입하면서 나이의 장벽이 허물어지고, 젊음에 대한 소비자의 열망이 외모 및 건강관리를 넘어 라이프스타일 자체의 변화로 이어진다.), S(Style republic, 스타일에 물들다—스타일의 독재가 시작된다. 모든 것의 구성적, 형태적 아름다움이 선(善)을 결정하는 잣대가 된다.). 이 시대의 전체적인 트렌드를 말하기에는 너무나 많은 다양성이 공존하는 세상이므로, 제품의 범주와 특별히 관련되는 소비자의 트렌드를 읽어내는 것도 중요할 것이다. 예를 들어, 외식업계에서는 현대의 트렌드가 '떡 벌어진 풍부한 진수성찬'을 선호하는가, 아니면 '알맞은 열량으로 조절되는 건강식'인가 하는 점을 결정해야 할 것이다. 김치의 경우, 과연 전통적인 시큼하고 묵은 듯한 맛을 즐길 것인지 상큼하고 아삭한 맛을 즐길 것인지를 결정해야 한다. 이러한 소비 트렌드가 브랜드 네이밍에 어떻게 반영될 것인지에 대해서는 단편적으로 언급하기가 어렵다. 그러나 그러한 트렌드를 염두에 두면 브랜드가 갖게 되는 의미 내용측면에서 소비자들이 선호할 만한 경향을 파악할 수 있게 될 것이다.

■ 광고 전략 파악

새 제품에 대한 광고비 예산을 얼마로 계획하고 있는지도 브랜드 네이밍에서 고려해야 할 중요한 요건이다. 광고비 예산이 적은 경우라면, 상표 이름만으로 어떤 제품인가를 드러내주는 제품의 의미 표현 쪽으로 네이밍의 방향을 잡으면 좋을 것이다. 신규 상표보다는 상표의 인지비용과 광고비용을 절감하기 위하여 기존의 보유 브랜드를 적극 활용하는 것도 좋은 방법이다. 광고비 예산이 많은 경우라면, 이미지를 더욱 드러내는 방향으로 네이밍의 방향을 잡는 것이 좋을 것이다.

또한 새로 탄생한 제품에 대한 기업의 브랜드 전략에 대한 정보를 파악해야 한다. 신제품이 탄생하면, 기업은 경영전략의 일환으로 브랜드 네이밍에 관한 방침과 체계, 곧 네이밍 전략을 가지고 있다. 좋은 이름을 만들기 위해서는 이러한 기업의 네이밍 전략을 조사하고 기업과의 협의를 통해 브랜드 네이밍의 방향을 설정해야 한다. 회사에서 패밀리 브랜드나 공동 브랜드로 나갈 계획을 가지고 있는지, 완전히 새로운 브랜드를 만들 것인지에 대해서도 사전 파악을 하거나 협의해야 한다. 다양한 제품군의 공통요소를 발견해 패밀리 브랜드로 통합 관리하는 것이 유리할 수 있기 때

문에 다양한 제품을 생산하는 기업이라면 패밀리 브랜드 도입을 고려해
보는 것이 바람직하다. 예를 들어 '옵티머스, 옵티머스Q, 옵티머스Z, 옵티
머스 시크' 같은 것이다. 자본력이 약한 중소기업의 경우엔 공동 브랜드
도입을 적극 검토해 볼 필요가 있는데, 같은 군의 기업끼리 전략적인 제휴
를 통해 공동 브랜드를 모색함으로써, 광고비와 제반 경비를 절감하는 경
제 효과를 노릴 수 있다. 또한 새로운 제품이 국제 진출용인지 아닌지 여
부도 브랜드 네이밍의 중요한 정보이다. 만일 국제 진출을 계획하고 있는
제품이라면, 세계시장에서도 통용될 수 있는 글로벌 브랜드로 만들어야
한다. 그런 경우라면, 세계 여러 나라의 법과 언어습관 등의 문화를 면밀
히 조사하여 네이밍 전략에 이용하고, 네이밍 후 그 이름이 언어·문화적
으로 부정 연상을 주지는 않는지에 대해 전문적인 검토를 거쳐야 한다.

■ 브랜드 전략 파악 및 수립

"자사 브랜드들 간의 관계성 파악"이란, 신규 제품이 자사의 기존 상표
내에서 어떤 경쟁 관계를 갖고 있는지를 파악하는 것이다. 신제품의 출시
가 자사의 기존 시장을 잠식하게 해서도 안 되고, 기존 제품에 가려 빛을
발하지 못하게 해서도 안 될 것이므로, 그러한 자사 제품과의 관계성을 잘
파악해야 한다. "자사 브랜드 체계의 수립"이란, 신제품이 기존의 자사 제
품과 패밀리 브랜드로 묶일 것인가, 아니면 개별 브랜드로 나갈 것인가에
대한 방향을 수립함으로써 자사의 다양한 제품들의 체계를 고려하는 것이
다. 가령, 새로운 음료가 개발되었다고 했을 때, 이를 기능성 음료로 보고
기존의 패밀리 브랜드로 묶을 것인가, 아니면 신세대의 음료로 새롭게 드

러내는 개별 브랜드로 만들 것인가를 결정하는 것이다. '오뚜기케첩, 오뚜기쨈, 오뚜기참치, 오뚜기카레, 오뚜기참기름' 등은 기업명이 제품을 나타내는 것으로 이미 구축되어 있는 기업 브랜드의 파워를 개별 제품에 연계시키는 전략이다. 이러한 전략은 신제품을 단 기간 내에 적은 비용으로 시장에 쉽게 진출할 수 있게 한다. 켈로그사의 '켈로그 콘 프로스트, 켈로그 콘푸레이크, 켈로그 하니비, 켈로그 아몬드 푸레이크' 등은 동일한 시리얼 제품이면서도 제품의 특성을 부각시키는 브랜드 수식어를 붙이고 있다. 애플사가 아이포드의 'i'를 활용해 'i-tune', 'i-work', 'i-life'로 확장했고 LG전자가 X를 활용해 'X-note', 'X-canvas' 등으로 확장한 것은 기존의 브랜드와 연계성을 가지도록 브랜드화 한 것이다. 그런가 하면, 개별 브랜드 중심 구조 전략으로 나갈 수도 있다. 기업명을 드러내지 않고 동일 계열 제품이라도 서로 다른 브랜드를 만들어 쓰는 것이다. 애경산업의 치약인 '비타덴트, 딱따구리, 동의생금, 크린엔화이트, 2080' 등이 그 예이다. 이 전략은 신제품에 대해 기존의 어떤 느낌과 연계하지 않고 새로움을 줌으로써 소비자의 시선을 끌게 하는 전략이다.

◼ 경쟁사 분석

아울러, "경쟁사의 브랜드 분석을 통한 계획 수립"을 필요로 한다. 자사의 브랜드와 마찬가지로, 경쟁사의 브랜드에 대해서도 브랜드의 체계 및 이미지, 광고비 투자 등을 종합적으로 파악하여 신제품의 이름을 지을 때 고려해야 한다. 경쟁사와의 분석을 통하여 제품의 경쟁력 상황을 알고, 나아가 브랜드의 경쟁력도 고려해야 한다는 것이다. 아파트 업계에서 수

많은 아파트 이름이 쏟아져 나오자 삼성은 '래미안(來美安)'이라는 한자형 브랜드를 만들었다. 이 이름은 아파트 브랜드에 한 획을 그은 이름으로 평가된다. 이후 아파트 브랜드에 한자형 트렌드가 형성돼 '낙천대', '용비어천가', '백년家약' 등이 만들어졌다. 또한, 기존의 성공 브랜드들을 분석하여 어떠한 이름의 유형이 소비자에게 선호되고 있는가를 파악한 후 이를 이름 만들기 작업에 활용하는 것도 필요하다.

(2) 제품의 특장점 분석

효과적인 상표 이름을 만들기 위해서는 문제의 제품이 어떤 특장점이 있는지 철저히 캐내어야 할 것이다. 브랜드의 방향이 구체성을 드러내는 쪽이 될 수도 있고 그렇지 않고 추상적 이미지를 드러내는 쪽이 될 수도 있으나, 어떤 경우이건 제품에 대한 효용성, 경제성 등의 다양한 특징 파악에 주력해야 한다. 이를 바탕으로 해야, 제품의 효용성과 특징을 구체적으로 소비자에게 전달할 수 있는 브랜드를 만들 수 있고, 공감 요소를 불러일으키는 브랜드를 만들 수 있게 된다.

제품의 특장점에 대한 정보를 기업이 알려줄 것이지만, 네이밍의 관점을 발견하기 위한 사실 발견에 몰입하면, 새로운 무엇인가가 발견될 수도 있다. 이 과정에서 다음과 같은 사항들을 고려해야 할 것이다.

- 이 제품은 어떤 점이 기존의 것과는 다른 것인가?
- 이 제품에서 소비자들이 주목할 만한 특성은 무엇인가?
- 이런 제품에 대해 소비자들이 원하는 사항은 무엇이며 이 제품은 어떤가?

새 제품의 특장점을 알기 위해서는 그 제품을 직접 만져보고, 써보고 다양하게 경험해 보면서 착상을 떠올릴 필요가 있다. 새 제품이 기존의 것과 다른 점, 소비자들이 주목할 만한 특성들을 시시콜콜 찾아내야 한다. 기능상의 편리함, 기능상의 효용성, 경제적 효용성, 미적 감각, 정서적 즐거움 등등 다양한 요소들을 고려해야 한다. 예를 들어 다음의 이름들은 그런 과정을 거쳐서 나온 것들일 것이다.

- 휘센(에어컨) : 에어컨을 틀어놓으면 찬바람이 '휘~' 하고 분다.
- 룰루(비데) : 비데를 하면 기분이 좋아 저절로 '룰루' 하는 기분이 된다.
- 쿠쿠(밥솥) : 밥이 다 되면 밥솥에서 종달새처럼 '쿠쿠' 소리가 난다. (실제로는 '삑삑' 소리가 나지만, 시간을 알리는 뻐꾸기시계 소리를 가져옴.)
- 카스(맥주) : 맥주를 마시면서 '카~' 하는 소리에 착안.
- 앙팡(우유) : 아이가 우유를 먹는 모습을 가만히 지켜보면 옴팡지게 먹는 귀여운 모습을 느낄 수 있다.
- 보드람(치킨) : 먹어보면 매우 보드라운 맛이 느껴진다.

제품의 성분에서 특장점을 찾을 수도 있고(예 : 아스파, 레모나, 아미노업, 레몬에이드, 비타500), 제품의 모양에서 특장점을 찾을 수도 있다(예 : 꿈틀이, 스크류바, 플라톤, 고래밥). 이름을 지으려는 제품에 대해 확실한 특장점을 알게 되면, 이름 만들기의 명명기반과 콘셉트 설정에서 참고할 내용이 구축될 것이다.

또한 새로 나온 제품류에 대한 소비자들의 이상향을 조사해 둘 필요도 있다. 이것은 그 제품이 갖춘 특성이 될 수도 있을 것이다. 예를 들어, 김치냉장고라면, 언제나 김치 발효와 보관에 가장 적정한 온도를 유지시킬 것을 원할 것이고, 땅 속에 묻어 그 싱싱하고 짜릿한 맛을 유지하던 김장독의 효과를 기대할 것이다. 그렇다면 문제의 제품도 그러한 기능과 효과를 가지고 있는지에 대해 확인하면서 확신할 수 있어야 할 것이다. 그런데 과연 젊은이들의 김장독의 김치 맛을 경험했을까를 생각한다면, '김장독 효과'라는 키워드가 그리 큰 감동 요소가 안 될 수도 있는 가능성에 대해서도 생각해야 한다. 이러한 궁리는 이미 새로운 제품을 고안하는 단계에 기업에서 이미 이루어진 일일 것이다. 그러므로 네이미스트들은 기업 실무자들과의 심층 인터뷰를 통해 되도록이면 이러저러한 면모에 대한 여러 사연들을 수집해야 한다. 아울러 제작 당시에는 미처 의도하지 않았던 의의의 특장점을 새로운 시각으로 발견할 수도 있으므로 창의적인 여러 궁리를 할 필요가 있다. 세상의 사실이란 것은 인간의 넓고 깊은 인식 속에서 끊임없이 발견될 수 있는 것이기 때문이다.

⑶ 네이밍의 명명기반 구상

앞의 (1)과 (2)에서와 같이 마케팅 관련 정보와 제품 관련 특장점이 분석되면, 다음에 할 일은 이름을 어디에 착안하여 지을 것인가 하는 명명기반(命名基盤)을 구상하는 일이다. 명명기반을 네이밍의 '착안점(着眼點)' 내지는 '키워드(keyword)'라고 이해할 수도 있다. 명명기반이란 이름을 짓는 데에 사용되는 내용을 말한다. 예를 들어, 화장품 이름 '소망'은 기업의 덕목을 명명기반으로 한 것이다. 제품의 기능을 표현할 수도 있고 제품을 창시한 사람의 이름을 표현할 수도 있을 것이다. 이때 생각해야 할 중요한 요소는 물론 앞의 (1)과 (2)에서 분석된 정보들이다. 소비 대상이 누군지, 시장 규모와 영역이 어떤지, 광고 전략이 무엇인지 등에 대한 정보를 함께 생각하면서 그에 가장 적절한 이름을 찾아야 할 것이다.

명명기반의 설정을 위해 고려해야 할 요건들은 다음과 같다.

브랜드 네임의 명명기반 / 착안점
- 내부준거 : 기능, 모양, 색상, 성분(재료), 소리, 맛, 제조방식, 정서 등
- 외부준거 : 덕목이나 이념, 문학작품 소재, 신화 소재, 별이름, 인명, 일상어, 자연물, 장소, 시간, 철자, 숫자, 의성어, 의태어, 뜻이 없음, 어두문자 등

착안점의 큰 유형으로 내부준거와 외부준거로 나누어 볼 수 있다.[6] 네이밍에 있어서 '준거(準據)'란 이름을 짓는 기준이 되는 근거, 곧 명명기반을 말한다. 내부준거(內部準據)란 그 제품이 가지고 있는 자체 내의 형태나 속성을 명명기반으로 삼는 것이며, 외부준거란 제품 자체의 내부 속성보다는 외부에 있는 다른 양상에 준거하여 이름을 짓는 것이다. 그런데 위에서 구분한 것과 같이 내부준거와 외부준거의 항목이 일정하게 나뉘는 것은 아니다. 예를 들어 색상 같은 경우 실제 제품의 색상이 근거가 될 수도 있지만, 제품의 속성과 상관없이 색상과 관련된 이름이 붙여질 수도 있

---

6) 임소영(1999)에서 꽃이름의 명명기반을 연구하면서, 명명기반을 다시 내부준거와 외부준거로 나누었다. 브랜드 네이밍에서도 이 구분을 참고하면 네이밍의 계획 수립에 유용할 것이다. 이 책에서 명명기반, 착안점, 콘셉트, 키워드, 준거 등 다양한 표현을 하고 있는데, 중복되는 뜻을 지닌다고 본다. 그러나 모든 용어를 알아 두는 것도 나쁘지 않을 듯하여 통일성을 기하지 않고 다양하게 설명하였다.

는 것이다. 위에서 내부준거와 외부준거의 구분을 제시해 보는 것은 네이밍의 착안을 할 때 다양한 방향에서 다양한 요건을 고려할 수 있음을 보이려는 것으로 이해하면 될 것이다.

어떤 제품이나 기능, 모양, 성분, 추구하는 이상 등을 가지고 있겠으나, 그중 그 제품의 어떤 점을 두드러지게 드러내면 사람들이 관심을 가지고 구매 행동으로 이어질 것인가를 고려해야 할 것이다. 그러기 위해서는 우선적으로 제품의 특장점에 대한 면밀한 분석이 이루어져야 하는 것이다.

■ 기능

브랜드 네임의 명명기반이 '기능'에 있는 것으로 '물 먹는 하마', '스킨 푸드', '에프 킬라'를 예로 들 수 있다. 방습제는 물을 빨아들이는 것, 화장품은 피부에 영양을 공급하는 것, 모기약은 죽이는 것이 주된 기능인데, 브랜드에 이러한 의미를 표현하고 있다. '알뜨랑' 비누 같은 경우, 알뜰하게 쓴다는 것이 기능이 될 수는 없지만 단단하여 오래 쓸 수 있다는 뜻을 지니므로 제품의 기능성을 표현한 것이라고 할 수 있다. '하나로 샴푸'도 샴푸와 린스의 효과를 동시에 내는 기능적인 측면을 표현한 것이다. '노비드 샴푸'도 어형이 변화되기는 했으나 비듬을 없애준다는 기능에 명명기반을 둔 브랜드 네임이다.

■ 모양

브랜드 네임의 명명기반이 '모양'에 있는 것으로 '동글이', '꿈틀이', '고래밥', '동그랑땡', '너비아니', '스크류바', '플래톤'을 예로 들 수 있다. 청소기의 바퀴가 동글동글한 모양, 빙과류 하드의 모양이 꼬여 있는 모양, 부침개의 동그란 모양과 고기산적의 넙적한 모양, 텔레비전의 화면이 평면인 모양을 표현한 것이다.

색상

브랜드 네임의 명명기반이 '색상'에 있는 것으로 '브라운 면도기', '그린 손해보험', '푸르지오', '아이보리 비누' 같은 것이 있다. 브랜드 대상과 색상과의 연관성이 상징적으로 드러난다면 더욱 효과적인 이름이 될 수 있다. 가령 '그린'이나 '푸름'의 색상 이미지는 '이성, 자연'의 이미지와 연관된다.

성분(재료)

브랜드의 명명기반이 '성분(재료)'에 있는 것으로 '과일촌Ca, 아스파, 레모나, 아미노업, 후라보노, 비타 500' 등이 있다. 또한 동이 섞였다는 '청동 보일러', 율려단이라는 한방 재료가 들어갔다는 '한율(韓律)', '옥장판', '워터젤리', '새우깡', '자일리톨껌', '니어워터' 같은 것도 있다. '우리 쌀로 빚은 국순당 생막걸리' 같은 이름은 재료의 일반명칭이 아닌 차별화된 의미를 가미하고 있다.

소리

브랜드 네임의 명명기반이 '소리'에 있는 것으로 '휘센, 쿠쿠, 카스, 가그린'의 예가 있다.

■ 맛

브랜드의 네임의 명명기반이 '맛'에 있는 것으로 '신라면', '새콤달콤' 같은 것이 있다. '진라면'도 '맛이 진한 라면'이라는 뜻에서 맛과 관련된다고 할 수 있다.

■ 제조방식

브랜드 네임의 명명기반이 '제조방식'에 있는 것으로 '수타면'이 있다. '수타(手打)'란 손으로 쳐서 만들었다는 뜻으로 국수를 만들 때 예로부터 사용하던 전통방식이다. '닥터캡슐'과 '5n캡슐우유'은 유산균을 캡슐에 담음으로써 위장 전달 시간을 고려했다는 새로운 제조 공법이다. '참나무통 맑은소주'는 참나무 통에서 숙성시킨 제조과정을 표현한다. '갈아만든배'도 역시 제조과정에 착안한 브랜드 네임이다.

■ 정서

브랜드 네임의 명명기반이 '정서'에 있는 것으로 '빙그레', '모닝글로리', '뚝심'을 들 수 있다. '빙그레'는 웃는 모습으로 웃음의 정서를 뜻한다. '글로리(glory)'란 '영광' 또는 아침이란 말과 결합되었으니, '해의 빛'을 뜻한다고 할 수 있다. 이것은 다분히 정서적인 것을 표현하는 것으로 볼 수 있다. '뚝심'도 굳세고 고집스러운 정서를 표현한다.

■ 덕목이나 이념

브랜드 네임의 명명기반이 '덕목이나 이념'에 있는 것으로 '최선, 최상'

의 뜻을 지니는 '옵티머스'를 들 수 있다. '청정원'은 푸르고 맑음을 지향하는, 곧 친환경적인 기업의 이념을 뜻한다.

■ 문학작품 소재

브랜드 네임의 명명기반이 문학 작품에 있는 것으로 '롯데(Lotte)', '이니스프리', '스타벅스', '주식회사 놀부'를 들 수 있다. '롯데'는 '젊은 베르테르의 슬픔'의 여주인공 샤롯데에서 따온 것이다. 이 여주인공처럼 소비자들로부터 영원히 매력적이고 사랑받는 친숙한 브랜드가 되기를 기원하는 의미라고 한다. '이니스프리'는 예이츠의 시 '이니스프리의 호수섬'에서 따온 것이다. '스타벅스'는 허만 멜빌의 소설 '모비딕'에서 나오는 항해사의 이름 '스타벅'에서 따온 것이다. '주식회사 놀부'는 '흥부전'에서 유래된 것이다.

■ 신화 소재

브랜드의 의미가 '신화 소재'인 것으로, '하이패리온', '나이키', '헤라', '박카스', '디오스'를 들 수 있다. '하이패리온'은 그리스 신화에 나오는 빛의 신이며, '나이키'는 그리스 승리의 여신으로 특별한 지성을 뜻한다.

■ 별 이름

브랜드 네임의 명명기반이 별이름인 것으로, '갤럭시'를 들 수 있다.

◼ 인명

브랜드의 명명기반이 '인명'인 것으로, '김정문 알로에', '차앤박 화장품 (차&박 화장품)', '미샤'가 있다. 미샤는 그 회사의 대표가 TV에서 우연히 첼리스트 '미샤 마이스키(Mischa Maisky)'를 보고서 '미샤'라는 어감이 좋아 이 상표명을 떠올리게 되었다고 한다. 이 밖에, '배상면주가, 황성주생식, 이동수패션, 강제규필름, 주재근베이커리, 하선정액체육젓, 강성원우유, 성시제피자, 이신우옴므' 등의 예가 있다. 인명을 사용하는 브랜드는 자신의 이름을 내건 만큼 철저하게 상품을 만들었을 것이라는 믿음을 준다. 그런데 이 경우에, 차용할 이름의 저명성에 관한 법적인 문제 검토해야 한다. 상표법상 흔히 있는 성 또는 명칭, 저명한 타인의 성명은 등록받을 수 없다. 예를 들어, '이씨, 박씨, 김씨, 김사장, 차사장, 오회장, 유가네, 김가네, 박찬호, 박세리' 같은 인명은 브랜드에 사용할 수 없다.

◼ 일상어

브랜드의 명명기반이 '일상어'인 것으로, 'Guess', 'TRY'를 들 수 있다. 브랜드의 명명기반이 '자연물'인 것으로 'Apple 컴퓨터', 'Camel 담배', 'Tomato 은행'을 들 수 있다.

◼ 장소

브랜드의 명명기반이 '장소'에 있는 것으로 'Romanson 시계', '파리 바게뜨', 'Sillicon Valley Bank'가 있다. '로만손'은 시계산업이 발달한 스위스의 마을 이름 'Romancion'에서 유래한다. 이 마을 이름을 발음하기 쉽게 '시온'을 '손'으로 고쳐 브랜드 네임으로 사용했다. '하프닷컴'은 미국의 중고 상거래 사이트 이름으로, 미국 오레곤 주의 하프웨이(Halfway)라는 작은 동네의 이름을 바꾼 것이다. 하프닷컴을 설립한 후 이 회사에서는 브랜드 전략을 세워 이 동네 이름을 하프닷컴으로 바꾸는 조건으로 전폭적인 지원을 보냈다. 이 지역 주민들은 일 년 동안, 자신의 고향 이름을 하프닷컴이라 불렀다. 이 과정을 통해 하프닷컴은 미국 전역에 알려지게 되었다.

❏ 시간

브랜드의 명명기반이 '시간'에 있는 것으로 '모닝글로리', 'Timeless', 'Time 담배', 'Good Morning 증권', 'T.G.I FRIDAYS'를 들 수 있다.

❏ 숫자나 부호

브랜드의 명명기반이 '숫자'나 '부호'에 있는 것으로 '2% 부족할 때', '스킨 79', ' 숨 37°', '7UP', '덴탈 크리닉 2080', '3M', 'Baskin Rabins 31', '달빛 13'이 있다. 숫자와 부호는 세계에서 공통의 의미로 통용된다는 점에서 아주 유용한 네이밍 도구가 된다. 숫자에 의미가 들어 있어서 이를 인지시키면서 소비자에게 기억되게 하는 효과도 볼 수 있다. '덴탈크리닉2080'은 '80세까지 20개의 치아를 보존하자는 8020 운동에서 아이디어를 얻은 것이다. '해태제과 2&4 아이스바'는 두 가지 맛의 네 가지 색깔이란 제품의 속성을 의미한다. 자일리톨333은 3가지 기능성과 3배의 풍부한 양, 그리고 3가지 맛의 제품이 있다는 의미로 만들어졌다. LG1124 김장독은 1년 12개월 4개월 내내 똑같은 김치 맛을 유지한다는 의미이다.

모나미 153 볼펜은 베드로가 하나님께서 지시한 곳에서 153마리의 고기를 잡았으나 그물이 찢어지지 않았다'는 요한복음 21장에서 영감을 얻어 지은 것이라고 한다. 153은 우리나라 사람들이 좋아하는 '갑오' 즉, 아홉을 만드는 숫자, 15는 15원의 뜻, 3은 모나미가 만든 세 번째 제품이라는 뜻이라는 의미를 더 부여한다. 제품의 이름에 사용된 숫자는 대중적으로 소비자에게 인식되기는 어렵다. 광고를 통해 홍보해야 하며 일단 네이밍의 의미에 대한 것을 소비자가 알게 될 때 한 번 주목하고, 그 다음부터는 그저 하나의 제품명으로 기억하는 것이다.

▉ 철자

제품의 이름브랜드의 명명기반이 '철자'에 있는 것으로 '에프 킬라', '알파 문구'를 예로 들 수 있다.

▉ 의성어, 의태어

브랜드의 명명기반이 의성어인 것으로 'Yahoo(야후)', 'WaaWaa(와와)'가 있고, 의태어인 것으로 'razzle-dazzle, 도리도리'가 있다.

▉ 의미 없음

브랜드를 만들 때 의미가 없는 음의 결합을 구성할 수도 있다. 가령, '오휘(OHUI)', 'Kodak', 'Kenox', '모나미'는 특별한 뜻을 지니지 않는다. 그런데 특별한 뜻 없이 만들어낸 브랜드 네임이 그 자체로는 아무 의미가 없지만 하나의 상표로서 탄생하면 역시 표상 작용을 하게 되는 것이다.

'Kodak' 필름은 처음 개발될 때 아무런 의미도 담고 있지 않았다. 설립자 조시 이스트만이 가장 좋아하는 스펠이었던 'K'로 시작해서 'K'로 끝나는 발음조합을 무수히 나열하다가 그중에서 가장 산뜻하고 독특한 발음이라고 생각된 'Kodak'을 발견했다고 한다. '잔탁(Zantac), 제네카(Zeneca), 제록스(Xerox), 엑슨(Exxon)'도 아무런 뜻이 없이 탄생한 상표이다.

■ 어두문자

또한 어두문자(이니셜, initial)로 브랜드 네임을 만들 수도 있다. '국민은행'을 'KB'로, '선경'을 'SK'로, '제일제당'을 'CJ'로 부르는 것은 어두문자로 브랜드 네임을 만든 예가 된다. 어두문자를 사용하는 것은 언어의 경제성이란 개념에서 보면 효과적일 수 있다. 그런데 소비자들은 어두문자어보다는 단어로 구성된 이름을 더 잘 인지하므로, 기존 회사명의 전체 네임에 대한 충분한 인지가 된 상태에서 어두문자로 된 브랜드 네임을 사용해야 무리가 없다. 위 어두문자형 예들은 기존의 기업이 성장하면서 구조적으로 확장되거나 질적으로 우수해졌음을 알리려는 계기로서 브랜드를 어두문자형으로 바꾼 경우가 된다.

이상에서 네이밍의 방향을 최초로 잡아보는 명명기반의 예들을 들어보았다. 네이밍을 할 때에 이런 식의 다양한 명명기반에 대해 궁리하며 그 착안점을 얻을 수 있다. 일상생활에서 사용되는 일반적인 언어는 의미가 없으면 언어로서 기능하지 못한다. 그러나 브랜드는 고정되거나 구체적인 의미가 없는 말이라 하더라도 이름으로 성립될 수 있다. 브랜드로서 탄생시키고 세상에 알려 사회적 약속을 얻어낼 수 있기 때문이다. 그런데 모든 브랜드는 유연성(有緣性)을 가지고 있다. 유연성이란 이름이 세상과 어떤 관련성을 갖는 것을 말한다. 브랜드의 표현 자체가 의미를 가질 수도 있고, 의미 파악이 어려운 말을 새로 만들어냈다면, 어원이나 이미지와 관련된 유연성을 지니게 된다. 브랜드는 일상어에서 찾아볼 수 있는 의미가 없다하더라도, 어떤 이미지를 주는 역할을 할 수 있어야 한다. 브랜드 네임의 유연성이 확실할수록 소비자에게 더욱 잘 인식되는 효과를 지닐 수 있을 것이다.

(4) 네이밍의 형태론적인 고려

앞에서와 같이 제품의 마케팅 상황과 제품 특장점의 분석, 명명기반의 구상이 이루어지면, 다음에 해야 할 것은 실제의 네이밍 작업이다. 이것은 곧 말을 매만져, 새 말을 탄생시키는 작업이 된다. 이 과정에서 고려해야 할 것이 브랜드 네임의 조어(造語) 방식, 곧 말을 만드는 방식이 된다. 앞의 (3)에서 살핀 것이 브랜드 네임의 의미와 관련되는 것이라면 이 조어 방식은 형식과 관련되는 것으로, 형태론적인 고려가 된다. 브랜드 네임을 형태론적인 측면에서 구분하는 것이므로 '형식 유형'이라고 할 수 있다.

브랜드 네임의 형식 유형
- 단어의 짜임새 : 단일어, 복합어, 단어 결합(구절), 문장, 파생어, 활용형(명사형, 관형사형 등), 어두문자형, 단어 단축형, 구절 단축형, 단어 변형형, 철자 대칭형, 동음 반복형,
- 도구 언어와 문자 : 한국어형, 한자어형, 외국어형, 한글형, 한자형, 영어알파벳형, 한글 고문자형, 혼성형, 소리표기형

브랜드의 형식 유형은 크게 단어의 짜임새와 도구 언어와 문자 두 가지로 나누어 살펴볼 수 있다.

단어의 짜임새

단어 짜임새 별 유형에서 '단일어'는 '현대'나 '후(后)'처럼 한 개의 단어로 이루어진 것을 말한다. '복합어'란 '댕기머리, 과일나라'처럼 둘 이상의 실질형태소가 결합하여 새로운 한 단어를 만드는 것을 말한다. '라끄베르(LACVERT)'는 프랑스어로 '호수'를 뜻하는 '라끄(LAC)'와 초록색을 뜻하는 '베르(VERT)'가 만난 복합어이다. 그런데 '아침 햇살, 고운 세상, 흰 나비'처럼 두 단어를 띄어 써서 구절 표현을 하면, 단어 결합(구절) 유형에 속한다. 브랜드를 문장 형태로 지을 수도 있다. 문장이란 주어와 술어 개념이 들어가 완결된 하나의 명제가 되는 언어 형식이다. 예를 들어, '누네띠네' 같은 것은 문장형이라고 할 수 있는데 '(과자가) 눈에 띄네'처럼 주어가 생략된 것으로 간주할 수 있기 때문이다. '이슬빛날 炫(현)', '꽃을 든 男子', '2% 부족할 때' 같은 상표는 전체로는 구절 형식이지만, 그 안에 문장을 안고 있다. '파생어'는 형식형태소인 접두사나 접미사가 실질형태소인 단어의 어근에 붙어 이루어진 말이다. '참이슬'은 품질이 매우 좋음을 나타내는 '참'이라는 접두사가 붙었으며, '블루밍(Blooming)'은 '만개하다'의 뜻을 지닌 'bloom'에 분사나 동명사를 만드는 '~ing'가 붙은 형태이다. '활용형'이란 단어에 활용형 어미가 붙음으로써 그 품사로 활용되는 것을 말하는데 명사형, 관형사형 등을 예로 들 수 있다. '명사형'은 형용사나 동사에 명사형이 붙어 이루어진 단어이다. '아리따움'은 '아리땁다'의 명사형이며, '수려한'은 '수려하다'의 관형사형이다. '어두문자형(頭文字形)'이란 단어 표기 글자의 첫자만을 따서 상표를 만드는 것으로, 국민은행의 로마자 표기 'Kookmin'의 'K'와 'Bank'의 'B'를 따서 'KB'로 지칭하는 것과 같은 것이다. '한국통신—KT, 선경—SK, General Motors—GM' 같은 예가 있다. 앞 (3)에서 본 브랜드 네임의 명명기반 중 '어두문자'를 제시했는데 그 결과로 나온 것이 형식적으로는 어두문자형이 되는 것이다. 단어 단축형은 모음이나 자음을 생략하여 두 음절을 한 음절로 단축하거나 형태소들을 생략하는 것으로, '참존'은 '참 좋은'이라는 관형사형의 표현 중 '좋은'을 단축하여 '참존'이라고 한 것이다. '차지고운 밀가루'는 '차지고 고운'을 축약한 것이다. 세레니떼(Serenite)'는 프랑스어로 '청명, 평온'을 뜻하는데, 이의 단축형인 '세니떼(Senite)'를 상표명으로 쓰고 있다. '환타(Fanta)'는 '환상'을 뜻하는 영어 단어인 'Fantasy'을 단축한 것이고, 'Vanta'는 '이익'을 뜻하는 영어 단어 'advantage'를 단축한 것이다. 구절 축약형은 구절 간에 형태소들을 생략하여 한 단어로 만드는 것이다. 외국 상표 'Fedex'는 'Federal Express'를 축약하여 한 단어로 만든 것이다. 'Swatch'는 'Swiss watch', 'Membrain'은 'Member brain'을 축약한 것이다. '코란도(Korando)'는 'Korea can do'라는 문장을 축약한 것이라고 한다. 그러나 이 경우, 우리는 '코란도'가 그런 문장이 축약된 것인지에 대해서는 인식하기 어렵다. 상표에 따라 조어에 담긴 뜻을 확연히 알 수 있는 것도 있고 그렇지 않고 설명을 들어야 알 수 있는 것이 있다. '단어 변형형'이란 한 단어에서 철자를 바꾸거나 더하여 브랜드를 만드는 것으로, 컴퓨터 상표 'Compaq'은 'Compact'의 변형이며, 주방기구 상표

‘Benefina’는 ‘Benefit’의 변형이다. ‘푸르지오’는 원래 ‘-지요’라는 종결 어미를 변형한 것으로, 음악 용어 ‘아다지오’의 음절말 어감을 패러디하여 영어와 같은 어감 효과를 노린 것이다. ‘Meritz’는 ‘Merit’의 변형이며 ‘Asiana’는 ‘Asian’의 변형, ‘Lemona’는 ‘Lemon’의 변형이다. 변형을 하는 이유는 어감의 새로운 창출을 위한 것이라고 할 수 있다. ‘철자 대칭형’은 앞과 뒤의 철자를 동일하게 사용하여 만드는 것을 말한다. 예를 들어 복사기 상표인 ‘Xerox’는 앞뒤에 철자 ‘X’를 배치했다. 타이어 상표인 ‘NEXEN’은 앞뒤에 철자 ‘N’을 배치했다. ‘동음 반복형’은 같은 음을 반복하여 사용하는 것으로 ‘가가호호’(보일러서비스)와 ‘봉봉’(주스) 같은 것이 있다.

네이밍에 있어서 어법의 문제를 어떻게 이해하고 판단하면 좋을까? 앞에서도 언급한 바 있는데, 브랜드란 새로운 탄생의 의미를 지니는 것으로 일상어와는 다르다. 전혀 의미를 알 수 없는 말을 사용하여 이름을 지어도 되는 것이 브랜드이다. 따라서, 네이밍에 있어서 어법의 문제는 되도록이면 지키는 것이 좋겠지만, 이미지 전략을 위해서 필요하다면 반드시 안 지켜도 무방하다고 생각한다. 풀무원의 ‘먹거리’가 ‘먹을거리’여야 올바른 표현이 된다는 논쟁이 있었다. ‘먹거리’를 틀리다고 주장하는 이유는 한국어 조어법에 어근이 활용형 어미 없이 결합되는 것은 없다는 것이었다. 그런데 중세 국어에는 ‘죽살이’처럼 어근끼리만 결합하는 조어법이 있었다.7) 그러므로 중세 국어에서는 사용되고 현대 국어에서는 사용되지 않는

7) 어근과 어근이 연결어 없이 합성하는 조어 방식을 국어학에서는 비통사적 합성법이라고 한다. 중세국어에는 이러한 비통사적 합성어가 사용되었다. 예) 나솟다(나와 솟다), 눌뮈다(날고 움직이다), 딕먹다(찍어먹다), 빌먹다(빌어먹다), 섯버믈다(섞어 버무리다), 나들다(나

조어법이라고 하여 어법에 맞지 않는다고 하는 것은 다소 무리가 있다. 더욱이 브랜드는 하나의 새로운 창출이므로, 현재 우리가 사용하는 국어 어법을 꼭 지켜야 한다는 어문 규정을 내세울 수가 없다. 물론, 우리 주변에 널려 있는 많은 간판에서의 잘못된 표기, 예를 들어 ‘숫가락 젖가락’ 같은 것은 ‘젓가락’으로 바로 써야 맞다. ‘젖가락’으로 받침을 바꿔 씀으로써 생겨나는 새로운 이미지가 없다. 이렇게 어문 지식을 잘못 알아 틀린 것에 대해서는 바로 잡을 필요가 있다. 그런데 ‘오뚜기’와 ‘에프 킬라’ 등은 정서법을 잘못 쓴 예로, 이미 굳어진 브랜드를 고치기가 또한 어렵다. 또한 ‘먹거리’라고 했을 때에는 먹을 수 있는 일체의 식품이라는 범주 지시적 의미를 지니지만, ‘먹을 거리’라고 했을 때에는 ‘오늘 저녁 먹을 거리’와 같이 시간적으로 제한된 의미를 지닌다는 점에서 ‘먹거리’를 ‘먹을거리’로 고쳐야 한다는 주장을 하기가 어렵게 된다.

◾ 도구언어와 문자

다음은 형식 유형에서 도구 언어와 문자를 무엇으로 쓰는가에 따른 몇 가지 종류를 보기로 한다. 네이밍을 할 때, 시장 환경, 소비자 층 등의 다양한 요소를 고려하여 가장 잘 소비자층의 관심을 모아 구매 효과를 일으킬 언어와 문자가 무엇인가를 결정해야 할 것이다. ‘한국어형’은 외국어를 사용하지 않고 우리말로 이름을 짓는 것이다. ‘미소지음’과 같은 한자어가 섞이지 않은 순수 고유어가 있는가 하면, ‘햇반’과 같이 고유어와 한자

오고 들어가다), 죽살다(죽고 살다), 여위므르다(야위고 마르다), 듣보다(듣고 보다), 됴쿶다(좋고 나쁘다), 비리누리다(비리고 누리다), 질긔궂다(질기고 굳다), 거느리치다(거느리고 기르다) 등.

(반 : 飯(밥반))의 결합형도 있다. 한자어형은 한국어에서는 일상어로 사용되지 않는 한자를 이용하여 이름을 짓는 것이다. 예를 들어 '한율(韓律)' 같은 경우는 우리가 일상생활에서 사용하지 않는 한자어 단어이다. '래미안(來美安)'도 한자를 결합하여 만든 것이다. 외국어형은 영어나 프랑스어, 스페인어, 라틴어 등 외국어를 사용한 것이다. '쓰리 세븐'은 영어를, '로제', '뜨레쥬르'는 프랑스어를, '프리메르'는 스페인어를, '베리떼', '에쿠스'는 라틴어를 사용했다. 그러나 소비자들은 그러한 의미에 대한 지식은 없다. 그저 하나의 이름으로 받아들이며, 그 음성의 어감에 대한 인식을 할 것이다. 한국에서 판매되는 상표에 외국어를 사용하는 것이 하나의 유행처럼 되어간다. 아마 한국어 이름은 조어법에 어려움이 있어서 이름 짓기가 어렵기 때문에 외국어 이름을 선호하는 것이 아닌가 한다. 한국어는 첨가어로서, 어근에 반드시 접사나 어미가 붙어야 말이 이루어지는데 이러한 점이 고립적으로 단어가 사용되는 한자나 외국어를 선호하게 되는 이유가 아닌가 한다. 가령, 영어의 'good'은 그 형식 그대로 상표에 사용될 수 있으나 한국어의 '좋다'는 그래도 사용되기 어렵다. '좋'만 가지고 사용할 수도 없고, '좋은, 좋아, 좋니? 좋지' 등의 활용형을 사용해야 하는데 이렇게 되면 이름 짓기가 아주 번거로워진다. 그러다 보니 한국어에서 명사 정도가 이러한 불편함 없이 이름에 사용된다는 제한성을 가지게 되는 것이다. 또한 일상성을 탈피하기 위한 하나의 방안이 외국어 사용이므로, 외국어를 사용한 브랜드는 눈에 띄게 하고 주목하게 하는 기능을 할 수도 있다. 그러나 과연 소비자들에게 더 설득적인 브랜드는 어느 쪽일까를 생각해 보면, 인지와 기억의 측면에서 한국어 브랜드 쪽이 더 효율적이

라고 생각된다. 뜻도 모르는 외국어 브랜드가 홍수처럼 나오는 상황에서 아주 잘 만들어진 한국어 이름은 쉽게 주목 받을 수 있을 것이다. 조어상의 어려움이 있더라도 적극 한국어 브랜드 이름을 찾아낼 필요가 있다.

도구 문자는 한국어를 썼건, 외국어를 썼건 표기 문자를 무엇으로 하는가에 따른 유형이다. 한국에서는 대부분의 상표가 한글로 표기된다. 그러나 한국어를 로마자, 즉 영어 알파벳으로 표기할 수도 있다. 현재 추세는 '아리따움(ARITAUM)', '참존(CHARMZONE)'처럼 한국어를 로마자화 할 경우 두 표기를 함께 쓰는 방식이다. 'OK cashbag'처럼 외국어를 영어 알파벳으로 표기할 수도 있지만, '에이블 씨앤씨(Able C&C)'처럼 그 소리를 한글로 표기할 수도 있다. 또한 한자를 사용할 수도 있다. 예를 들어 '呂', '知&美', '雪花秀'는 한자를 사용한 상표이다. 한자를 사용할 때에는 표준한자의 수준으로 어렵지 않은 한자를 사용해야 한다. 그리고 한자만으로 표현하기보다는 한글과 함께 사용하는 것이 좋다. 예를 들어 '남양유업의 아기사랑 秀', '샤니의 부드러운 熱', '참眞이슬露', '레간자(來强者)', '한신휴(休)'같은 것이 있다. 한글 고문자 형'은 중세 국어에서는 사용되었으나 지금은 사라진 고문자 아래아 '·' 같은 것을 상표에 사용하는 것으로, 화장품 이름 '흔 나비' 같은 것이 있다. '혼성형'은 이러한 여러 언어와 문자를 섞어서 상표를 만드는 것이다. 예를 들어, 'Mr. 바리깡' 같은 것이 있다. 소리 표기형은 모든 브랜드가 소리를 표기하는 것이라서 그 유형이 지시하는 바가 모호할 수 있다. 여기서 의미하는 것은 한글맞춤법에 따르지 않고 소리 나는 대로 표기하는 것을 말한다. 예를 들어 '누네띠네', '오뚜기' 같은 것은 바른 철자법을 따르지 않고 소리대로 표기한 상표이다.[8]

(5) 브랜드 이름의 음성적 이미지 고려

'말'의 두 가지 요소는 '소리'와 '의미'이다. 말도 하나의 상징적 기호(記號, sign)이므로 기호가 갖는 형식과 내용이라는 이원성(二元性)을 그대로 지니는 것이다. 그리고 여기에 한 가지를 더 보태면 말은 문자라는 시각적 요소를 포함한다. 물론 문자가 없는 말도 있으나, 적어도 브랜드를 만드는 말은 모두 문자가 있다. 소리와 문자는 브랜드 이름의 형식이며, 의미는 브랜드 이름의 내용이다. 이미지는 브랜드가 갖는 의미에서도 우러나오지만, 음성 형식에 의해서도 우러나온다. 다음의 글은 발음과 문자 모양이 갖는 느낌을 주제로 하는 것인데 참고해 보기로 하자.

[참고 글]

'숲'이라고 모국어로 발음하면 입 안에서 맑고 서늘한 바람이 인다. 자음 'ㅅ'의 날카로움과 'ㅍ'의 서늘함이 목젖의 안쪽을 통과해 나오는 'ㅜ' 모음의 깊이와 부딪쳐서 일어나는 마음의 바람이다. 'ㅅ'과 'ㅍ'은 바람의 잠재태이다. 이것이 모음에 실리면 숲 속에서는 바람이 일어나는데, 이때 'ㅅ'의 날카로움은 부드러워지고 'ㅍ'의 서늘함은 'ㅜ' 모음 쪽으로 끌리면서 깊은 울림을 울린다.

그래서 '숲'은 늘 맑고 깊다. 숲 속에 이는 바람은 모국어 'ㅜ' 모음의 바람이다. 그 바람은 'ㅜ' 모음의 울림처럼, 사람 몸과 마음의 깊은 안쪽을 깨우고 또 재운다. '숲'은 글자 모양도 숲처럼 생겨서, 글자만 들여다보아도 숲 속에 온 것

---

8) 브랜드 네임의 유형을 이 책에서 살펴본 것과 같이 의미론적인 것(명명기반에 따른 분류)과 형태론적인 것으로 나누어 볼 수 있다. 그런데 이외에도 네이밍의 수사법적인 고려를 할 수 있다. 그 예로 동음이의어법을 쓴 '한화건설 꿈에 그린', '떠불', 활유법을 쓴 '꿈틀이', 의성어, 의태어법을 쓴 '쿠쿠', '카스', '앙팡', '앙떼떼', 'Yahoo(야후)', 'WaaWaa(와와)', 'razzle-dazzle', '도리도리' 등이 있다.

브랜드 이름의 음성적 이미지의 예를 들면 다음과 같다.

브랜드 이름의 음성적 이미지
- 여린 느낌 : 'ㄱ, ㄴ, ㄷ, ㄹ, ㅁ, ㅂ, ㅈ'이나 모음이 두음에 올 때
- 거센 느낌 : 'ㅋ, ㅌ, ㅍ, ㅊ'이 두음에 올 때
- 딱딱한 느낌 : 'ㄲ, ㄸ, ㅃ, ㅉ'이 두음에 올 때
- 부드러운 느낌 : 'ㅇ, ㄴ, ㄹ, ㅁ'이 받침에 올 때
- 닫히는 느낌 : 'ㄱ, ㄷ, ㅂ'이 받침에 올 때
- 여운을 남기는 느낌 : 받침 없이 모음으로 끝날 때
- 바람이 이는 듯한 느낌 : 'ㅅ'이나 'ㅎ'이 음절 두음에 올 때
- 작은 느낌 : 모음 '아, 오, 에, 요'가 올 때
- 큰 느낌 : 모음 '우, 어, 워'가 올 때

이상에서 정리한 것은 대체적은 음상의 유형에 대한 것으로 완전하거나
고정적인 것이라고 할 수 없다. 말은 몇 음절로 이루어지며 각 음절은 다
시 초성, 중성, 종성으로 구성되므로 그 다양한 부분에 쓰인 음성이 종합
적으로 이루어지면서 나오는 것이 음성적 이미지이므로 완전하거나 고정
된 유형의 설정은 어렵다. 예를 들어 '자일리톨' 같은 경우 앞 세 음절만
보면 부드러운 느낌이 드나 네 번째 음절 '톨'의 음절 어두음 'ㅌ'은 거센
느낌, 받침 'ㄹ'은 부드러운 느낌을 주는 것이다. 그러므로 위에서 제시해

보는 것은 아주 국소적인 음성 인상 요인에 해당하는 것으로 이해해야 할 것이다.

위에서 정리한 것처럼 브랜드에 사용되는 자음 중, 'ㄱ, ㄴ, ㄷ, ㄹ, ㅁ, ㅂ, ㅈ'이나 모음이 두음에 사용되면 여린 느낌을 준다. 예를 들어, '가나, 래미안, 아모레' 등은 여린 느낌을 준다. 'ㅋ, ㅌ, ㅍ, ㅊ'이 음절 두음에 오면 거센 느낌을 준다. 예를 들어 '에쿠스, 트롬, 잔탁'에서 거센 음이 들어간 음절은 거센 느낌을 준다. '키움닷컴' 같은 예는 거센 소리가 두 번 들어가 있고 'ㅅ' 받침 소리가 'ㄷ'이 되면서 닫히므로 거세고 딱딱한 느낌을 준다. 'ㄲ, ㄸ, ㅃ, ㅉ'로 시작되는 말은 딱딱한 느낌을 준다. '빡센, 라끄베르' 같은 예에서 강한 음이 딱딱한 느낌을 형성한다. '라끄베르' 같은 경우는 딱딱함과 부드러움 두 이미지를 동시에 갖는다. 'ㄴ, ㄹ, ㅁ' 같은 유음이 받침에 오면 부드러운 느낌을 준다. '산내들'은 아주 부드러운 느낌을 준다. '갤럭시'의 첫음절은 부드러운 소리인상을 갖는다. 그런데 두 번째 음절 '럭'은 'ㄱ'음으로 닫히므로 마무리되는 느낌을 주며 부드러운 소리 인상을 없애고 '시'는 바람이 이는 듯한 소리 인상을 준다. '맘마밀'도 받침소리로 인해 부드러운 소리 인상을 갖는다. '꿈에 그린' 같은 경우에는 첫음절은 딱딱하고 둘째 음절부터는 부드러운 느낌을 준다. 'ㄱ, ㄷ, ㅂ'가 받침소리로 오면 딱 닫히는 느낌을 주므로 부드러움은 사라진다. '아삭, 맥심, 다맛, 고래밥'에서 받침 있는 음절은 모두 딱 닫히는 느낌을 준다. 받침 없이 모음으로 끝나면 여운을 준다. '아모레, 주리아, 누네띠네'를 예로 들 수 있다. 'ㅅ'이나 'ㅎ' 음이 어두에 오면, 잇몸과 혀끝 사이의 스치는 느낌, 목구멍에서 나오는 숨소리 때문에 바람이 이는 듯한 느낌을 준다. '고세, 미샤, 휘바'를 예로 들 수 있다. 모음 '오, 에, 애, 요'는 작은 느낌을 주고, 모음 '아, 우, 어, 워'는 큰 느낌을 준다. 이것은 발음할 때 입안의 공간이 큰 소리인가 작은 소리인가에 따른 것이라고 할 수 있다. 예를 들어 '엔요, 요쿠르트, 댕기머리'는 작은 느낌을 주는 반면에 '로가디스, 우아미, 주리아'는 큰 느낌을 준다.

이상과 같은 예는 아주 간략히, 기본적인 음상에 대해 언급해 본 것이다. 모든 브랜드는 어떠한 이미지를 갖는데, 이미지를 주는 연유는 브랜드가 갖는 의미와 음성 두 유형에서 기인한다. 이미지(image)란 사전적으로는 '상(像)'에 대응되지만, 눈에 보이는 것뿐 아니라 마음에 느끼는 것의 형체까지를 포함한다. 소리에 착안한 것은 청각적 이미지를 가질 것이고, 색상, 모양 등에 착안한 것은 시각적 이미지를 가질 것이다. 이러한 이미지는 인간의 다섯 감각에 의해 바로 전달되는 이미지로, 촉각, 미각, 후각을 더 포함한다. 그리고 청각적 이미지, 시각적 이미지 등 오감에 의한 이미지는 '강렬한지, 부드러운지 또는 상큼한지, 끈적끈적한지' 등으로 표현될 수 있는 이미지들을 가질 수 있다. 이미지의 종류를 다 헤아려보기는 어려울 것이다. 책에서 의미에 기인한 이미지는 따로 절을 할애하여 살피지 않는다. 그러나 제품이 고급스러운 이미지여야 하는지 소박한 이미지여야 하는지, 또는 간단명료해야 하는지 여운을 주어야 하는지, 토속적이어야 하는지 이국적이어야 하는지, 무게감이 있어야 하는지 경쾌해야 하는지, 구체적이어야 하는지 추상적이어야 하는지 등에 대한 고려를 해야 한다. 그런데 어떤 경우든지 브랜드 네임은 언어적 측면에서 발음하기 좋아야 하며, 기억하기 쉬워야 한다. 발음이 어려우면 기억하기도 어렵다는 점에서, 브랜드 네임의 소리 요건은 매우 중요한 요인이 된다.

또한, 브랜드가 만들어졌을 때 그 표기 형태에 대한 아이디어가 함께 나오면 좋을 것이다. 문자의 표기는 다시 디자인 전문가의 일이 되겠지만, 브랜드가 어떤 모양으로 표기되어 선보일 것인가에 대한 고심도 함께 할 필요가 있을 것이다. 이때, 상표 이름이 갖는 의미나 음성의 이미지를 한껏 고려한 디자인이 나오면 좋을 것이다.

(6) 브랜드 이름의 부정 연상 검토

여러 가지 요인을 고려하여 최선의 이름을 만들었다고 하더라도 미처 다른 것과의 연관 관계에서 오는 부정 연상을 초래하는 이름이 될 수도 있다. 만일 그런 이름이라면, 실패한 브랜드 네임이 된다. 예를 들어 '애니콜'은 국내에서는 '언제든 걸린다'로 해석되지만 영어권 국가에서는 '콜걸'의 의미가 있다. 그러므로 삼성전자는 영어권 국가 수출시 '애니콜' 대신에 '삼성'이라는 브랜드를 쓴다. 다음은 네이미스트의 경험담이다. 참고해 보기로 하자.

[참고 글]

예를 한 가지 들어보겠습니다. 우리나라 중형차 중에서 가장 많은 인기를 얻고 가장 많이 팔리는 'SONATA'. '소나타'라는 발음 때문에 '개나 소나 타는 차'라는 우스갯소리까지 만들어졌고, 결국 한글 표기를 '쏘나타'로 바꾸게 되었습니다. 이외에 부정적 의미가 떠오르는 브랜드를 살펴보도록 하죠. 역시 자동차 브랜드 'carnival'은 사육제라는 또 다른 의미가 있고, 식인종이라는 의미의 'cannibal'과 발음이 유사합니다. 그리고 최근에는 아파트의 브랜드화로 많은 아파트 브랜드가 탄생하였는데 그중에서도 부정적 의미가 떠오르는 브랜드가 있습니다. '미소지움'. 처음 이 브랜드를 봤을 때 '콜로세움' 같은 웅장함과 '미소' 같은 편안한 이미지를 주기 위해 네이밍 한 것 같아서 괜찮다는 생각을 하게 되죠. 그런데 문득 미소를 지운다는 부정적 의미가 떠오르게 됩니다. 사람의 미소를 지워버리는 아파트. 참신한 발상에 젖어 있다가 미쳐 그 부정적인 의미를 생각해내지 못한 것 같습니다. '자이(xi)'. 이 아파트의 광고를 보면 젊은 여성의 내레이션이 나온 광고였습니다. '자이가 나를 특별한 사람으로 만들었어요, 자이를 사랑합니다.' 무심코 들으면 '자이'가 '자위'로 들리기 쉽습니다. 아무 것도 모르는 사람이 무심코 잘못 들으면 깜짝 놀랄지도 모르죠. 이 브랜드는 이 얘기로 우스갯소리로까지 만들어졌었다고 합니다.

그렇다면 좋은 브랜드 네임의 조건은 무엇일까요? 여러 가지 조건이 있겠지만, 가장 중요한 것은 이미지라고 생각합니다. 아무리 멋지고 좋은 의미의 네임이라도 혹시나 부정적인 의미가 녹아 있을지도 모르는 일입니다. 그래서 브랜드 네이밍을 할 때는 최대한 그런 실수를 저지르지 않도록 바꿔 생각해보기도 하고, 다르게 느껴보기도 해야 합니다.

— 써플 BCM(enamist.com)

부정 연상을 갖는 이름을 지어 판매에 실패한 몇 예를 더 들어보기 위해, 이관수(2003 : 115~119)의 내용을 소개하기로 한다. 올림피아(Olympia)가 칠레에서 로토(ROTO)라는 브랜드로 복사기를 판매하려고 했으나 판매실적이 아주 저조하였다. 그 이유를 분석해 보니 스페인어로 '로토(ROTO)'가 '파산'을 의미하고 칠레에서는 가장 낮은 신분을 뜻하는 말이었기 때문이다. 제너럴 모터스(GM)가 '노바(NOVA)'라는 새 차를 개발하여 푸에르토 리코에 진출했을 때, 자동차 소매상들의 이 새로운 차종에 대한 반응이 신통치 않았다. 나중에 알고 보니 '노바(NOVA)'는 스페인어로 '가지 않는다'라는 말과 같았기 때문이었다. 그래서 결국 GM은 그 차의 이름을 '카리브(Carbe)'로 바꾸었다. 포드(Ford) 자동차가 경트럭을 만들어서 그 이름을 '피에라(Fiera)'라고 붙이고 저개발국에 소개했는데, 그 이름은 스페인어로 '흉측한 노파'라는 뜻이었다. 또한 포드는 '카밋(Comet)'이라는 차를 '칼리엔테(Caliente)'라는 이름으로 멕시코에 소개했는데 그 이름은 멕시코 속어로 매춘부라는 뜻이었다. 이름으로 인해 두 경우 모두 판매에 실패를 겪었다. 포드가 브라질에 '핀토(Pinto)'라는 자동차를 선보였다가 또 다시 브랜드를 바꾸는 불행을 겪었다. 핀토는 브라질 속어로 '남자의 작은 성기'를 나타내는 말이었다.

이런 식의 브랜드 이름의 실패는 그 이름에서 연상되는 의미에 대한 검토를 제대로 하지 않았기 때문에 벌어진 일들이다. 브랜드 이름을 지을 때에, 판매 대상국의 생활 습관도 함께 고려하여 의미적으로 잘 맞는가를 살펴야 한다. 예를 들어 스웨덴에서 헬렌 커티스(Helene Curtis)사는 'Every Night Shampoo'라는 브랜드 네임을 'Every Day'로 바꾸었는데, 그 이유는 스웨덴 사람들은 아침에 머리를 감기 때문이다. 켈로그(Kellogg)사가 스웨덴에서 'Bran Buds' 시리얼의 브랜드 네임을 다른 것으로 바꾸어 사용했는데, 이 나라에서는 그 브랜드 이름이 '화상 입은 농부'라는 뜻이었기 때문이었다.

다국적 기업들이 그 제품을 가지고 다른 나라로 진출할 때에, 언어의 장벽을 뛰어 넘어 부정 연상도 주지 않고, 문화적으로도 알맞은 이름을 가지고 나가야 하며, 국내에서도 이름에서 연상되는 부정적인 이미지가 있는지를 철저히 검토하여 만일 그런 이름이라면, 다시 수정 작업에 들어가야 할 것이다.

(7) 후보 이름 중 최종 선택하기

브랜드 네이밍을 하는 전문인들은 이름을 만드는 과정 중 가장 중요한 단계로서, 최종 결정을 하는 선택 작업을 손꼽는다. 여러 이름에 대한 객관적이면서 종합적인 평가를 한 후 최선의 것을 결정하는 단계야말로 중요하다는 것이다. 브랜드 네이미스트들은 "네임의 개발뿐 아니라 선택의 문제를 더 중요하게 생각합니다. 네이밍을 할 때 가장 중요한 것은 선택의 문제입니다. 네임 발상은 수백 개를 할 수 있지만 결국은 그중에서 하나를 골라야 하는 선택의 문제에 부딪칩니다. 네이밍은 버리는 작업입니다. 그러므로 추천 안이 많다고 좋은 것은 아닙니다. 버리다가 힘들어 하나를 골라내지 못합니다."라고 말한다(율도국 홈페이지 인용).

최종 선택에서는 주관적인 평가를 하지 않기 위해서 객관적인 데이터를 가지고 평가한다. 평가를 받기 위해 네이미스트들은 지어진 이름에 대하여 왜 그 이름을 써야 하는지, 어떤 장단점이 있는지, 시장 속에서, 경쟁사 속에서, 소비자 속에서 그 이름이 어떤 효과를 가져 올 것인지 분석하여 보고서를 작성한다. 그러한 보고서에 대한 내용들을 바탕으로 하여 다음과 같은 평가를 받는다. 김홍열(2007 : 116)에서는 다음과 같은 평가 요소를 들고 있다.

위의 사항들에 대한 점수화와 수치화를 통해 더욱 객관적인 평가를 할 수 있다. 위 사항들에 대해 가중치를 둘 수도 있다. 예를 들어, 전략적이고 전문적인 지식을 토대로 하고 싶다면 전문가의 가중치를 높게 잡고, 소비자지향적인 제품이라면 소비자 설문조사에 가중치를 높게 잡고, 사내에서 사용하는 이름이라면 사내설문조의 가중치를 높게 잡는 따위이다. 이런 식으로 평가 점수에 의해 선택을 할 때 실수할 확률이 적어지게 된다.

(8) 브랜드 이름의 합법성 검토

아무리 좋은 브랜드라 하더라도 이미 다른 누가 사용하고 있거나, 등록법에 저촉되는 점을 안고 있다면, 합법성을 인정받지 못하여 브랜드 네임으로서 가치를 상실하게 된다. 브랜드의 합법성과 관련되는 법은 상표법이다. 기본적으로 상표 심사에서 통과하지 못하는 경우는 그 상표가 이미 출원되었거나 등록된 다른 상표가 같거나 비슷한 경우이다. 그러므로 브랜드 네이밍을 할 때에, 그 이름이 이미 나와 있는 것은 아닌지 검색을 꼭 해야 한다. 이 경우 외에도 등록 상표 거절 사유가 많다. 예를 들면 상품을 지칭하는 일반 명사 자체나 보통 명칭으로는 상표를 만들 수 없다든지, 상품에 대하여 관용하는 표현은 상표가 될 수 없다는 것 등이다. 예를 들어, 비누, 자동차, 치약, 담배 같은 것은 상품의 일반 명사이며, 나일론, 아스피린 같은 것은 처음에 상표였다가 그 상품이 너무나 유명하게 되었고 상표 소유주가 상표 관리를 소홀히 하여 보통 명칭화 된 것이다. 이러한 이름만으로는 상표 등록이 불가능하다. 또한 '인단'은 이미 구중청량제를 뜻하는 관용적인 보통 명칭이 되었고, '정종'은 청주의 관용 상표가 되었고, '깡'은 과자의 관용 상표가 되었다고 판단한다. 따라서 다른 요소가 더하여 이런 이름이 부가적으로 사용된 것은 괜찮지만 이 이름만으로 상표 등록은 받을 수 없다. 상품의 원재료 표시, 효능 표시만으로도 상표 이름이 될 수가 없다. 예를 들어 '두부'의 상표로 '콩'이 될 수 없고 약품의 상표로 '잘나'가 될 수 없다. 이러한 등록 거절 이유를 피한 사례를 보자면, '자일리톨'은 성분을 나타내는 단어이므로 그 자체로 상표등록을 받을 수가 없으므로, 롯데는 '휘바'라는 핀란드어를 사용하여 '자일리톨 휘바'라는 브랜드 네임을 개발했다.

상표법에는 이런 식의 다양한 거절 이유에 대한 조항들이 나와 있다. 그 핵심은 소비자들에게 잘못된 인식을 심어 줄 요인이 있는가와 관련되어 있다. 브랜드 네이밍을 할 때에, 이러한 다양한 전문적인 지식을 꼭 참고하여, 등록 거절 이유에 해당되지 않도록 해야 한다.[9]

---

9) 브랜드 네임의 완성은 특허청에 브랜드 네임을 출원하여 심사 단계를 거친 후 등록 완료가 되는 시점으로 볼 수 있다. 상표출원에 적당한 시기는 상품 생산을 계획할 때. 실무상 상표출원시부터 상표가 등록되어 독점배타권의 발생 때까지는 약 10~24개월이 소요되므로 상품의 판매개시 전 최소 12개월 전에 사용할 상표를 선정하여 출원을 하는 것이 바람직하다. '출원→심사→공고→등록'의 4단계로 진행되며 등록된 상표의 권리 존속기간은 10년이며, 매 10년마다 갱신등록을 하여야 한다. 출원 신청을 할 때, '상품류 및 서비스업 분류표'에서 상품 분류를 정하고, 구체적인 상품명이나 서비스명을 지정하게 된다 (45개 분류 중 1~34류까지는 상품 분류, 35~45류까지는 서비스업 분류, 특허청 홈페이

이제 우리가 네이미스트가 되어 네이밍 실습을 해 보자. 다음에 제시하는 자료는 네이밍 분야에 종사하는 전문인들의 경험담이다. 이 내용들을 살펴봄으로써, 네이밍에 대한 간접 경험을 해보기로 한다. 다음에 소개하는 글은 전문 네이미스트(namist)의 네이밍 후기이다. 두 편을 보기로 하자.

지에 있음). 상표출원 과정은 전문적인 일이므로 변리사의 자문을 구하는 것이 좋다. 유사 상표 검색을 하여 같은 분류에 같은 상표가 등록되어 있다면, 상표 출원을 해도 등록이 안 된다. 상표 견본을 지정된 크기로 만들어야 하며, 출원인 코드를 부여 받는다. 상표출원서를 작성하여, 인터넷 전자 출원을 하거나 서면으로 출원할 경우, 특허청 서울사무소나 대전 특허청에 직접 방문해야 한다, 우편 접수도 가능하다. 소정의 출원 비용을 납부하고 상표출원번호를 받는다. 그 다음 단계로 특허청 상표 심사가 진행된다. 상표의 요건을 갖추었는지, 동일 유사한 상표가 있는지를 심사한다. 심사에 통과되면, 그 브랜드 네임은 특허청이 발간하는 상표공보에 30일 동안 공고된다. 사람들로부터 이의 신청이 없으면 그 상표는 최종적으로 등록결정이 된다. 이 후 2개월 이내에 등록료와 등록세를 납부해야 한다. 등록세는 출원인의 주민등록상 주소지 구청에서 등록세 납부용지를 받아 은행에 납부한다. 등록세 납부 영수증을 등록료 납부신청서에 붙여서 특허청에 제출한다. 그 다음날까지 등록료를 은행에 납부하면 등록이 완료되고 상표 등록증을 부여 받게 된다. 상표 등록 후 3년 동안 사용하지 않으면, 다른 사람이 그 상표에 대하여 등록취소심판을 청구할 수 있다. 만일에 심사 후 공고 과정에서 이의가 있으면 이의 답변서를 작성 제출해야 한다. 이때, 소정의 형식이 있으므로, 변리사에게 위임하는 것이 좋다. 거절 이유 상표법 제6조는 식별력이 없어 등록을 받을 수 없는 상표에 대하여 설명하고 있다. 상표법 제6조 제1항 제1호~제7호, 상표법 제7조 제1항 제1호~제14호를 참고해야 한다. 등록되어 사용하고 있는 브랜드 네임이 제3의 기관이나 미디어에서 일반명칭으로 사용될 때에 조직적으로 반대 의사를 밝혀서 바로 잡아야 한다. 예를 들면, 신문 기사 '바로 잡습니다' 난을 이용하여 그 명칭은 특정 기업에서 사용되고 있는 브랜드 네임임을 밝히도록 요구해야 한다. 2002년도에 '워크맨(Walkman)'이란 소니(Sony)사의 휴대용 카세트 플레이어 브랜드가 오스트리아에서 상표권을 상실했다. 오스트리아 대법원이 오스트리아 기업의 '워크맨' 상표 사용 금지를 요구한 SONY사에게 패소 판결을 내린 근거는 독일어 큰 사전 '두덴'이 '워크맨'을 휴대용 카세트의 일반명칭으로 기재하고 있는 데 대해 SONY사가 묵인하고 있었던 점이었다(이관수, 2003 : 245~282 참고).

❶ [고윤]

최근 화장품 시장의 빅 트렌드를 꼽으라면 단연, 브랜드 샵의 등장을 첫 순서로 꼽겠다. [미샤], [더 페이스 샵]을 필두로 하여 등장한 [스킨 푸드], [마루 코스메틱], [캔디샵] 등 초저가 시장을 공략하는 브랜드 샵은 20대 초반의 젊은 여성들을 중심으로 10~30대 타깃을 아우르며 초고속 성장 가도를 달리고 있다.

이와 비슷한 또 한 가지 유통의 변화로 멀티브랜드 샵을 들 수 있는데, 기존 전문점에서 판매하고 있는 브랜드들이 기업 브랜드 중심의 자체 샵으로 재편되고 있는 현상이다. 태평양의 [휴 플레이스], 엘지 생활건강의 [뷰티 플렉스], 소망화장품의 [뷰티 크레딧]과 같은 화장품 시장의 주 기업들이 대거 이탈함으로써 화장품 전문점시장의 매출은 급 감소하고 있다. 이제 화장품 전문점의 전성기는 가고 10~20대의 타깃들은 더 이상 전문점을 찾지 않는다.

[엔프라니] 신제품의 목표

[엔프라니]는 "20대여 영원 하라!"는 깔끔하고 신선한 메시지를 전달하며, 고품질 대비 중가대의 제품으로 전문점 시장에서 인기를 누렸던 전문점 브랜드이다. 이제 전문점의 타깃들이 30~40대로 재편되면서 [엔프라니]는 새로운 길을 모색해야 했다. 20대의 이미지를 가지고 있는 [엔프라니]는 이들을 잡기에는 너무 젊은 이미지이기 때문이다. 우선 30~40대 전문점 타깃들을 잡기 위해서는 그들의 니즈를 포착해야 했는데, [엔프라니]는 그 해답을 최근 건강열풍, well-being life style과 함께 등장한 <한방화장품>에서 찾았다.

결론적으로 말하자면, [엔프라니] 신제품의 목표는 "전문점의 설화수" 이다. 전문점에서 [설화수]를 찾는 고객들에게 권할 수 있는 고품질 브랜드를 만드는 것, 이를 통해 위축된 전문점 시장의 효자브랜드로 자리매김하는 것이다.

컨셉을 잡다...

일단, 제품에 있어서는, 한방화장품의 정통성을 담기 위해 "예로부터 전해 내려오는 동의보감의 처방인 <연령고본단>으로 진액을 보강하여 젊음을 되살린다”는 컨셉으로 그 깊이를 담아 [설화수]의 정통 한방 이미지를 표방하되, [엔프라니]만의 세련되고 고급스러운 이미지를 연계해가자는 전략으로 컨셉을 잡았다.

제품은 정통성을 표방하되, 패키지나 디자인에 있어서는 old하고 투박한 정통성이 아닌 세련된 정통성을 표현해야 했는데, 이름 표현에 있어서도 이 점이 관건이었다. [수려한], [다나한]과 같은 가볍고 모던한 느낌의 젊은 한방화장품이 아닌 [설화수]와 같은 한방화장품의 정통성을 담되, [십장생], [산심]처럼 old하고 투박한 느낌이 아닌 세련된 정통성. 30~50대를 아우를 수 있는 표현. 쉽지 않은 전략이었다. 자칫 한자만을 조합하여 개발하면 old한 이미지가 나기 십상이고, 영어와 함께 결합하면 fusion의 느낌이 강해 “정통한방”의 느낌을 표현할 수 없기 때문이다.

이러한 고민과 전략 하에 이름 개발에 있어서 몇 가지의 구체적인 가이드라인이 도출되었다.

① 제품의 정통성을 표현하기 위해 “진액보양, 연령고본단, 예로부터 내려오는 비책”과 같은 제품의 콘셉트에 집중한다.
② 전통 한방 화장품의 이미지를 위해 영어 표현은 배제한다.
③ 한자, 한글을 주로 활용하되, old한 이미지의 어려운 한자는 배제한다.
④ 40~50대를 아우를 수 있는 쉬운 난이도로 개발한다.
⑤ old하고 투박한 이미지가 아닌 화장품답고 여성스러운 이미지여야 한다.
⑥ [수려한], [다나한]과 같은 젊고 모던한 이미지의 한방화장품보다 고급스러운 이미지의 40~50대의 정통성을 추구한다.

위의 방향으로 정통성과 세련미의 조율을 찾는 어려운 과정 속에 한자이면서도 old하지 않고, <연령고본단>의 비법을 담고 있는 [고윤]이라는 네임이 채택되었다. [고윤]은 고(굳을固) 윤(윤택할潤)의 한자 결합으로 “윤기와 탄력 있는 피부를 위한 화장품”이라는 제품의 효익을 표현하고 있으면서도 한글 “고운”의 청감을 연상시키는 네임으로 여성의 피부를 아름답게 다스

려준다는 의미를 전달하고 있다. 또한 네임 수식에서 제품의 정통성과 동의 보감에서 온 비법의 깊이 있는 이미지를 위해 "천년비책"이라는 슬로건을 더해 네임의 운율의 균형과 묘미를 더욱 살리고 있다.

"가볍지 않은 깊이와 세련된 고급감"이라는 과제를 네임과 어울리는 수식어를 활용하여 풀어 우리 전통비법과 한방의 이미지를 표현하고 있다. 더불어 화장품이 지녀야 하는 여성성의 우아한 이미지를 고급스럽게 전달하고 있어, 의미와 이미지라는 두 마리 토끼를 조화롭게 잡았다는 면에서 만족스러운 결과였다.

최근 엔프라니는 [천년비책 고윤 : 탄력고]와 같은 서브라인 브랜드 런칭을 한창 진행 중이다. 매혹적인 모델 김지수를 발탁하여 40대를 중심으로 30~50대를 아우르는 전문점 타깃인 아주머니들에게 큰 인기를 얻고 있다고 하니 기쁜 소식이 아닐 수 없다.

모쪼록 향후 어떤 서브라인이 런칭되더라도, 초기 [천년비책 고윤]의 컨셉을 흐리지 않고 더욱 시너지를 일으켜 브랜드의 가치를 더 빛나게 하길 바라며, 전문점에서의 효자브랜드로서 자리매김 하기를 바래본다.

— 정대현(메타브랜딩 네이밍실 5팀)

❷ [엔요]

우리애는요~ 엔요만 마셔요~
:::80ml 영양 강화 요쿠르트 시장을 잡아라!!!:::

요쿠르트 브랜드에서 소비자들의 머릿속에 가장 먼저 떠오르는 브랜드는? 오랜 시절부터 우리와 함께 했던 [한국야쿠르트]를 가장 먼저 떠올리지 않을까? [한국야쿠르트]가 우리나라의 야쿠르트 시장을 석권했던 시절이 있었다. 65ml의 자그마한 야쿠르트. 어렸을 적에 적은 양이 아쉬워서 아껴서 아껴서 먹었던 야쿠르트. 시대가 변하면서 소비자들의 입맛들이 다양해짐에 따라서 야쿠르트 역시 다양한 맛과 다양한 크기로 소비자들과 만나고 있다.

　　액상 발효유 형태의 첫 브랜드 [한국야쿠르트]를 시작으로 떠먹는 요쿠르트, 짜먹는 요쿠르트가 출시가 되었고 90년대 후반부터 고가, 고기능성 드링크 발효유들이 시장을 변화시켜나가고 있다.

　　세분화 되고, 성장하고 있는 발효유 시장 내에서 저가의 범용 액상 요쿠르트로는 [이오]가 대표 브랜드화 되고 있는 상황이었다. 요쿠르트 업계의 후발 주자로서 매일 유업은 '비타민 12가지를 강화한 새로운 80ml 요쿠르트'를 런칭하게 되었고 브랜드 네이밍 작업에 앞서서 이러한 네이밍 전략을 설계해나갔다. 후발 브랜드로서 취할 수 있는 전략으로는 시장 리더 브랜드 키워드를 활용하는 'mee too'전략과 경쟁 브랜드와의 핵심키워드, 콘셉트, 조어방식, 음절수, 언어권 등 차별화에 중점을 둔 '차별화 전략' 두 가지 전략 방향이 있을 수 있다. 이러한 방향을 몇 차례에 걸친 실무진 미팅을 통해서 논의를 진행한 결과 최종적으로 3가지 브랜드 컨셉으로 방향이 좁혀졌다.

① 이오 mee too 컨셉 : 음절, 청감, 컨셉의 mee too 형태
② 비타민 요쿠르트 컨셉 : 네임 자체에 비타민 성분을 직접적으로 표현하는 형태
③ 새로운 요쿠르트 컨셉 : 온 가족이 즐겁게 마시는 캡이 달린 새로운 패키지의 제품을 간접적으로 표현하는 형태

　　최종적으로 색다른 콘셉트로 접근을 하되 음절수에 있어서는 작은 한정된 패키지에 적용되기에 용이하고 구전이 용이한 2음절을 선택하기로 했다. 또한 80ml 요쿠르트의 제품 적합성 측면을 고려했을 때 물성이 느껴지고, 가볍고, 귀엽고, 즐거운 이미지를 네임 전체에 담아야만 했다. 여러 가지 네임 후보안들 중에서 세 가지 안이 마지막까지 경합을 벌였고 [엔요]라는 브랜드 네임아 최종적으로 채택이 되었다.

　　[엔요 enyo]는 Enjoy Vitamin Yogurt의 두음 조합 형태로 요쿠르트라는 카테고리명을 이름에 간접적으로 담고 있으면서 자그마하고 깜찍한 요쿠르트 패키지에 잘 어울리는 제품 적합성 측면이 뛰어난 이름이라고 할 수 있겠다. 조그맣고 동글동글한 발음과 연상 이미지에 발음하는 것만으로도 즐거

이상에서 소개한 두 편의 브랜드 네이밍의 체험담을 보면서, 우리도 제품에 대한 브랜드 네이밍을 해 보기로 한다. 다음에 제시된 4장의 두레박에서 과제를 주고 있다. 이 문제를 해결하면서, 스스로 네이미스트가 되어 보기로 하자.

1 다음 글을 참고하여, 한국적인 표현을 중요하게 여기는 견해에 대해 찬반 토의
를 해 보자.

[참고 글] 월드컵 응원과 한글 푸대접

월드컵 응원 열기가 이어지고 있다. 서울 광장, 여의도 너른 들판, 반포지구
인공섬, 코엑스광장 등 전국 곳곳에 붉은 함성의 물결이 일었다. 붉은 색 티셔
츠에 새긴 구호는 'Korea Legend', 'Korea Again', 'The Shouts of Reds', 'Fly
Korea'를 비롯하여 8년 전의 'Be the Reds'까지 다양하다. 그러나 한글 구호는
보기 드물다. 세계가 주목하는 한국의 응원문화에 정체성이 2% 부족하다. 한
글로 디자인한 멋진 티셔츠를 입고 응원하는 모습은 한국의 이미지를 더 선명
하게 부각시킬 것이다.

국회에 외국 귀빈 초대소를 짓는다고 한다. 한옥으로 짓는다는 데 갈채를
보낸다. 그런데 이름을 '允中齋(윤중재)'로 지으려다 한글단체가 반대하자 한글
이름을 추천해 줄 것을 요청했고 한글 학자들이 22개 이름을 지었다. 가온채,
참마중, 사랑마루 등 예쁜 토박이말 이름의 수용 여부는 불투명하다. 세계의
귀빈들이 묵을 곳에 한자 간판이 붙은 것을 생각하면 낯이 뜨겁다. '允中齋'는
유교 서적에서 따온 이름이라 시대 정서에 맞지 않고, 세계 으뜸가는 한글을
가진 나라의 국회답지 못하다. 여의도 윤중로나 윤중중학교의 '윤중(輪中)'이 일
본말이어서 비판을 많이 받았는데 같은 발음의 '允中齋'는 국민의 오해와 비판
을 받을 것이 뻔하다.

한국의 저명한 기업가가 베트남에서 앞면에는 한자, 뒷면에는 영문 이름을

새긴 명함을 내밀자 "당신 중국인이오?"라고 묻더란다. "아니오, 한국인이오."라고 자랑스럽게 대답하자 "당신네는 글자가 없소?"라고 묻더란다. 그제서야 상황을 알아차린 한국인 기업가는 쥐구멍을 찾기에 바빴다는 일화이다. '누드'라고 말하면 고상한 예술작품이 연상되고 '나체'라면 그런대로 들어줄 만한데, '알몸'이라고 표현하면 상스러운 인상을 준다고 그 기업가는 생각했는지 모른다. 영어와 중국어에 밀려 아름다운 우리말과 글이 괄시 받지 않는지 생각해 볼 일이다.

얼마 전 서울 퇴계로 '한국의 집'에서 한글 현판식이 있었다. '한국의 집'은 연간 10만 명 이상의 외국인이 찾는 관광명소다. 하지만 '海隣館(해린관)'이란 한문 현판 때문에 관광객들이 중국에 왔는지 혼란스럽다는 지적이 많았다. 이걸 한글 현판으로 교체함으로써 한국 전통문화를 소개하는 집이라고 떳떳이 말할 수 있게 되었다. 정말 잘한 일이다.

세계 최고의 문자를 갖고 있는 우리는 우리글을 소중하게 여기고 사용해야 한다. 국회와 관공서, 대기업에서 민초들에 이르기까지 우리글을 아끼고 사랑해야 외국인들도 한글의 귀중함을 인식하게 될 것이다. 동네 이름에 영어가 들어가야 폼 나고 아파트 이름에 영어가 들어가야 프리미엄이 붙는다고 생각한다면 예쁜 토박이말로 바꾸어보라.

거리의 간판, 기업과 정부기관의 명칭, 지방자치단체의 구호 등에 혼란스러울 만큼 영어가 남용되고 있다. 행정안전부가 추진하고 있는 '워킹 스쿨버스'사업, 농림수산식품부가 막걸리 애칭 공모전에서 1등으로 선정한 '드렁큰 라이스(drunken rice)', 서울시가 한강 르네상스 사업의 하나로 계획한 인공섬 '플로팅 아일랜드'의 이름 〈비바, 비스타, 테라〉 등은 외래어를 남용한 대표적 사례이다. 도무지 외국인들도 이해하지 못할 괴상한 외국어 이름도 많다.

부디 관료들부터 정신 차리시라. 외국 언어학자들이 '꿈의 알파벳'이라고 칭송하는 한글은 세계 1류 문자이다. 그런 한글을 스스로 2류나 3류로 낮춰 봐서는 안 된다.

— 신승일(한류전략연구소장), 한국일보, 2010. 6. 22.

2 다음 글을 읽고, 현재 출시되고 있는 주류(酒類) 제품의 이름을 더 조사하고 각 이름에 대한 비평을 해 보자.

[참고 글]

　최근 막걸리 인기에 힘입어 봇물처럼 출시되고 있는 전통주의 경우 '전통주=고루함'이라는 고정관념을 탈피하고 감성적인 스토리를 덧입은 네이밍으로 진화하고 있다. 맛과 멋을 함께 담은 '신상' 전통주의 감성 네이밍엔 어떤 것들이 있을까. 리치푸드의 퓨전 요리 팩토리 '피쉬&그릴'은 '보름달의 맑은 빛을 지닌 13도의 저도주'라는 의미를 지닌 '달빛 13'을 선보였다. 전통주 '달빛 13'은 술의 빛깔이 그윽한 달빛과 비슷하다 하여 완성된 이름. 코리안 펍 짚쌩에서는 신세대 감각에 맞춰 만든 쌩주를 다양한 감성 네이밍으로 선보이고 있다. 짚쌩의 쌩주는 제조법에 따라 그린비, 아씨주, 선비주 등으로 다양한 제품군을 갖추고 있다. '그린비'는 남자를 높여 부르는 '선비'와 '그립다'는 단어가 합쳐진 '그리운 선비'의 준말로 곧 '그리운 남자'를 의미한다. 수석밀레니엄은 '수채화처럼 맑고 투명하며 꽃과 같이 은은한 청주'란 의미를 지닌 '수채화'를 출시했다. 국순당에서는 '우리 쌀로 빚은 국순당 생막걸리'를 선보였다. '우리 쌀로 빚은 국순당 생막걸리'는 1년 이내 수확한 국내산 쌀로만 빚어낸 생막걸리라는 의미로 이름 자체에 제품의 특징을 잘 담아내고 있다.

— 김희정(bnt뉴스 기자)

✐ 두레박

1 잘 지었다고 생각되는 이름 5개를 소개해 보시오.

　　※ 이름과 왜 잘 지었다고 생각되는지 이유 설명

2 공익성을 갖는 건물의 이름들을 5개 조사하여 이에 대한 평가를 해 보시오.

　　※ 예 : 뚝섬 전망문화 콤플렉스

3 새로운 음료(화장품/의상/식당/아파트 등) 이름 5개를 짓고, 네이미스트들의 네이밍 후기를 참고하여 자기 나름대로 형식을 갖춰 보고서를 작성하시오. 가능하다면, 브랜드 네이밍 온라인 평가도 받아봅시다.

　　※ 보고서 내용 : 시장 조사와 소비자 동향 등을 분석하고, 경쟁 제품의 이름을 확인한 내용 기술, 프로젝트의 핵심 키워드를 어떻게 잡았는가, 그리고 생각해낸 많은 이름 중 고른 한 개에 대해, 어원 설명, 그 이름을 선택하게 된 이유, 해당 브랜드 분석, 광고 계획서 등을 서술한다.

율도국 브랜드 네이밍

    회원분들에게 혜택을 드리고자 브랜드 네이밍 무료평가를 실시하고자 합니다. 다음 내용을 숙지하셔서 도움을 받으시기 바랍니다.

• 방법
- 게시판에 글을 올리면 게시판 답변글로 평가해드립니다.
- 1회 1개의 브랜드 네임에 한해 평가, 검토합니다.
- 1번 무료 평가를 받은 개인이나 단체는 7일 후에 다시 다른 네임을 평가 요청할 수 있습니다.

• 평가내용
- 경쟁사와의 차별화 여부
- 시대에 뛰떨어진 이름인지
- 회사의 특징이나 제품의 특징을 잘 표현하고 있는지
- 발음이나 뉘앙스는 소비자에게 잘 맞는지
- 쉽고 기억에 잘 남는 이름인지
- 부정 연상은 없는지
- 소비대상의 언어적 특성을 반영하였는지

— http://www.brandci.co.kr

한비야의 수필집 〈그건 사랑이었네〉(푸른 숲, 2009)를 보면, '난 내가 마음에 들어'라는 글이 나온다. "이런 말 하면 웃을지 모르지만 난 내가 마음에 든다. 다른 사람과 비교해서 잘났다거나 뭘 잘해서가 아니라 그냥 나라는 사람의 소소한 부분이 마음에 든다는 말이다."로 시작하여 지은이는 그녀의 성씨가 한씨라는 것, 띠는 58년 개띠라는 것, 셋째 딸이라는 것, 평범하지만 웃는 모습이 밝고 환한 내 얼굴, 대한민국 표준 사이즈 몸집, 사는 곳, 그리고 대한민국이라는 국적이 마음에 드는 사연을 적고 있다. 그러면서 이런 것을 혼자만 가진 양 신나서 호들갑을 떨고 있으나 그러한 호들갑과 오버액션은 즐거움의 원천이자 정체라고 말한다.

이 내용을 보면서 나는 자신의 기본적인 상황은 늘 익숙한 것이라 당연시하고 무심히 넘길 수도 있는데 이러한 생각쟁이가 되어 즐거울 수 있다는 것에 대해 감동을 받았다. 이런 긍정적이고 즐거운 생각을 하며 사는데 무엇이 두려울까, 또 어찌 자신에 대해 진실하지 않을 수 있을까 하는 생각도 하였다. 왜냐하면 마음에 드는 건 진실로 소중하며 소중한 것은 마음을 다해 아름답게 간직하려는 것이 인간적인 욕구이기 때문이다.

동떨어진 얘기가 될지 모르지만, 나는 한비야의 사연을 보면서 광고인들도 이런 마음으로 작업에 임하면 좋겠다는 생각을 살짝 해 보았다. 광고하려는 대상과 친해지고 장점과 매력을 발견하면서 마음에 들어 하고, 마치 자신의 애인이나 자식을 자랑하듯, 그런데 너무 소중한 거라서 값싸거나 천하게는 말고 어느 정도는 격을 갖추어서 남에게 알리고 싶어 하는 그 마음이야말로 광고인들의 기본자세가 될 거라는 점을 생각해 보았다.

그리고 알리고 끝나는 게 아니라, 알린 후 그 반응에까지 우려하면서, 혹 그 광고로 인해 사회가 밝아질 수 있으면 내가 알리고 싶은 대상에 대해 최선을 다한 것이 되고, 혹 그 광고로 인해 사회가 어두워지게 된다면 잘못을 한 것이 된다는 점까지를 생각하게 되는 거룩한 엄마의 마음 또는 진실한 애인의 마음이면 좋겠다고 생각 가지를 뻗어 보았다.

한국도로공사에서 '자연과 함께하는 행복한 대한민국의 길'이라는 콘셉트로, 나뭇잎의 생명과 행복을 이어주는 양분과 물의 이동로인 줄기에 길을 비유하여 '대한민국 행복 줄기' 광고를 했다. 나는 이 광고를 보면서, 현대 사회에서 광고야말로 그 사회를 행복하게 해 줄 수 있는 중심 줄기라는 의미를 부여해 본다. 영상 시대의 어린 아이들이나 청소년들은 TV의 짧은 동영상 광고와 친하다. 새로움, 홍미, 진부하지 않음 등의 요소가 그들을 광고에 집중하게 한다. TV 프로그램을 보다가 광고 영상이 나오면, 어른들은 '어이구, 또 광고…' 하며 채널을 돌리지만 아이들은 딴짓을 하다가도 광고 영상이 나오면 TV에 집중한다. 빠르게 바뀌는 장면의 속도가 그들을 사로잡는 것이다.

"진심이 짓는다."(대림산업, e-편한 세상), "사람을 향합니다 : 왜 넘어진 아이는 일으켜 세우십니까? 왜 날아가는 풍선은 잡아주십니까? 왜 흩어진 과일은 주워주십니까? 왜 손수레는 밀어주십니까? 왜 가던 길은 되돌아가십니까? 사람 안에는 사람이 있습니다. 사람을 향합니다."(SK 텔레콤 담장), "젊음, 하지만 지킬 것은 지킨다."(박카스D) 같은 광고 카피는 상업 광고이면서 좋은 미덕을 담고 있어 사람들에게 가치관을 전해준다. "나도 모르는 내 버릇을 알고 있고 / 나도 기억 못 하는 내 옛날을 기억하고 / 우리 엄마를 어머니라고 부르는 사람, 내 친구/ 친구, 당신이 행복입니다."(SK) 같은 카피는 우리들에게 다시금 친구의 의미를 돌아보게 한다. 대중교통 안에서 발견할 수 있는 공익광고들 역시 우리 사회에 좋은 의미를 전하고 따뜻한 마음을 느끼게 한다. "나에게 장애(障碍)는 장애(長愛)일 뿐입니다.", "긍정의 힘을 믿습니다." 같은 공익광고 문구를 읽으며 사람들은 장애자에게 사랑을 주어야겠다는 생각을 하게 되며, 자신감도 얻는다.

그러나 "키스와 허그를 부르는 6가지 매력에 빠져봐."(핸드폰 광고), "진짜에 꽂아 줘요."(우유 광고), "오빠, 나 쿨해, 내가 처음이야?" 같은 성적인 카피가 TV에 나오면 이를 보는 어린 아이들과 청소년들의 정서는 어떻

게 형성될 것인가? 다음 글은 이러한 광고가 무절제하게 나오는 상황에
대한 의견을 밝힌 한 초등학생의 글이다.

[참고 글]

　"안녕하세요, 장관님. 저는 아동권리수호천사활동을 하고 있는 춘천 성림초
등학교 6학년 김진우입니다. 우리는 요즘 TV를 켜면 남녀가 진한 키스를 오랫
동안하며 커피를 내밀거나 각선미가 멋진 여자의 몸매를 한참 비추고 그녀를
태우고 질주하는 남자만이 탈 수 있을 듯 전하는 자동차광고 등을 쉽게 접합니
다. 청소년들은 이런 장면을 원하지 않아도 매일 접하게 됩니다. 그리고 우리
는 생각합니다. '키스는 아무장소나 나이에 상관없이 멋지게 하면 되는구나!',
'나도 좋은 차를 가지면 각선미가 늘씬한 여자를 태우고 드라이브를 가야하는
것인가?', '인간의 아름다움이란? 노출, 섹시함만 있는가?', 저는 현행제도상 청
소년들이 이용하는 게임등과 같은 매체는 등급이 세분화 되어 있고, 광고물에
는 '전체 이용가'와 '청소년 이용불가'로만 나누어져 있다고 알고 있습니다. 이
런 허술한 광고 등급규정이 13세 이하의 어린이들이 지나치게 선정적인 광고
에 노출되어 있다는 점을 어떻게 생각 하시는지? 이에 대한 대책을 보건복지
부에서도 고민해 주실 수 있는지가 궁금합니다."

광고는 국민들에게 단순접촉효과를 갖는 매체이다.[10] 그러므로 광고의

---

10) '단순접촉효과'란 접촉을 한 것은 은연중에 친숙해져 있게 되는 심리 효과를 말한다. 슈
　퍼마켓에 부엌용 세제를 사러갔다고 하자. 우리가 슈퍼마켓에서 선택한 상품에 대해 그
　이유를 물으면, "이 상품이 좋을 것 같아서"라든가, "좋아하니까"라는 식으로 답할 것이
　다. 그러나 실제로는 "이 상품을 CM에서 자주 보았다."라는 것이 진짜 이유였을 것이다.
　어떤 상품의 로고나 패키지, 상품명 등을 단지 몇 번 봤거나 들었다는 것만으로도 무의
　식중에 호감을 갖는 것임을 알 수 있다. 이를 '단순접촉효과'라고 한다. 이와 같은 효과
　가 일어나는 이유에 대해서는 다음과 같이 설명한다. 처음 보는 것에 대해, 이전에 한
　번이라도 본 적이 있는 것은 머릿속에 유연하게 주입된다. '유연하게 주입되는 느낌' 그
　것이 우리에게는 '좋은 느낌'이며, 이를 우리는 좋아한다고 생각하는 것이다(크리스 라

내용들은 사회인들에게 은연중 유연하게 흘러들어와 그것이 하나의 기호 성향으로 작용한다. 난폭하고 거친 광고가 연일 방송되거나 보인다고 하면, 연일 그것을 접촉하는 사람들의 마음도 거칠어진다. 더욱이 연령 제한 없이 접근이 가능한 인터넷 사이트 가장자리에 화보와 함께 선정적인 문구로 광고를 하는 배너들이 늘 자리 잡고 있어서, 우리 사회의 어린이들에게 끼치는 악영향을 전혀 고려하지 않은 어른들의 너무나도 무책임한 상황이 매일 벌어지고 있다. 이러한 점에 대해 각성하면서 자제할 것을 신중하게 고려해야 한다. 그리고 광고가 앞장서서 이 사회에 좋은 가치관을 주려는 작은 접점이라도 보여주면, 사회인들은 그 영향을 은연중에 받게 된다. 광고는 현대의 주도적인 문화 매체라는 것을 명심할 것이다.

광고 공모전 중 대표적인 것으로 한국방송광고공사에서 주최하는 대한민국 공익광고제는 2009년부터 하나의 '창작축제'가 되었다. 사람들은 이 광고제에 출품된 다양한 아이디어와 미덕을 주목한다. 다양한 아이디어 속에서 사람들은 즐거움을 느끼며 그곳에서 표현된 내용은 우리 사회로 흡수된다. 상업 광고들은 제품을 팔기 위한 목적으로 만들어지므로 경쟁 구도 속에 놓이게 된다. 그러나 그 광고는 하나의 사회문화현상의 위치에 있음을 생각하면서 다양한 볼거리들이 전체적으로는 우리 사회의 조화를 보여주는 무대 공연이 된다는 점을 인식하면서 광고 실습에 임하면 좋을 것이다.

반·쥬디 윌리암스 지음, 김문성 옮김, 2005 참고).

 '광고(廣告)'란 널리 알린다는 뜻으로, 안내와 설득을 목적으로 하는 한 방향 통신의 방식이다. 이 중 비영리적인 안내 광고나 공익(共益) 광고는 사람들에게 중요한 정보를 주거나 마음을 변화시키고 행동을 수정하거나 공감대를 형성하고자 한다. 반면에 상업 광고는 소비자들을 설득하고 구매를 유도하고자 하는 목적을 갖는다. 현재 우리 사회에, 공익광고 제작도 활발히 진행되고 있으며 기업의 상행위를 위한 상업 광고는 홍수처럼 넘쳐나고 있다. 이 장에서는 주로 상업 광고를 위주로 살펴보기로 한다.

 판매주가 잠재적인 소비자에게 제품과 서비스에 대한 정보와 구입방법을 알리면서, 제발 이 물건 사 달라고 호소하는 것이 상업 광고이다. 현대 사회의 광고는 대중매체를 이용하는 일이 많으므로 강력한 대중적 의사소통의 한 형태가 된다. 벽지, 간판, 전단지, 라디오 및 텔레비전, 인터넷 속의 배너, 팝업, 신문, 잡지, 각종 대중교통 시설의 요소요소에 눈만 돌리면 어디서든 무엇인가를 알리는 광고를 보게 된다. 광고는 모르던 정보를 알게 해준다는 점에서 소비자에게 좋은 기능을 행하고 있으며, 반면에 사지 않아도 될 물건을 사게 만들어 과한 소비를 부추긴다는 점에서 나쁜 영향도 미치고 있다.

 기업주들은 제품을 만들면, 이를 알리기 위해 광고를 제작하는 광고대행업체에게 광고의뢰를 한다. 제품의 판매를 '비행기 동체'라고 한다면, 광고는 그 비행기에 '날개를 다는 일'에 비유될 수 있다. 광고를 얼마나 잘 만들었느냐에 따라 제품의 판매도가 상당히 달라지기 때문이다.

광고 중에서 우리 국어국문학도들이 담당할 부분은 광고 카피(copy, 문안)이다. '카피'란 원래 '짧은 목적 글'이라는 뜻을 지닌 말로, 광고에서는 '제품을 팔기 위해 만들어지는 목적 글'이라고 정의할 수 있다. 그러므로 '광고 카피'란 광고를 하기 위한 문구를 말한다. 광고의 기본 원칙은 '진실성, 객관성, 개괄성'이다. '진실성'이란 거짓된 내용이 없어야 한다는 것이고 객관성이란 공정한 경쟁 질서를 유지해야 한다는 것이며 개괄성이란 그 제품의 대체적인 요점을 다 밝혀야 한다는 것이다.[11] 이를 위배하면 표시광고법 상 부당 광고로 간주하게 된다. 광고를 구성하는 카피, 영상 등 모든 요소들이 구성되면서 하나의 광고가 되는데, 그 어떤 요소도 이 원칙을 지켜야 한다. 이 기본 원칙을 지키는 것을 기본으로 삼으면서 나아가 눈에 띄게 하고 소비자들이 관심을 가지게 하는 갖가지 방식을 동원하여 소비 욕구를 불러일으키게 하는 것이다.

카피를 만드는 사람은 제품을 잘 팔리게 하는 카피를 만들어야 하므로, 마케팅에 대해서도 관심을 가지고 공부해야 한다. 고객은 자신들의 주요한 욕구를 남달리 감싸주면서 어루만져주는 그런 상품이나 서비스를 찾고 있다. 이러한 점을 파고들면서, 기업이 제공하는 제품이 고객의 욕구에 얼마나 부합하는지를 표적 고객들에게 신속하고 정확하게 알리기 위한 광고

---

11) 개괄성의 의미는 제품이 지니는 내용을 대체적으로 다 밝혀야 한다는 것인데, 실제로 광고에서 개괄성을 중심에 두어 카피를 만들기는 어렵다. 제품 설명서나 카피 아래 설명 부분에서는 대체적인 내용을 다 밝히더라도 핵심에 오는 카피에서는 중심 주제를 표현하게 된다. 이 경우, 그 카피 내용에 연상되는 다른 내용을 잘못 알리게 되는 효과가 있다면 그것은 개괄성에 위배되는 결과가 될 수 있다.

카피를 제작해야 한다. 그러므로 카피라이터(copywriter)는 문구를 만든다는 점에서는 작가이지만 일종의 세일즈맨이라고 할 수 있다.[12]

앞의 2장에서 창의성이라는 것은 전혀 없는 무에서 비롯되는 것이 아니라는 말을 했었다. 카피라이터는 특히나 전혀 없던 것에서 새로운 것을 만들어내는 창조자가 아니라는 점을 강조한다. 창조하는 것(creating)이 아니라 사실을 발견하는 것(finding fact)이라고 한다. 어떤 사실인가? 그것은 그 제품 안에 답이 있다는 것이다.

광고의 위력이 강력해지면서 최근 우리 사회는 공익광고의 제작에도 많은 힘을 기울이고 있다. 시민 의식을 높이는 좋은 광고들이 대중교통, 공공장소 곳곳에 붙어 있다. 또한 지방자치제가 되면서 각 지역이 지역 사회를 널리 알리는 광고도 많이 하고 있다. 한국의 국토 곳곳에 새로운 도시에 진입하면서 우리는 그 도시의 상징 이미지를 광고를 통해서 만나게 된다. 그런가 하면, 예전에는 각 기업이 만든 구체적 제품에 대해서 주로 광고하던 것이 이제는 특정 제품이 아니라 기업 이미지 홍보를 위한 광고를 한다. 이러한 변화에 의해 광고는 그 유형이 매우 다양해지고 있다. 앞으로 광고 카피라이터가 되길 열망하는 사람은 늘 주변에서 다가오는 광고들에 대해 관심을 가지고 카피 메모도 하고 떠오르는 단상도 적으면서

---

12) 카피를 쓰는 사람을 카피라이터라고 한다. CD라는 명칭도 있는데, 이것은 크리에이티브 디렉터(creative director)를 줄인 말로, 창의적으로 일을 수행하는 사람이라는 뜻이다. 카피라이터는 메시지를 글로 쓰는 사람이고, CD는 메시지를 결정하고 구체화하는 사람이다. CD가 하는 일은 광고 제작의 처음부터 끝까지다. 광고주를 만나는 일에서부터 광고를 따고, 제작하고 만들어진 광고를 가지고 광고주를 설득하는 일까지이다. 텔레비전 프로그램의 PD와 비슷한데 그 역할에서 광고주와 소통하는 일이 더해진다고 보면 된다. 당연히 제작한 광고에 대해 전적으로 책임을 져야 하는 사람이기도 하다(박웅현·강창래, 2009 : 37 인용 참고).

길을 다녀야 할 것이다. 그리고 얄팍한 감각만으로는 절대로 좋은 아이디어가 떠오르지 않는다는 점도 함께 명심해야 할 것이다. 많은 정보의 흡수와 인문학적인 책의 섭렵을 통한 저력을 길러야 한다. 그렇게 비옥하게 토양을 가꾸어 놓아야만 어느 날 한 점 실마리 같은 씨앗이 떨어지면서 그로부터 남들이 주목하는 한 송이 꽃을 피울 수 있게 되는 것이다.

02 | 좋은 광고 카피의 요건

좋은 광고란 겨냥하는 대상, 즉 소비자의 마음을 사로잡는 광고가 될 것이다. 요즘에, 홍수처럼 쏟아지는 광고들 속에서 좋은 광고로 기억되는 것이 더욱 어렵게 되었다. 새로움을 추구하여 엽기적인 분위기를 연출하기도 하고, 무엇을 선전하는 것인지 아리송하게 만들어 사람들의 호기심을 끌기도 한다. 그러나 광고업자들은 그런 광고들은 한 번 주목을 받을 뿐 오래 가슴 속에 남아 있는 좋은 광고는 아니라고 한다. 그러면 좋은 광고란 무엇인가? 이 문제에 접근하기 위해 다음의 몇 가지를 이해하며 생각해 보기로 한다.

(1) 좋은 카피 제작의 준비 단계-사실의 발견[13]

좋은 광고란, 기본적으로 '아이드마(AIDMA)'의 요건을 갖추고 있는 것

---

13) 이 절의 내용들은 징글벨커뮤니케이션의 조문형 선생님의 특강 내용을 중심으로 서술된 것임을 밝힌다. 조문형 선생님께 깊이 감사드린다.

이라고 한다.

A ······Attention(주의를 끌고)
I ······Interesting(흥미를 일으켜서)
D ······Desire(욕구를 일으키고)
M ······Memory(기억시키고)
A ······Action(행동하게 한다, 즉 사게 한다)

이러한 광고를 만들기 위해 무엇을 어떻게 해야 할 것인가? 가장 중요한 점은 우선 그 제품의 '사실 발견(Fcat Finding)'이라는 것이다. 사실을 발견하기 위하여 어떤 관점의 관찰을 할 건인가? 광고 마케팅적 관점에서 다음과 같은 요소를 고려해야 한다.

준비단계
• 제품 분석 / 소비자 분석 / 시장 환경 분석 / 광고 전략 분석

광고 전략 수립
• 흥미 요소 / 기억 요소 / 공감 요소

상업 광고의 핵심은 잘 팔아야 한다는 점이므로 좋은 광고를 만들기 위해 가장 핵심에 놓고 고려해야 할 것은 광고 카피의 마케팅 관점이다. 위의 내용은 광고를 만들기 위해 고려해야 할 요소들이다. 이 중에 광고 카피 구상을 위한 사실 발견의 세 요소로 '제품 / 소비자 / 시장 환경'을 생각해 보기로 한다.

■ 제품(product)

이 세상의 모든 제품은 탄생의 순간부터 이렇게 호소한다고 한다. "나를 제발 이렇게 팔아주세요." 한 예를 들어보자. 1930년대 '물에 뜨는 비누'로 광고를 했던 아이보리 비누가 있다. 아이보리 비누는 그 이미지가 부드럽고 연했다. 실제로 연약한 피부에 자극성이 없다는 점과 연관성이 없지만, 그런 부드럽고 연한 이미지가 이 비누는 연한 비누, 연약한 피부에 자극성이 없다는 느낌을 주었다. 이에 착안하여 '물에 뜨는 비누'로 광고를 구성한 것이다. 실제로 이 비누는 물에 뜨지 않는다. 그러나 소비자들은 이 광고에 강력한 느낌을 받았다. 그러자 이에 대응하여, 아이보리 비누보다는 훨씬 단단한 다이알 비누가 공격에 나섰다. 그러면, 다이알 비누의 광고 전략은 무엇이었을까? 그것은 '하루 종일 써도 닳지 않는 비누'였다. 아직 경제적인 여유가 없던 시절, 제품의 경제성을 사람들에게 설득 요소가 될 수 있었다.

■ 소비자(consumer)

이것은 소비자의 마음속에 들어가 소비자의 심리를 읽고 이용하라는 것이다. 한 예를 들어보자. 빈혈 치료제 '훼로바'가 출시되면서 이것을 어떻게 광고할 것인가를 궁리를 하였다. 이미 시중에 많은 빈혈약이 나와 있었다. 그리고 빈혈약에 대해 특별히 차별성 있는 효능을 광고할 것도 아니었다. 이때 주목한 것이 소비자이다. 이 빈혈약은 임신한 아내에게 남편이 사다주는 그런 것으로 하자. 당시에 '훼로바'는 다른 빈혈약보다 가격이 조금 비쌌다. 그렇다면 일반 여성이 직접 사먹기는 좀 어려울 수 있고, 아내를 위하는 남편의 콘셉트에 타깃을 맞추자. 이렇게 하여 탄생한 것이 남편이 약국에 들러 훼로바를 사는 설정이었다. 남자가 약국에서 "훼로바 주세요." 하자, 약사는 "누가 드실 거예요? 아내가 임신하셨어요?" 따위를 묻지 않고 바로 "축하드립니다."라고 대응한다. 그때 광고 카피는 "사랑하는 아내에게 훼로바"였다. 이 광고는 소비자를 제대로 겨냥하고 그 마음을 파고 들어간 광고로 인식되었다.

소비자층이 누가 될 것인지에 대한 연구도 중요하지만, 아울러 그 소비자층의 심리를 읽어내는 것도 중요하다. 근육통을 완화시키는 파스인 '트라스트'의 광고 카피는 "하필이면 엘리베이터가 오늘따라 점검 중이라면, 무릎엔 틀림없는 트라스트"이다. 이 문구에는 무릎이 아픈 사람들의 심리를 고스란히 아는 듯한 내용이 들어가 있다. '하필이면'은 우리가 무슨 일을 할 때, 필요가 없는데 일이 발생한 경우 '무슨 필요로' 하는 뜻을 나타내는 것이다. 외출을 오랜만에 해야 하는데 왜 하필이면 엘리베이터가 작동하지 않느냐는 것이다. 그때 꼭 필요한 것이 '트라스트'이다. 트라스트를 붙이고 계단을 내려가야 한다. "막 사 입어도 1년 된 듯한 옷 십년을 입어도 1년 된 듯한 옷 트래드 클럽"이란 광고 카피도 우리가 옷을 사면서 느끼는 마음을 잘 표현하고 있다. 옷을 새로 샀다는 느낌도 주지 않고 오래 입어도 오래된 느낌을 주지 않기를 바라는 소비자의 마음을 잘 읽은 예라고 할 수 있다. 소비자의 마음을 잘 읽고 그것을 바탕으로 표현한 광고 카피는 더욱 공감대를 넓게 형성할 수 있을 것이다. "처음 만나는 자유, 스무 살의 011(TTL)" 휴대폰이 아직 널리 보급되지 않았을 때, 갓 고교를 졸업한 사람들의 느낌은 '자유', 그리고 휴대폰은 어느 장소에 고정된 것이 아니라 휴대하고 어디든 가지고 다닐 수 있는 것이므로 이러한 개념은 곧 '자유'에 연계될 수 있었다. 이에 따라 휴대폰 소유자의 층을 갓 고교를 졸업한 스무 살 층에게 맞추고 광고 카피도 그렇게 접근함으로써 의도적으로 소비자를 지정하면서 그 마음을 잘 읽어낸 것이다.

◼ 시장 환경(market)

사실 발견을 위해 또 하나 고려해야 할 요소가 시장 환경에 대한 전략이다. 이것은 "시장을 키우느냐, 시장을 뺏어 오느냐"의 문제가 된다. 한 예를 들어보자. 미국의 렌터카 회사는 매출액이 1위가 허치이고 2위가 에비스였다. 이때 에비스 회사는 허치 회사의 시장을 겨냥하면서, "저희 에비스는 2위입니다. 그래서 항상 열심히 할 수밖에 없습니다."라고 광고하였다. 그러자 1년 후에, 허치 회사는 에비스 회사의 시장을 겨냥하면서 "1년 동안 에비스는 허치를 1위라 했습니다. 허치는 이래서 1위입니다. 많은 차종, 빠른 서비스(등 40가지) …"라고 광고함으로써 시장 점유율을 높였다. 광고는 혼자 하는 기록이 아니라 함께 하는 경주(race)라고 한다. 에비스와 허치는 각 경쟁사, 즉 시장 환경을 고려한 광고를 한 것이었다.

삼성 기업의 광고인 "2등은 기억되지 않는다."도 시장 환경을 고려한 광고 문구가 된다. 국내 기업 1위라는 점을 강조하는 동시에 2등은 기억되지 않기에 1등이 되기 위해 노력한다는 뜻도 포함한다.[14]

---

14) 몇 년 전 삼성이 내걸었던 광고 문구다. 달에 첫발을 내디딘 암스트롱은 기억하지만 두 번째인 올드린은 아무도 기억하지 않는다는 광고 내용이었다. 그런데 2010년도 달 착륙 40돌 행사를 지켜보면, 주연인 암스트롱보다 오히려 조연인 올드린이 더 주목을 받는

제품 판매에 역작용을 한 경우는 시장을 빼앗긴 경우가 된다. "여보, 아버님 댁에 보일러 놔드려야겠어요." 이것은 경동보일러의 광고 카피였다. 시골이 타깃이었고, 따뜻한 이미지를 주어 한국인의 정서에 맞았다. 그런데 사람들은 이 이미지를 귀뚜라미 보일러로 착각했다. 이때 귀뚜라미 보일러는 경쟁 회사였으며 그 광고는 "로마시대에 쓰던 청동보일러"→"귀뚜라미도 청동"→"집 수명만큼 간다"는 콘셉트였다. 이 강력한 보일러 광고 때문에 경동보일러는 시장을 많이 빼앗기고 말았다. 따라서 광고는 시장 환경을 파악하여 상대사로 주목되는 회사에서 광고를 어떻게 하는가에 따라 수시로 바꾸어야 하는 것이 요건이 되기도 한다.

이상과 같은 세 가지 요건을 살펴서 그 제품의 '사실 발견'을 함으로써, 좋은 광고를 만드는 데 한 발자국 다가설 수 있다.

(2) 좋은 카피 제작의 기본 요건

그러면 다음에는 광고 카피를 만들 때에 고려해야 할 요건들을 설명하기로 한다. 다음 언급하는 몇 가지 요소로 설명해 보기로 한다.

것처럼 보였다. "나에게 탐험이란 아무도 가보지 않은 곳을 가는 것을 의미한다", "화성에 인류를 보내는 원대한 목표를 세우자"는 등 그의 발언에 많은 사람이 환호했다. 올드린은 비록 암스트롱보다 15분 뒤에 달에 발을 디뎌 2인자의 자리로 물러섰지만, 결코 '아무도 기억하지 않는 사람'은 아니다. 광고 당시에 2인자가 더 기억된 사건은 없었고, 이 광고도 지금은 옛날 일이 되었지만, 이러한 사실을 두고 보면, 광고 문구에도 보편타당한 철학이 담겨야 함을 알 수 있다. 아무도 2등을 기억하지 않는다는 말은 이미 경쟁 사회 속의 비정함에 편승하는 약은 상술 내지는 비이성적 가치관을 지니고 있는 것이었는지도 모른다.

▣ AIDMA(아이드마)에 충족하는 카피

"주의를 끌고(Attention), 흥미를 일으켜서(Interesting), 욕구를 일으키고 (Desire), 기억시키고(Memory), 행동하게 한다, 즉 사게 한다(Action)."는 요건 중에 우리가 살펴 볼 것은 주의를 끄는 것, 기억하게 하는 것이 될 것이다. 주의를 끌기 위해서는 기본적으로, 구태의연하면 안 될 것이다. 그렇게 되기 위해서는 새로운 아이디어가 들어 있어야 한다. 예를 들어보자. 음료수 '2%'의 광고는 새로움이 있었다. "2% 부족할 때, 날 물로 보지마, 사랑은 언제 목마르다" 같은 광고 카피를 만들었다. 음료수 광고에 수치를 사용한다는 새로운 발상이 있었고, 이 제품명에서 발견될 수 있는 콘셉트를 이용한 것이었다. 이에 대응한 '게토레이'의 "물보다 흡수가 빠르다."라는 광고 카피도 새로움이 있었다.

▣ 좋은 이미지와 함께 특히 그 제품의 이름을 기억하게 하는 카피

어떤 광고는 등장인물이나 이미지 들은 기억하나 정작 그 제품 이름이 무엇이었는가를 기억하기 어렵게 만드는 광고도 있다. 예를 들어 보자. "가슴이 따뜻한 사람과 만나고 싶다." 이 광고는 정서형 카피로서, 사람들에게 감동을 선사했다. 그런데 정작 사람들의 기억 속에 '커피'까지만 도달시키고, 제품명까지는 도달시키지 못하였다. 맥심인가? 멕스웰인가? 사람들은 그 제품명을 기억하기 어려웠다고 한다. 건강 음료 '활원'도 그런 광고 중 하나이다. "나 회사 안가! 왜? 피곤하니까!!" 하면서 건장한 연예인이 무려 네 번이나 '활원'을 외쳤으나, 사람들은 그 장면과 함께 아로나

민 골드를 기억한 경우가 많았다고 한다. 이러한 것을 광고에서 'Mind Share'라고 한다. 보일러 광고도 그러한 경우에 속했다. 반면에 "가나와 함께라면 고독마저도 감미롭다." 같은 카피는 좋은 이미지와 함께 상표까지 기억시키는 데 성공했다. 이러한 것은 광고 카피의 연관성(Relevance) 문제가 된다. 광고량이 많은 경우에는 자꾸 그 광고를 접하면서 제품 이름을 기억할 수 있으므로 굳이 기억 요소에 제품명을 안 집어넣어도 된다. 그러나 광고량이 적을 때 기억하게 하려면, 기억할 수 있는 요소 안에 제품 이름을 집어넣는 것이 한 방법이 된다.

▣ 회사의 이상향, 가치관, 문화, 역사를 기반으로 하는 카피

새로움, 감각적으로 뛰어남 같은 요소도 주목하고 기억하게 하는 데에 중요한 요소가 되지만, 그 회사의 가치를 기반으로 하는 카피라면, 회사의 좋은 이미지와 함께 그 제품에 시너지 효과를 가져 오게 된다. "그녀의 자전거가 내 가슴 속에 들어왔다." 이것은 '빈폴(Bean Pole)' 광고이다. 빈폴은 1989년 제일모직에 자체 개발한 브랜드이다. 빈폴은 '콩 넝쿨 지지대'라는 의미로 담쟁이 넝쿨 덮인 보스톤 아이비리그 대학들의 전통을 나타내며, 또 하나의 의미는 '키다리'라는 뜻으로 진웹스트의 소설 '키다리아저씨'가 마차시대의 신문물인 자전거를 타는 모습은 심벌로 하여 가슴이 따뜻한 행복과 희망의 스토리를 상징한다. 희망의 정신은 전통 신사의 자전거에 대한 호기심과 같은 것이다. 빈폴의 광고 카피 "그녀의 자전거가 내 가슴 속에 들어왔다."는 회사의 가치관에 대한 정보가 없는 소비자라 하더라도 그러한 희망의 이미지, 건강한 이미지, 신선한 이미지를 자아내는 데에 좋은 효과를 거두었다. 회사의 가치관을 그대로 전달한 광고의 한 예가 에이스 침대이다. 이 회사에서는 "침대는 가구가 아닙니다. 과학입니다."로 많은 주목을 받았다(여기서 주목을 받았다 함은 매출액이 월등히 높아짐을 의미한다.). 에이스 침대의 경영 철학은 침대의 과학화 추구였다. 국내 최초로 침대공학연구소를 설립하고 인체공학·수면공학 등을 연구하였다. 에이스 침대는 제품개념과 그 위상을 전달하기 위해 침대의 기능적인 면을 부각시키며 사용상황에 강한 호소를 할 수 있는 주제를 선택했다. 그 간결한 카피는 다른 제품과의 차별성을 부각시키는 데 매우 효과적이었다.

■ 구체적 사고를 형성해 주는 카피

정서적이고, 감성적인 것이 한국의 정서에 맞는다고 하여 무조건 추상적 이미지를 선호하기보다는, 구체적인 사실이나 구체성을 띠는 실제의 제시를 해 주는 것도 좋은 광고의 요건이 될 수 있다. 물론 광고 매체가 라디오나 텔레비전 같이 몇 초 안에 끝나야 되는 거라면, 구체적 사실의 제시를 위한 시간을 할애하기 어려울 수도 있다. 그러나 신문, 잡지, 벽보, 전단지 같은 허용된 지면이 어느 정도 있는 경우라면 구체적 사실을 제시하여 소비자에게 확실한 정보를 제공한다는 신뢰감을 줄 수 있다. 더욱이 현대인들은 이것저것 따져보고 조금이라도 이익이 되는 제품을 선호하며 아울러, 그럴 시간적 여유가 없는 사람들이라는 점을 고려하면, 빠른 시간 안에 끝나야 하는 텔레비전 광고라도 구체적 사실을 밝히는 데에 시간을 할애해도 좋은 것이다. 예를 들어 "걱정하지 마세요. 맥도날드에선 맛있는 후렌치 후라이가 500원" 같은 광고이다. 이러한 구체적 수치가 제공되면 이것은 파격적이고 새로움도 주지 않지만, 원칙을 지키면서 가장 중요한 정보를 제공하는 좋은 광고로 기억될 수 있는 것이다. 보령제약 용각산 광고 카피인 "이 소리가 아닙니다. 이 소리도 아닙니다. 용각산은 소리가 나지 않습니다."는 용각산의 성분이 미세하여 흡수가 잘 된다고 하는 그러한 이미지를 실제적 감각 범주로 끌고 와서 표현한 좋은 광고로 인식되었다. 이 광고는 광고 제작비도 거의 들지 않은 좋은 광고였다.

이상에서 제시한 광고 카피의 요건들은 그야말로 가장 기본적인 내용을 담고 있는 것에 불과하다고 할 것이다. 광고해야 할 대상에 대한 치밀한 연구와 그 제품을 두고서 추구해야 할 가치 설정, 그리고 그 제품을 팔 대상의 기호와 욕구 분석, 경쟁 제품 광고의 고려 등등에 대한 작업을 한다 하더라도, 결국 마지막에 해야 할 작업은 그 누구도 하지 않았던 표현일 것이다. 그런 점에서 다음에는 광고의 창의성 관점에 대해 살펴보기로 하겠다.

(3) 광고의 창의성 관점

이 책의 2장에서 언급했듯이, 창의성이란 이전에는 생각지 못했던 새로운 것을 생각해내어 새롭고 독특하고 참신함이 있는 아이디어가 있음을 말한다. 광고에서의 창의성이란 광고의 내용이 되는 소재, 광고 내용의 중심 콘셉트가 되는 주제, 그리고 그 표현의 면에서 새롭고 가치 있는 특성을 가지고 있어 사람들에게 설득력 있게 받아들여질 수 있는 가장 중요한 특성이 된다. 위에서 설명한 것이 광고 제작에서 최소한의 기본 요건이었다면, 여기서 얘기하고자 하는 것은 광고 카피를 더욱 견고하게 만드는 문제로서, '창의성의 발현'에 대한 것이다. 박웅현·강창래(2009)에 제시된 창의적인 광고 카피를 만드는 법을 따라가 보면서, 이에 대한 감각을 갖도록 해 보자. 박웅현·강창래(2009)에서 서술된 다음의 항목과 내용을 참고해 보기로 하자.

◼ 선택과 집중, 그 절실함의 표현

21세기 후반에 나타난 사조인 미니멀리즘(minimalism)은 모든 장식이나 기교, 각색을 최소화하고 본질만을 보여줌으로써 표현된 것과 실제와의 차이를 최소화하려는 생각이다. 여러 전하고 싶은 메시지가 많지만 가장 간절한 메시지를 위해서 다른 메시지를 버리는 것이다. 아무리 좋은 콘셉트가 많아도 그것들 가운데 하나만 고르자는 것이다. 예를 들어, 풀무원 광고의 "풀무원은 두부, 콩나물 전 제품에 유전자 변형 콩을 쓰지 않습니다."는 '가장 절실하게 하고 싶은 말이 무엇인가?'에 대한 답이라고 한다. 다른 요소도 말할 것이 있으나, 다른 요소가 들어가면 꼭 하고 싶은 중요한 말, '풀무원에서는 유전자 콩을 쓰지 않는다.'는 내용이 약해진다는 것이다.

◼ 뒤집어보기의 따뜻함

뒤집어본다는 것은 단지 시선의 변화만을 줄 뿐이다. 이것은 차별성을 강조하는 다르게 보기와는 다르다. '뒤집어 생각하라'는 메시지에는 '남과 다르게'와 같은 전제가 없다. 그저 시선의 변화만을 주문할 따름이다. 그리고 그 시선의 변화를 통해서 자기 자신을 변화시킬 수 있다고 말한다.15) 뒤집어보기는 원래의 것을 두고서 시선의 변화를 주므로 비교되는 대상이 있으나, 그 비교방법은 날카롭지 않다. 그래서 상대방에게도 상처를 주지 않는다. 광고의 한 예로, 벤츠 광고가 있다. 경쟁사인 BMW의 캐주얼한 이미지에 의해 벤츠는 위기감을 느꼈다. 벤츠 광고의 장면은 검은색 에스클래스 벤츠가 높은 건물 사이로 지나가고 오페라 아리아가 울려퍼진다. 위험지대를 아슬아슬하게 잘도 빠져나가는 멋진 솜씨가 돋보이는 드라이브다. 광고 카피는 "당신이 알고 있는 벤츠"이다. 곧 이어 경쾌한 팝송을 배경으로 한 아름다운 시골길에서 빨간색 컨버터블 벤츠가 달리는 모습이 나온다. 이때 광고 카피는 "당신이 모르는 벤츠"이다. 그러면서 여러 종류의 SLK 벤츠들을 보여준다. 마무리 카피는 "It's now or never"이다. 지금 아니면 언제 선택하겠느냐는 것이다. 이 광고는 경쟁상대인 BMW와 대조시키지 않으며 오랫동안 쌓은 벤츠의 자존심을 지켰고 품위를 조금도 손상시키지 않았다. 벤츠 회사의 여러 종류를 비교함으로써 은근히 '비교할 만한 대상은 자기 자신뿐'이라는 메시지도 전한다.

---

15) '뒤집기'의 한 예를 보자. "보고 만질 수 없는 사랑을 볼 수 있고 만질 수 있게 하고 싶은 외로움이 사람의 몸을 만들었다."라고 최인훈은 그의 소설 '광장'에서 말했다. 곧 사람의 몸이 먼저 만들어진 것이 아니라 사랑이 먼저 만들어졌다는 것이다. 그런데 김훈은 이렇게 말한다. "인간은 기본적으로 입과 항문이다. 나머지는 그것들을 위한 부속기관들이다." 여기서 나아가 박웅현은 "김훈의 이 글을 읽고 나서는 어물전에서 개불을 보면서도 너도 사람이구나. 그런 생각을 해요." 이러한 일련의 생각들은 시선의 변화를 안고 있는 예로서, 극단적인 차이가 있는 듯한 메시지는 유사성의 그림자 몇 개를 건너 조화로운 차이를 보인다(박웅현·강창래, 2009 참고).

■ 광고에 생활을 담지 않으면 무엇을 담는단 말인가?

광고라는 미디어는 일반 대중과의 소통에 초점이 맞추어져 있다. 어떻게 소통할 것인가? 이 물음에 창의적인 답을 마련하면 멋진 광고를 만들 수 있는 것이다. 광고인에게 가장 중요한 것은 사람에 대한 통찰력이다. 한국에서 제대로 광고를 만들려면 한국의 대중들 속에서 함께 호흡해야 한다. 일상생활은 창의성의 보고(寶庫)이다. 풀무원 녹즙 광고를 만들고자 할 때, 착안은 일상생활에서 시작되었다. "사실 운동을 열심히 하거나 술, 담배를 잘 조절하는 사람들은 녹즙 같은 것을 잘 먹지 않습니다. 스스로 건강하다고 생각하거든요. 그렇지만 30대쯤 된 직장인들은 그게 쉽지 않습니다. 스트레스와 일에 찌들다보면 건강을 위해 뭐든 하긴 해야겠다고 생각합니다. 그런데 운동이나 술, 담배 끊기는 만만치 않거든요. 그런 직장인들이라면 작심삼일을 되풀이해본 경험이 있을 거라고 생각했지요. 그래서 그 상황을 짚었습니다. 그리고 그 비슷한 주부들에게도 그런 경험이 있지요. 조금씩 살은 찌는데 게을러지고, 뭐든 하긴 해야겠는데 생각만 하는 사람들 말입니다. 그래서 주부 편도 만들었지요." 이렇게 하여 나온 광고는 그러한 생활을 그대로 드러내는 것으로 구성되었다.

직장인 편

평범한 사무실, 젊은 직원 한 사람이 컴퓨터 앞에서 '작은 결심'을 적고 있다. 아마 동료가 담배를 같이 피자고 부르는 것 같다. 손을 들어 답한다. "응, 알았어, 금방 갈게." 화면에는 '작은 결심' 세 가지가 적혀 있다. 1. 무조건 금연, 2. 술 약속은 일주일에 1번, 3. 일주일에 한 번 등산 가기. 이렇게 쓴 것을 보다가 한숨을 쉬면서 '무조건 금연'을 '집

에서 금연'으로 고치며 동료들에게 가려고 일어선다. 그러다가 엉거주
춤한 자세로 좀 더 고친다. '술 약속은 일주일에 2번'. '일주일에 한 번
등산가기'는 '한 달에 한 번'으로. 장면이 바뀌고 뚱뚱한 인형이 윗몸
일으키기를 하고 있다. 그리고 "건강한 습관은 쉽지 않습니다. 풀무원
녹즙으로 시작하세요."라는 말이 자막과 함께 나온다. 이어서 풀무원
녹즙 상품 사진이 잠깐, 풀무원 로고가 잠깐 나오고 마무리된다.

주부 편

집 냉장고 앞으로 한 여자가 다가와 결심한 내용을 붙인다. 그 내용
은 이렇다. 1. 장 볼 때 걸어가기, 2. 매일 1시간 운동, 3. 과자 안 먹기,
조금 뒤 냉장고 문을 열고 과자를 꺼내다가 냉장고에 붙인 메모지를 본
다. "에이" 하며 '과자 안 먹기'를 '과자 맛만 보기'로 고친다. 잠깐 망
설이다가 '장 볼 때 가능하면 걸어가기, 매일 30분 운동'으로 고친다.
이어서 "건강한 습관은 쉽지 않습니다."라는 말이 자막과 함께 나온다.
이어서 풀무원 녹즙 상품 사진이 잠깐, 풀무원 로고가 잠깐 나오고 마무
리된다.

잘 관찰된 사람들의 생활이 광고에 담김으로써 사람들은 '아하, 저거
내 얘기야' 하며 공감하게 될 것이다. 친숙함을 주되, 누구도 미처 그런
관찰을 하지 않았기에 새로움을 동시에 주는 것이다.

▣ 시대의 맥락과 함께 호흡하는 창의성

광고는 시대와 같이 호흡하면서 딱 한 발짝이나 반 발짝 정도만 앞선
감각으로 만들어야 한다. 너무 많이 나가면 소통에 어려움이 생기고 뒤처

지면 진부하다는 평가를 받는다. 그러므로 시대를 잘 읽어야만 좋은 광고를 만들 수 있다. "예를 들어 1980년대 대표 광고 가운데 하나가 〈고향의 맛 다시다〉입니다. 만일 그 카피가 1970년대에 쓰였다면 성공하지 못했을 겁니다. 아직 고향은 소똥 냄새가 나는 곳이었거든요. 시골 사람들은 자유로운 도시의 공기를 동경하던 때였습니다. 그러나 1980년대에는 이미 너무나 많은 시골 사람들이 도시로 몰려든 뒤입니다. 고향이 그립고 어머니가 끓여주시던 된장찌개가 그리웠던 때거든요. 그런 것으로는 또 하이트 맥주가 있습니다. 당시 맥주 시장은 오비 맥주의 독무대에 가까울 만큼 오비 맥주 시장 점유율이 높았습니다. 그런데 하이트 맥주에게 여러 가지로 유리한 상황이 벌어집니다. 오비 맥주와 같은 계열사에서 페놀수지 방류 사건으로 수질오염의 주범으로 사회적인 지탄을 받고 있었습니다. 그러면서 전국적으로 물에 대한 관심이 높아졌고 생수 판매량이 급증할 때였습니다. 사실 하이트 맥주의 차별점은 비열처리 맥주라는 데 있었습니다. 열처리 맥주는 60도로 저온살균을 합니다. 그런데 하이트 맥주는 마이크로 세라믹 필터를 이용하여 미생물 및 효모를 여과함으로써 맥주의 신선함을 유지하도록 하고, 보리껍질을 벗긴 뒤에 양조에 들어가 맥주의 맛을 개선한 데 있었습니다. 그래서 나온 것이 〈150미터 천연 암반수로 만든 순수한 맥주 하이트〉였습니다. 이 광고로 하이트는 맥주 시장에서 최고의 상품이 되었습니다. 이처럼 광고는 시대와 함께 호흡해야 합니다."

■ 운명처럼 흐르는 따뜻한 인문학적인 창의력

박웅현의 광고를 보면 어디에서도 다름(different)을 강조하는 차별적인 가치는 찾을 수 없다. '세상에는 천재가 가득하다'라는 메시지에는 차이에서 공존의 이유를 보는 눈길이 느껴진다. 〈KTF적인 생각〉에서는 차별엔 도전하는 가치를, 〈사람을 향합니다〉에서는 인문학적인 기술과 과학을, 〈진심이 짓는다〉에서는 인간과 자연환경이 공존해야 할 가치를 외치고 있다. 그의 광고에는 따뜻한 인문학적인 창의력이 운명처럼 흐르고 있는 것이다. 인문학적인 창의력을 키우는 방법은? 박웅현의 말처럼 "책을 잘 읽는 수밖에 없죠, 뭐."

사람을 향합니다

　왜 넘어진 아이는 일으켜 세우십니까? 왜 날아가는 풍선은 잡아주십니까? 왜 흩어진 과일은 주워주십니까? 왜 손수레는 밀어주십니까? 왜 가던 길은 되돌아가십니까? 사람 안에는 사람이 있습니다. 사람을 향합니다.(SK 텔레콤의 광고 카피—이 광고 그림은 다섯 개의 손으로 만들어졌다. 넘어진 아이를 일으켜 세워주는 손, 날아가는 풍선을 잡아주는 손, 계단에 흩어진 과일을 주워주는 손, 오르막길을 오르는 짐 가득한 손수레를 밀어주는 손, 자전거를 타고 가다 넘어진 사람을 도와주는 손. 아이가 넘어지는 것을 보면 '자기도 모르게' 몸이 기울어지면서 저절로 손이 나간다. '생각' 같은 것은 없다. 감동은 특별한 사람이 만드는 것이 아니다. '사람이라면 누구나' 가진 이타적인 유전자 때문이다. 이 광고의 속뜻 "우리 사람은 이타적인 유전자를 가진 감동적인 동물입니다. 우리 모두 말입니다."을 내보내는 회사를 칭찬하지 않을 수 없다.)

진심이 짓는다

　인간의 삶은 지속되어야 하고, 집도 지을 수밖에 없다면 인간이 선택할 수 있는 최선의 선택은 친환경적인 건설이다. 그런 것 가운데 하나가 초절전 설계다. e-편한 세상은 태양빛을 이용한 초절전 설계를 통해 친환경적인 마인드를 실현하고 있었다. 박웅현은 한 달 반 동안의 현지 취재를 통해 환경에 대한 이 회사의 진심을 확인했다. "좋은 건설회사 라면 그들이 가진 환경에 대한 관심과 애정이 일반인의 그것과 다를 수 가 없습니다. 모든 아파트가 사람들을 위한 것이고, 기업 역시 그 사람 들이 만든 사회의 일원이기 때문입니다." 그리고 취재를 하는 동안 e-편 한 세상에서는 친환경적인 건설을 위해 진심으로 노력하고 있다는 확신 이 들었다. 그래서 헤드 카피를 "진심이 짓는다"라고 했고, 그 진심의 내용을 보여주는 많은 광고를 준비했다. "톱스타가 나옵니다. 그녀는 거기에 살지 않습니다. 멋진 드레스를 입고 다닙니다. 우리는 집에서 편 안한 옷을 입습니다. 유럽의 성 그림이 나옵니다. 우리의 주소지는 대한 민국입니다. 이해는 합니다. 그래야 시세가 오를 것 같으니까. 하지만 생각해 봅니다. 멋있게만 보이면 되는 건지. 가장 높은 시세를 받아야 하는 것은 무엇인지. 저희가 찾은 답은 진심입니다. 진심이 짓는다. e-편한 세상." 이 광고는 그동안 유행했던 아파트 광고의 '나쁜 이미지에 반대'하면서 시작한다. 화려하게 차려입은 톱스타가 등장하고 유럽의 성을 끌어들여 '아파트 값의 거품 만들기'에 열중하던 그동안의 아파트 광고 분위기와 '진심의 분위기'를 대조해 보여주면서 광고를 보는 사람 들에게 함께 생각해자고 권한다. 이 광고를 보면 e-편한 세상이 말하는 '진심'의 구체적인 내용이 궁금해진다. 그것은 함께 시작한 두 편의 광 고에서 조금 보여준다. 하나는 인기 없는 아파트 1층에 대한 이야기고, 다른 하나는 새집증후군에 대한 것이다. 진심만 있으면 인기 없는 1층 문제를 해결할 방법이 있고, 새집증후군도 없앨 수 있다는 것이다.

—박웅현·강창래(2009 : 264) 인용

(4) 광고 카피의 언어학적 관점

광고 카피는 짧은 글의 형태를 지닌다. 이 짧은 표현 속에 설득과 감동의 요소를 모두 집어넣어야 하므로, 고도의 구사 능력을 요한다. 여기서는 언어 구사 방식의 여러 예를 살펴봄으로써, 광고 카피를 제작할 때 시험해 볼 수 있는 기술적인 아이디어를 소개하기로 한다. 앞의 (1)~(3)이 광고 카피의 내용을 구상하기 위한 관점의 선택, 아이디어의 설정 등의 단계에 해당한다면, 여기서는 구상된 내용의 언어 표현과 직접 관련되는 단계라고 할 수 있을 것이다. 먼저, 어떠한 언어적인 방식으로 광고 카피가 표현될 수 있는지를 살펴보기로 한다.

■ 광고 카피의 표현 단위 유형

가장 먼저 문장으로 할 것인가 구절로 할 것인가 하는 문제를 생각해 볼 수 있다.16) 이 광고가 지면 위에 표현될 광고인지, 동영상으로 제작될 광고인지에 따라 광고 카피 구성의 방식은 매우 달라질 수 있는데, 여기서는 광고 카피 한 단위에 대해서 얘기해 보기로 한다.

구절 형식으로 하면 절정 부분에서 딱 멈춰 섬으로써 그 내용을 강하게 전달하는 효과를 줄 수 있다. 예를 들면 다음과 같다.

> (1) ㄱ. 열린 공간의 자유-무쏘
>
>   ㄴ. 마음이 통하는 길-인천메트로
>
>   ㄷ. 가족을 위한 약속-당진쌀 해나루

---

16) 물론 광고 카피를 만들 때 문장 단위 유형부터를 설정하고 시작하는 것은 아니다. 표현 하고자 하는 내용에 따라 자연스럽게 알맞게 정해지는 것이 표현 단위 유형이다.

앞의 예들은 주어와 서술어를 생략하고 핵심 표현만을 구절 형식으로 한 것이다. 광고하려는 대상의 정의에 해당하는 내용을 표현함으로써 강한 이미지를 심어 줄 수 있다.

문장형식으로는 평서문, 의문문, 명령문, 청유문, 감탄문, 비종결문이 있다. 평서문은 다시 하위 유형으로 단정, 당위, 추측, 의도, 소망, 조건, 부정의 표현 같은 것으로 나누어 볼 수 있다.

먼저, 평서문은 말하는 이가 자신의 의사, 느낌, 약속 등을 전달하는 문장으로 그 내용으로 보면 단정, 당위, 추측, 의도, 소망, 조건, 부정의 표현 등으로 나누어 볼 수 있다. 평서문 형식으로 만들어진 광고 카피를 들고, 괄호 안에 어떤 표현인지에 대해 언급해 보기로 한다.

(2) ㄱ. 지구는 녹슬지 않는다. —동국제강(단정)
    ㄴ. 당신을 만나서 행복합니다. —SK텔레콤(단정)
    ㄷ. 여보, 아버님 댁에 보일러 놓아드려야겠어요. —경동보일러(의도)
    ㄹ. 멀리 보겠습니다. —금호아시아나그룹(의도)
    ㅁ. 가슴이 따뜻한 사람과 만나고 싶다. —동서식품 맥심(소망)
    ㅂ. 쌈장만 있으면 마늘만 구워도 남편이 감동한다. —해찬들(조건)
    ㅅ. 꼭 빨간색만 보고 오는 건 아닙니다. —SK주유소(부정)
    ㅇ. 침대는 가구가 아닙니다. 과학입니다. —에이스침대(부정)

평서문 형식에는 앞날의 일을 추측하는 내용도 담을 수 있는데, 광고 카피에서는 그다지 효과 있는 방식은 아닐 것이다. 왜냐하면 추측이란 확신이 없는 것이며 광고에서 물건을 사라고 광고하면서 확신이 없는 내용인 듯 광고하면 안 되기 때문이다.

의문문은 화자가 청자에게 질문을 하여 그 해답을 요구한다. '-느냐', '-ㄴ가', '-습니까' 따위의 어미로 표현된다. 의문문의 형식을 빌려 반어적 (反語的)으로 상대방을 납득시키는 것이다. 따라서 의문문을 사용하여 어떤 주장을 하는 것은 결론을 미리 내려놓고 소비자들에게 물어봄으로써 독자의 판단을 촉구하는 효과가 있다. 독자에게 질문의 형식을 보면서 그 질문에 해답을 내려야 한다는 마음을 가지게 하고, 그것에 집중시킬 수 있다는 점에서 의문문은 서술문보다 효과적이라 할 수 있다.

(3) ㄱ. 현미밥은 왜 까칠할까?−동원F&B, 쎈쿡

　　 ㄴ. 과일채소, 어떤 브랜드 사세요?−농협

　　 ㄷ. 외출 중에 양치하는 사람은 얼마나 있을까요?−자일리톨 휘바

　　 ㄹ. 제가 지금 곰팡이를 마시고 있다구요?−팡이제로

　　 ㅁ. 달러를 신고 계십니까?−프로스펙스

다음은 명령문 형식을 사용한 광고 카피이다. 명령문은 화자가 청자에게 무엇을 시키거나 행동을 요구한다. '-어라', '-게' 따위의 어미로 표현된다. 남에게 명령을 한다는 것은 사실 광고 커뮤니케이션에 있어 적절한 방법이 아닐 수도 있다. 하지만 광고에 있어 명령은 독자들의 호기심을 자극하고 호소력을 높일 수 있다는 점에서 많이 쓰인다. 그냥 평서문인 경우보다 더 신뢰감을 가지고 받아들이기 때문이다.

(4) ㄱ. 덤벼라 찬바람!-서울우유

　　 ㄴ. 힘내라, 친구들아!-농심

　　 ㄷ. 변화를 두려워마라-뉴SM5

　　 ㄹ. 일등이 탐나면 일룸을 탐내라.-일룸

　　 ㅁ. 충분히 듣고 충분히 토론하고 충분히 검토하세요.-한국수력원자력

다음은 청유문 형식을 사용한 광고 카피이다. 청유문은 화자가 청자에게 같이 행동할 것을 요청하는 문장이다. 청유문은 명령문에 비해 강하게 시키는 강제성이 없고 함께 하자는 것을 요청하는 문장이므로, 부드럽게 설득하는 방식이 된다.

(5) ㄱ. 여름엔 벗자! 브랜드를 입자!-신세계

　　 ㄴ. 외박하지 말자!-휘닉스파크 당일스키

　　 ㄷ. 안 나온다 후회 말고 오토마크 확인하자.-후지 수퍼 200

　　 ㄹ. 남편을 바꾸자!-드봉 캐릭터 화인

다음은 감탄문 형식을 사용한 광고 카피이다. 감탄문은 화자가 청자를 별로 의식하지 않거나 거의 독백 상태에서 자기의 느낌을 표현하는 문장이다. 이 방식은 광고를 하는 측에서 먼저 감탄을 하는 것이 되므로 자칫 잘못 사용하면 설득 효과를 잃게 된다. 대중들과 함께 공감대를 형성할 수 있는 강한 흡인 요인을 가지고 있을 때에 사용하는 것이 좋을 것이다.

(6) ㄱ. 우리 것은 소중한 것이여-솔표 우황청심원

　　 ㄴ. 아슬아슬함이여, 안녕!-소피아 미라젤

ㄷ. 어머, 얼굴이 반쪽이네!-에바스 보시앙

ㄹ. 아직도 그대로네!-비놀리아

전형적인 감탄문 어미는 '구나'인데, 광고 카피에 '구나'가 사용된 것은
찾기 힘들었다. '구나'는 청자의 마음을 내가 안다는 양태적 의미를 담는
형식이므로, 어떤 정보를 제공하는 문장에 사용하는 것이 적절하지 않아
서인가 하는 생각이 든다. '이여'는 감탄이나 호소의 뜻을 전하는 어미이
다. '네'는 평서문을 만드는 어미이지만 약한 감탄을 뜻하는 데 사용되기
도 한다.

서술어가 생략되면서 종결어미가 사용되지 않은 비종결형 문장도 가능
하다.

(7) ㄱ. 형님 먼저, 아우 먼저-농심 라면

ㄴ. 동전 몇 개를 가장 가치 있게 쓰는 방법은?-강남인터넷강의

ㄷ. 긴 인생 아름답도록-삼성생명

ㄹ. 때가 쏙-비트

비종결형 문장은 반드시 생략된 부분이 환기 가능한 상황일 때에 사용
할 수 있는 형식이다. (7ㄱ)은 '잡수세요' 정도가 생략되었음을, (7ㄴ)은
'무엇일까요?'가 생략되었음을, (7ㄷ)은 '설계한다'가 생략되었음을, (7ㄹ)
은 '빠진다'가 생략되었음을 알 수 있다. 너무도 당연히 알 수 있는 서술어
부분을 생략함으로써 함축미와 함께 여운을 남기는 효과를 얻을 수 있다.

◼ 수사법의 사용

수사법은 생각을 평이하게 서술하지 않고 그 생각과 관련되는 다른 대상을 비유하여 공감대의 폭을 넓히거나 강조를 하거나 변화를 주는 등의 표현을 하는 것을 말한다. 광고 카피에서 수사법이 사용된 예를 보면서 그 효과에 대해 생각해 보기로 한다. 여기서 살펴볼 수사법은 다음과 같다.

- 비유법 : 직유법, 은유법, 활유법, 의인법, 의성법, 의태법, 중의법
- 강조법 : 과장법, 영탄법, 반복법, 열거법, 점층법, 대조법, 비교법
- 변화법 : 대구법, 도치법, 인용법(인유법, 경구법, 속담법), 생략법

그러면 위의 순서대로 수사법을 사용한 광고 카피들을 살펴보기로 한다. 다음의 예들 중 많은 예는 서은아(2003 : 231~145)를 참고한 것이고 각 수사법에 대한 설명은 김미형(2005)을 참고한 것임을 밝혀 둔다. 먼저 비유법(比喩法)이란 표현하고자 하는 대상을 다른 대상에 비유하여 표현하는 수사법으로, 직유법, 은유법, 활유법, 의인법, 의성법, 의태법, 중의법 따위가 있다.

직유법(直喩法)은 비슷한 성질이나 모양을 가진 두 대상을 비유하되, 표현 형식에 비유하는 뜻을 직접 드러내는 "A는 B와 같다."라는 문장 형태를 취하거나 '처럼, 같이, 듯이'와 같은 연결어를 사용하는 수사법이다. 예를 들어, "내 누님같이 생긴 꽃이여.(서정주의 국화 옆에서) / 돌을 집어 던지면 개금알같이 오드득 깨어질 듯한 맑은 하늘. 물고기 등같이 푸르다. (이효석의 산) / 마음이 비단결 같다." 같은 것이다. 다음은 직유법을 사용

하여 만든 광고 카피들이다.

(8) ㄱ. 열대우림이 타버리는 것은 한 번도 읽지 않은 많은 책들이
　　　가득 찬 도서관에 불을 놓는 것과 같다. –자연보호 세계기금
　ㄴ. 태양처럼 산다. –썬칩
　ㄷ. 수려한 백출 雪크림 부드럽게 녹아 눈처럼 하얘집니다. –수려
　　　한, LG생활건강
　ㄹ. 아이스크림처럼 부드러운 츄파츕스–크레모사, 츄파츕스
　ㅁ. 국제통화를 국내통화 하듯–00365, 온세통신

　은유법(隱喻法)은 사물의 상태나 움직임을 암시적으로 나타내기 위해 그와 유사한 개념을 끌어와 "A는 B이다."라는 문장 형태로 표현하는 수사법이다. 이때 A는 원관념이고 B는 보조관념이 된다. 예를 들어 고요한 마음의 상태를 뜻하기 위해 "내 마음은 호수요."라는 은유법을 쓸 수 있는데 이때 '호수'는 표현하고자 하는 대상인 원관념이 되고, '호수'는 비유하는 대상인 보조관념이다. 이 두 대상은 '잔잔하고 고요하다'라는 비슷한 성질을 지니므로 의미적으로 연결되는 것이다. "나의 마음은 고요한 물결(김광섭의 내 마음) / 얇은 사(紗) 하이얀 고깔은 고이 접어서 나빌레라.(조지훈의 승무(僧舞))" 같은 문장은 은유법을 사용한 것이다. 다음은 은유법을 사용하여 만든 광고 카피들이다.

(9) ㄱ. 여자의 피부는 권력이다. –다나한, 소망화장품
　ㄴ. 여자의 얼굴은 거짓말이다. –이자녹스더블이펙트, LG생활건강
　ㄷ. 투게더는 아빠입니다. –투게더, 빙그레

ㄹ. 드라이브는 반응이다. -로체, 기아자동차

ㅁ. 이오는 사랑의 보증수표-이오, 남양유업

활유법(活喩法)은 무생물을 생물로, 비정물(非情物)을 유정물(有情物)로 나
타내는 수사법이다. 예를 들어, "울부짖는 산 / 엎드린 바람 / 으르렁거리
는 파도 / 목마른 대지 / 잠자는 바다 / 꼬리를 감추며 멀어져 가는 기차"
같은 것이다.

(10) ㄱ. 사랑은 시간에 갇혀 살지 않는다!-소니 사이버샷

ㄴ. 머리끝이 살아났어요. -팬틴, P&G

ㄷ. 그녀의 자전거가 내 가슴 속에 들어왔다. -빈폴

의인법(擬人法)은 사람이 아닌 대상을 사람인 것처럼 표현하는 것이다.
"침묵의 하늘 / 행복한 계절 / 위엄 있는 바위 / 꽃은 웃고 버들은 손짓한
다." 같은 것이 의인법을 사용한 예이다. 다음은 의인법을 사용하여 만든
광고 카피이다.

(11) ㄱ. 대한민국 이동통신이 젊어집니다. -KTF

ㄴ. 초코가 외로워 쿠키를 찾네. -초코칩 쿠키

ㄷ. 영혼을 달래는 소리-영창 피아노

ㄹ. 피부가 목 마를 때, 오트밀 샤워하세요. -아비노데일리바디워시,
존슨앤존슨

ㅁ. 1mm가 말을 걸기 시작했다. -1mm, SK텔레콤

의성법(擬聲法)은 문장에서 표현하는 내용에 더욱 실감나게 소리 이미지를 보탬으로써 더욱 생생하게 느끼게 하는 수사법이다. 예를 들어 "짤그랑짤그랑 새벽을 깨는 두부장수 종소리" 같이 종소리를 문자에 표현하는 것이다. 다음은 의성법을 사용하여 만든 광고 카피이다.

(12) ㄱ. 나는 톡–카스맥주
    ㄴ. 보습캡슐이 톡톡–클린 &클리어 크림워시, 한국 존슨앤존슨
    ㄷ. 뽀드득~–브렌닥스 치약

의태법(擬態法)은 문장에 시각 이미지를 더함으로써 실감을 주는 수사법이다. 예를 들어 "술 취한 사람처럼 비틀비틀 걸어왔다."라는 문장은 '비틀비틀'이라는 의태어를 사용함으로써 그 걷는 모습이 더욱 적나라하게 표현되는 것이다. 다음은 의태법을 사용하여 만든 광고 카피이다.

(13) ㄱ. 찰랑찰랑한 피부를 느껴보세요. –라네즈
    ㄴ. 촉촉한 사랑–카스다드
    ㄷ. 보글보글 쫄깃쫄깃 맛있는 라면–삼양라면

중의법(重義法)은 한 단어에 두 가지 이상의 뜻을 곁들어 표현함으로써, 언어의 단조로움으로부터 벗어나고 여러 의미를 나타내고자 하는 수사법이다. 황진이의 시조 "청산리 벽계수(碧溪水)야, 수이 감을 자랑 마라. 일도(一到) 창해(滄海)하면 돌아오기 어려우니, 명월(明月)이 만공산(滿空山)하니 쉬어 간들 어떠리."는 중의법을 사용한 것으로, 여기서 '벽계수'는 푸

르고 맑은 시냇물과 사람 이름을 나타내고, '명월'은 밝은 달과 황진이 자
신을 나타낸다. 다음은 중의법을 사용하여 만든 광고 카피이다.

(14) ㄱ. 당신은 철없는 여자-헤모큐
     ㄴ. 요즘 물 좋은 건 남자들이 더 잘 알아요. -천연 사이다
     ㄷ. 요리에 재미 부쳤다, 남편을 구워 삶았다. -테프론 프라이팬

위 광고 (14ㄱ)에서 '철'은 '사리를 분별하는 힘'이라는 뜻을 지니면서
동시에 헤모글로빈의 구성 성분이라는 동음이의어가 된다. '철없다'라고
하여 "사리를 분별할 만한 지각이 없다."는 뜻을 나타내지만 실은 "철분
이 부족하다."는 뜻을 나타내기 위함이다. 중의적인 뜻을 줌으로써 재미
를 주는 효과가 있다. (14ㄴ)에서 '물 좋다'는 것은 천연사이다의 재료인
초정리 광천수가 좋다는 뜻이지만, 속어로 '물 좋다'라고 하여 '노는 물이
좋다'는 뜻, 즉 어떤 장소에 있는 사람들의 분위기와 관련된 것을 나타낸
다. 여기서 특히 '남자'라는 단어를 씀으로써 '여자들'을 염두에 두게 하
는 묘한 효과를 노리고 있다. 그런데 이런 표현은 광고 속에 저속함을 보
여주는 것으로 우리 사회에 그리 좋은 영향을 끼치지 못할 것이라는 점을
생각하여야 할 것이다. (14ㄷ)에 사용된 '부쳤다'는 '재미 붙였다'과 '전을
부쳤다'의 두 가지 뜻을 함께 포함하며, '삶았다'도 역시 슬슬 달랜다는
뜻의 '구워 삶았다'와 '음식을 익히다'는 두 가지 뜻을 포함한다.
　다음은 강조법(強調法)을 사용하여 광고 카피를 만든 예를 소개하기로
한다. 어떤 부분을 특별히 강하게 주장하거나 두드러지게 나타내는 수사

법으로, 과장법, 영탄법, 반복법, 열거법, 점층법, 대조법, 비교법 따위가
있다.

과장법(誇張法)은 사물이나 상태 등을 실상보다 지나치게 과도하게 혹은
작게 표현함으로써 문장의 효과를 높이는 수사법이다. 예를 들면, "눈이
빠지도록 기다리고 있었다." 같은 것이 있다. 광고에서 과장법은 주의하
여 사용해야 한다. 자칫 잘못하여 허위광고나 과대광고가 될 수 있으며,
그렇게 될 때 기만을 하는 것이 되는 것이다. 다음은 과장법을 사용하여
만든 광고 카피이다.

   (15) ㄱ. 감기조심 하이소-신일선풍기
        ㄴ. 일산 최고의 히든 카드-한솔건설
        ㄷ. 다이어트 한방에 끝냈어요-신동방 다이어트
        ㄹ. 분당 최초! 분당 최고! 분당 마지막!-세종설
        ㅁ. 아마존 열대우림 시베리아 툰드라 에콰도르 갈라파고스 세상
           을 다 뒤졌다 그리스 키오스-자일리톨 알파프로젝트, 롯데제과
        ㅂ. 감자의 황제-포칸, 롯데제과

위 광고들은 "최고, 한반, 최초, 마지막, 다, 황제" 같은 단어의 사용으
로 인해 과장법을 사용한 것으로 간주되는 것이다. 그 기능이나 특장점에
대해 최대의 것으로 표현한다는 공통점이 있다. 선풍기 바람에 감기가 들
까마는, 그만큼 바람이 세다는 것을 과장하여 표현한 것이다.

영탄법(咏嘆法)은 감탄사나 감탄 조사 따위를 사용하여 기쁨, 슬픔, 놀라
움과 같은 감정을 강하게 나타내는 수사법이다. "아아!, 와!, 어!"는 감탄

사이며, "아름다움이여, 순수함이여."에 사용된 '이여'는 감탄어미이다. 영탄법은 적재적소에 절제해서 사용하든지, 전체적인 광고를 이끌어나가는 데 양념 정도로 사용하는 것이 좋다. 지나치게 사용하면 진부한 느낌을 줄 수도 있다. 다음은 영탄법을 사용한 광고 카피이다.

> (16) ㄱ. 스니커즈, 아하! 아하!−스니커즈, 한국마스타푸드
>
> ㄴ. 캬! 누가 만들었냐?−야채가득, 해태음료
>
> ㄷ. 아차! 컨디션−컨디션

반복법(反復法)은 같거나 비슷한 어구를 되풀이하여 문장의 의미를 강조하는 수사법이다. 예를 들어, "살어리 살어리랏다. 청산에 살어리랏다.(고려가요, 청산별곡) / 산에는 꽃이 피네, 꽃이 피네(김소월, 산유화)" 같은 것이 있다. 다음은 반복법을 사용하여 만든 광고 카피이다.

> (17) ㄱ. 나는 011이다. 나는 엔탑을 한다−엔탑
>
> ㄴ. 동그라미 사랑 동그라미 우정−양파링, 농심
>
> ㄷ. 새로운 각오! 새로운 도전!−대한화재
>
> ㄹ. 피로와 한 판, 우루사 한 판−대웅제약
>
> ㅁ. 아기 사랑, 백초 사랑−상아제약
>
> ㅂ. 온다. 전혀 새로운 개념의 맥주가 온다−카스

위 광고 (17ㄱ)~(17ㄷ)은 어두(語頭) 반복이고 (17ㄹ)~(17ㅂ)은 어말(語末) 반복이다. 반복법은 되풀이하여 말함으로써 소비자들의 기억을 높이는 효과가 있다.

열거법(列擧法)은 내용적으로 연결되거나 비슷한 어구를 여러 개 늘어놓아 전체를 표현하는 수사법이다. 예를 들어, "찢기고 그을리고 긁혀서 너덜너덜해진 치맛자락 / 부침개며 나물이며 강정이며 수정과를 차려 내셨다." 같은 것이다. 표현이 단위적으로 계속 나열되면서, 그 읽는 속도에 긴박감이 생기고 의미를 더하면서 강조의 효과를 얻게 된다.

(18) ㄱ. 더더더 더웃고, 더더더 행복해, 더더더 사랑해, 더더더 두 배
더-카스타드 마망베르, 롯데제과
ㄴ. 아침 7시 나를 위한 건강습관, 오후 2시 내 아이를 위한 건강
습관, 밤 10시 내 가족을 위한 건강습관-황성주 생식
ㄷ. 찰떡같은 끈기, 찰떡같은 집념, 찰떡같은 열정, 찰떡같은 사
랑-찰떡파이, 롯데제과

대조법(對照法)은 서로 반대되는 대상이나 내용을 내세워 주제를 강조하거나 인상을 선명하게 표현하는 수사법이다. 예를 들면, "인생은 짧고 예술은 길다 / 잘 되면 제 탓 못되면 조상 탓 / 앉아서 주고 서서 받는다." 등 격언이나 속담에서 대조의 수사를 이루는 것을 많이 볼 수 있는데, 상반된 이미지를 전제로 견줌으로써 더욱 인상 깊은 의미를 전할 수 있다. 다음은 대조법을 사용하여 만든 광고 카피이다.

(19) ㄱ. 피부의 자극은 싫어도 젊음의 자극은 좋다-라피네
ㄴ. 맞히면 1등! 못 맞혀도 20억!-토토
ㄷ. 바람은 시원하지만 시선은 뜨겁다. -기아자동차 뉴스포티지
ㄹ. 우산 할 일은 끝나고 하마 할 일만 남았다. -물 먹는 하마

　점층법(漸層法)은 문장의 뜻을 점점 강하게 하거나, 크게 하거나, 높게 하여 마침내 절정에 이르도록 하는 수사법이다. 문장이 진행됨에 따라 표현의 강도가 조금씩 높아지면서 맨 마지막에 가서 가장 강하고 중요한 어구로 끝맺는다. "대뜸 몽둥이는 들어가 그 볼기짝을 후려 갈겼다. 아우는 모로 몸을 꺾더니, 시나브로 찌그러진다. 뒤미처 앞정강이를 때렸다. 등을 팼다. 알지 못할 만큼 매는 내리었다.(김유정, 만무방)" 같은 문장이 점층법을 사용한 것이다. 다음은 점층법을 사용하여 만든 광고 카피이다.

(20) ㄱ. 대신할 수 없다, 비교할 수 없다, 따라올 수 없다, 감동은 아
　　　무나 줄 수 없다-소나타, 현대자동차
　　ㄴ. [자막] 우리나라 모든 가정에 전화가 놓이던 날
　　　[내레이션] 우리는 기뻤습니다.
　　　[자막] 온 국민이 초고속 인터넷을 쓰게 된 날
　　　[내레이션] 우리는 자랑스러웠습니다.
　　　[자막] 세계 최초로 휴대 인터넷을 쓰게 되는 날
　　　[내레이션] 희망찬 대한민국, U 코리아 KT가 앞당기겠습니다. -KT

　비교법(比較法)은 앞뒤의 사실을 비교함을 나타내는 연결법이다. 우리말에서 둘을 견줄 때에 그 비슷한 점을 서로 견주는 것을 '비교'라고 하고 차이나는 점을 서로 견주는 것을 '대조'라고 한다. 대조법은 앞에서 살폈는데, 서로 반대되는 대상을 견준 것이었다. 비교법은 성질이 비슷한 두 대상을 견주면서 그 두 대상 중 어느 하나가 더욱 그러하다는 의미를 표현하는 것이다. 예를 들어, "너의 넋은 수녀보다도 아름답구나. / 아! 강낭

콩꽃보다도 더 푸른 그 물결 위에 양귀비꽃보다도 더 붉은 그 마음 흘러라." 같은 것이다. 다음은 비교법을 사용하여 만든 광고 카피이다.

(21) ㄱ. 삼성이 만들면 다릅니다–삼성전자
　　 ㄴ. 대한민국 상위 1%, 아무나 허락하지 않습니다. –휘튼스쿨
　　 ㄷ. 이보다 앞서 갈 수는 없습니다. 이보다 새로울 수는 없습니
　　　　다. –현대 그랜저 XG

　광고 카피에서 사용하는 비교법은 다른 것보다 우월하다는 것을 강조하는 것으로 상당한 신뢰감을 줄 수도 있지만, 이것이 상대를 비방하는 것이 되어서는 안 될 것이다.

　다음은 문장이 평이하게 표현되는 것을 벗어나서 변화를 주기 위해 사용하는 변화법을 살펴보기로 한다. 변화법에는 대구법, 도치법, 인용법, 생략법이 있다. 먼저 대구법을 사용한 광고 카피를 보자. 대구법(對句法)은 의미적으로 반대가 되거나 관련이 된 사실을 짝을 지어 병렬적으로 표현하는 수사법이다. 대구법을 씀으로써 문장의 미를 더하는 한편 표현하고자 하는 의미를 더 뚜렷하게 하는 효과가 있다. "낮말은 새가 듣고 밤말은 쥐가 듣는다 / 불꽃이 이리 튀고 돌조각이 저리 튀고" 같은 것이다. 이 대구법은 유사하거나 같은 표현이 되풀이 된다는 점에서 반복법이나 열거법과 비슷하지만, 의미적 연결이 서로 짝을 이루는 것이 다른 것이다. 다음은 대구법을 사용하며 만든 광고 카피이다.

(22) ㄱ. 피로를 풀고! 활력을 찾고!-일동제약

　　　ㄴ. 비듬은 날리고 촉촉함은 살리고-도브샴푸, 유니레버

　　　ㄷ. 100일마다 타이어체크 타이어 따라 자동차체크-한국타이어

　　　ㄹ. 영상은 흐르고 활자는 남는다.-금성출판사

　도치법(倒置法)은 문장의 어순을 바꿈으로써 변화를 주는 수사법이다. 우리 문장은 주어-목적어-서술어의 순서, 시간이나 장소를 나타내는 부사어가 서술에 앞에 오고, 꾸미는 말이 꾸밈 받는 말 앞에 오는 것이 보편적인데 이러한 어순을 바꾸는 것이다. 이렇게 함으로써 정서의 환기와 변화감을 끌어내고, 전달하고자 하는 중심 메시지를 먼저 말해 강조를 하는 효과를 얻을 수 있다. 그리고 특히 우리말에서는 도치법을 씀으로서, 표현 단위를 짧게 짧게 끊어주는 효과도 있다. 예를 들어, "자! 떠나자, 동해바다로. / 보고 싶어요, 붉은 산이, 그리고 흰옷이." 같은 것이다. 다음은 도치법을 사용하여 만든 광고 카피이다.

(23) ㄱ. 놓치지 마세요, 여름 속의 특별한 기회!-현대백화점

　　　ㄴ. 남자는 모른다, 女子中心 아파트-한신공영

　　　ㄷ. 난 안다. 저 하늘 아래 홀로 설 수 있는 자만이 자유를 얻을
　　　　　수 있다는 것을-자유시간

　　　ㄹ. 바디피트를 찾으세요. 민감할수록-바디피트, LG유니참

　　　ㅁ. 아세요? 무릎에 붙여 드리는 카네이션-케토톱, 태평양제약

　인용법(引用法)은 다른 사람의 말이나 글을 인용함으로써 표현하는 의미에 힘을 싣는 수사법이다. 누구에게나 널리 알려진 유명한 말을 인용함으

로써 친숙함을 주어 주목하게 하는 효과가 있고, 자기주장을 직접 얘기하기보다는 다른 사람의 말을 인용함으로써 듣는 사람은 더욱 신뢰를 갖게된다. 남의 말이나 글을 그대로 따오는 직접 인용과 그것을 요약·정리하여 따오는 간접 인용이 있다. 또한 혼성모방(混成模倣)이라 불리는 패러디(parody)를 하여 인용할 수도 있다. 인용법과 함께, 인유법, 경구법, 속담법을 함께 살펴볼 수 있는데 모두 큰 의미로 보아 인용법에 속한다고 할수 있을 것이다. 특히 인유법은 역사적으로 잘 알려진 사건이나 저명한문학 작품의 문구, 옛사람의 명언 따위를 사용하는 것이고 경구법은 일반적으로 진리라고 인정되는 간결한 경구나 명언을 사용하고 속담법은 속담을 사용하는 것이다. 이러한 인용법, 인유법, 경구법, 속담법은 모두 훨씬친근하게 그 의미를 이해하고 기억하게 하는 효과를 가진다.

(24) ㄱ. 길고 짧은 것은 써 봐야 안다. -듀라셀 건전지

　　ㄴ. TV or Not TV -대우전자

　　ㄷ. 심청이 임당수에 빠질까 말까, 빠질까 말까 돈이 뭐 길래. 심청이에게 내게론이 있었다면 인생은 달라졌을 겁니다. -내게론, 대우캐피탈

　　ㄹ. 세종대왕은 문맹 없는 나라를 만들었습니다. 세진은 컴맹 없는 나라를 만들겠습니다. -세진컴퓨터

　　ㅁ. 안 나오면 쳐들어간다. -파스퇴르 쾌변 요구르트

(24ㄱ)은 "길고 짧은 것은 대봐야 한다."는 속담을 패러디한 것이다. (24ㄴ)은 "To be or not to be"라는 햄릿의 대사를 패러디한 것으로 패러

디가 가지는 익살과 풍자가 잘 느껴진다. (24ㄷ)과 (24ㄹ)은 한국 고전 소설의 이야기와 역사적 이야기를 언급했으며, (24ㅁ)은 모임 같은 곳에서 노래를 부르라고 청할 때 주저하는 사람을 향해 부르는 노래를 가져온 것이다. 이러한 수사법들은 친근한 대사나 일화를 인용함으로써 사람들을 주목하게 하고 아울러 기억 속에 오래 남을 수 있게 하는 효과가 있다.

생략법(省略法)은 독자에게 여운이나 암시를 주기 위하여, 문장의 구절을 간결하게 줄이거나 빼 버리는 수사법이다. 필요한 메시지만을 남기고 잡다한 다른 것들을 제거해버리는 생략법은 그 자체로 여운을 느끼게 해 준다. 함축과 여운을 통해 독자의 관심과 흥미를 불러일으키는 것이다.

(25) ㄱ. Yahoo에서도 못 찾으면…–엠파스

ㄴ. 여자라서 행복해요–LG 전자

ㄷ. 원활한 혈행(血行)을 위하여–신풍제약

ㄹ. 평생 부자로 살고 싶다면……–에버리치, 우체국

■ 광고 카피에 대한 문장의미론적인 이해

광고 카피에 대한 언어학적 관점의 하나로 위에서는 수사법에 대해 살폈는데, 또 하나의 언어학적 관점으로 의미론적인 면을 살펴보아야 한다. 광고 카피가 소비자에게 전달하는 것은 결국은 '의미'가 된다는 점에서 의미론적인 이해가 필요하다. 일단 만들어진 표현에 대해서는 의미론적인 해석을 이리저리 해 보는 것이 중요하다. 그 과정을 통해 더욱 효과적으로 표현의 완성도를 높일 수가 있기 때문이다.

언어의 단위는 음소, 음절, 단어, 구절, 문장의 단계적인 층위가 있는데 이 중에서 언어가 장면에서 작용하게 되는 가장 기본적인 단위는 문장 단위가 된다. 곧 문장은 어떤 장면에서 참여자(곧, 말하는 이, 듣는 이)가 언어 행위를 하게 되는 가능한 단위이며, 그런 의미에서 사실상의 '산 언어(living language)'이다. '당신에게 할 말이 있다'고 하는 의미를 전달하기 위해 사용하는 것이 문장이다. 겉 형식으로 '단어'로 표현되었다고 하더라도 그것이 의사소통에 사용될 때에는 다른 요소가 생략되었고 사람들이 그 생략된 요소를 알고 있는 경우가 된다. 예를 들어, '여행'이란 단어는 '너희들 뭐 하면 좋겠어?'에 대한 답인 경우에는 '나는 여행 하면 좋겠어.'라는 문장의 몇 성분이 생략된 것이다. 광고 카피에서도 단어, 구절로 표현되었다 할지라도 심층적으로는 문장이 생략된 것이라고 이해할 수 있다. 예를 들어, '가족을 위한 약속'이라는 구절은 "당진쌀 해나루는 가족을 위한 약속입니다." 내지는 "당진쌀 해나루는 가족을 위한 약속을 소중히 여깁니다."라는 식의 문장 내용을 이해할 수 있게 된다.

김미형(2005)에서는 문장은 단어와 달라서 고정된 목록으로 다룰 수 없으므로 단어의 의미와는 다른 방식으로 살펴야 하는데 개념적 의미, 표현적 의미, 논리적 의의 세 관점으로 접근하면 좋다는 점을 언급하고 있다. '개념적 의미'는 문장이 갖는 골격적 의미이며, '표현적 의미'는 표현을 어떻게 달리 하는가에 따라 나올 수 있는 내포적·어감적·암시적 의미에 해당한다. 또한 '논리적 의미'는 그 문장이 성립될 수 있는 근거나 이치에 해당한다. 광고 카피의 몇 예를 들어, 이러한 문장 의미의 몇 가지 관점에서 평가해 보는 방법을 보이기로 한다(김미형, 2005 : 219~223 참고).

이 중 표현적 의미는 주로 수사법과 관련되는 것으로 앞에서 살핀 것이다. 여기서는 개념적 의미와 논리적 의미의 관점에 대해 살펴보기로 한다.

① 문장의 개념적인 의미

문장의 개념적 의미는 문장의 성분들이 동작주, 경험자, 대상, 도구, 시발점, 목표점, 장소, 시간 등의 역할을 하고 있는 것에 해당한다. 이 관점에서 문장의 모호성, 중의성, 변칙성, 전제성, 함의성 등을 따질 수 있다. 또한 문장의 기본적인 유형인 평서문, 의문문, 명령문, 청유문 등도 이 개념적 의미의 관점에서 다루어진다. 모든 문장은 행위자나 경험자가 있고 무엇을 어떻게 한다는 식의 골격적인 의미를 가지고 있다. 다음은 문장의 개념적 의미의 관점에서 살펴봄으로써 카피의 효과에 대해 진단해 볼 수 있는 예들이다.

✔ 앞서 보이기 위해선 달라야 한다.

위 문장은 하나은행의 광고 카피로, 남과의 차별성을 강조하는 내용이다. 현대의 주된 기호 성향 중 하나가 '남과 다른 나'라는 것으로, 이 점을 표현하고 있다. 그러나 그러한 차별성을 지나치게 강조한 나머지 그 의미가 무엇인지 모호하게 되는 경우도 있을 수 있다. '내 피는 파란 피'라는 광고 카피가 있었는데 간접적으로라도 어떤 의미를 전달하지 못하여 제품 광고에 큰 효과를 주지 못했다.

단정의 서술은 서술된 내용을 머릿속에 간결하게 기억되게 하는 효과를 지닌다. 그리고 '언제부터인가'라는 표현은 자연스럽게 당연한 결과로 그 카드만 쓰게 되었다는 함축적 의미를 준다. 그런데 문제는 그런 식으로 표현하여 타사 카드와 비교하여 우위에 있을 수 있음을 강하게 인식시킬 수 있는가 하는 점이 될 것이다. 현대의 상업 구조는 타사의 유사 제품과 그리 큰 차별성이 없는 가운데 서로 경쟁해야 하는 관계에 있다. 그랬을 때 당위성이 그리 크지 않은 내용으로 단정의 서술을 하기보다는 오히려 그 단계로 가기 전의 실제적인 사연, 가령 왜 그 카드를 선택하게 되는 것인가에 초점을 맞추는 것이 개념적으로 더욱 선명한 광고 카피가 될 수 있었을 것이다.

광고할 제품이나 기업의 이미지를 무엇으로 설정할 것인가에 대한 면밀한 고려가 개념적 의미를 제대로 표현할 수 있는 관건이 된다. 코스코가 딱딱한 '철'의 이미지를 음악과 생활과 연결하여 '이제 더 이상 철이 아닙니다.'라는 광고 카피를 내건 적이 있는데, 이게 과연 개념적으로 잘 들어맞는 선택이었을까 하는 의문이 간다. 철은 어디까지나 철의 이미지를 거부하지 않은 상태에서 더 나아가 그 우위에 놓일 수 있는 의의와 가치를 추구해야 하는데, 정반대의 부드러움을 추구하고자 하여 그 어떤 인상도 주지 못했다. 강인함 속의 휴머니티 같은 것이 오히려 개념적으로 잘 맞았을 것이다.

광고 카피에서 개념적 의미는 문장 표현뿐 아니라, 함께 표현되는 영상과의 관련성 속에서도 따져보아야 한다.

✔ 산만한 아이, 표현력이 부족한 아이, 자신감이 없는 아이, 소심한
아이, 학습 능률이 오르지 않는 아이, 김영국 교수의 MT 학습법

위 카피는 어린이 학습지의 TV 광고인데, 이 광고에서 영상으로 등장한
아이들의 활동이 그 광고 카피와 잘 맞지 않았다. 그 결과 실재성이 부족
하다는 느낌을 주게 되었다.

✔ 맞벌이 부부라면 바꿔보세요.

위 카피는 주방 그릇 광고인데, 이때 화면에 뜨는 문구는 '일하면서 밥
해먹기'이다. 그런데 이때 화면은 식탁 위에 과일을 차려 놓은 장면이 나
온다. 그리고 여성 모델도 직장 여성의 바쁨이 나타나지 않는다. 여러 요
소가 서로 개념적으로 어긋나는 면을 보이고 있어서 실재감을 획득하지
못했다.

✔ 작은 나라에서 큰 아이로 키우겠습니다.

위의 예는 어떤 학원의 학원 버스 뒤에 붙여 놓은 광고 문구이다. 작은
나라는 곧 우리나라, 한국을 지시한다. 이 광고를 하는 화자의 의중은 '비
록 우리나라는 작지만'으로, 나라의 땅 넓이가 작다는 것을 뜻하고 싶었을
것이다. 그러나 이것을 보는 사람은 별로 기분이 좋지 않다. 왜냐하면,

'작은 나라'의 의미는 '힘없는 나라'라는 의미가 될 수 있기 때문이다. 이러한 개념적 의미를 고려한다면, '작은 나라'라는 표현은 좋지가 않다. 또한, 국토 면적이 작은 것이 학원의 교육과 어떤 연관성을 지니고 있는 것인지 이유를 알기가 어렵다. 우리나라의 한계성 있는 교육 현실을 지시하고자 하는 것인지 모르겠으나 그 개념적 의미를 섬세하게 따져볼 때 이러한 광고 문구는 설득력이 없다고 생각된다.

✔ 고객이 한 명도 없는 보험회사

위 광고 문구는 고객을 가족으로 생각하므로 고객이 아니라는 뜻을 표현하고자 한 것이다. 그런데 과연 보험회사의 전통적인 '고객'의 이미지를 '가족'으로 바꿀 수 있는 걸까? 굳이 고객을 부정하면서 가족 이미지화 하려는 것은 너무 극단적인 표현이 아닐까 생각된다. 가족으로 생각한다는 뜻은 좋지만, 고객이 한 명도 없다는 부정 표현에서 고객은 뭔가 고객다운 대우를 못 받는 것은 아닌가 하는 우려를 자아낼 수도 있다.

이상과 같이 광고 문구가 표현되면, 거기서 파생되는 여러 의미적인 면을 섬세하게 고려하여 혹 좋지 않은 의미를 줄 수 있거나 표현을 해야 하는 타당한 이유가 없다면, 수정 작업에 들어가야 할 것이다.

② 문장의 논리적인 의미
문장의 논리적 의미는 표현된 내용이 세상의 사실과 맞는가, 그리고 문장 내에 복합 내용이 들어갈 때 그 관련성이 성립되는가 하는 문제를 따

지는 것으로, 광고 카피에서 이 논리적 의미가 이상하면 설득력을 잃게 된다. 예를 들어 신문 표제어에서 '로봇 의사 수술 척척'이라고 했을 때, 사람들은 '척척'이라는 단어 때문에 수술 만능의 로봇을 생각하게 된다. 그런데 알고 보니 충수염 수술만을 성공한 것이라는 사실을 알게 되면, 뭔가속은 기분을 느끼게 된다. 사실을 다소 과장되게 표현했기 때문이다. 이러한 것을 따져보는 것이 문장의 논리적 의미가 된다.

✔ 이 소리가 아닙니다. 저 소리도 아닙니다. 용각산은 소리가 나지
  않습니다.

위 문구는 용각산 광고이다. 용각산은 흔들어도 소리가 나지 않으므로현실 세계에서 참이다. 곧 논리적 의미가 합당한 것이 된다. 그리고 아무소리가 나지 않는다는 것은 그만큼 미세한 분말이라는 점을 연상하게 하고, 따라서 목구멍 속에 흡수가 빠르겠구나 하는 연상 작용까지 하게 한다. 이 광고 카피는 아주 오랫동안 사용되었다. 그만큼 성공한 카피로 평가되었다.

✔ 침대는 가구가 아닙니다. 과학입니다.

위 예는 광고로 인한 역기능의 예로 회자된 침대 회사의 광고이다. 이내용 때문에 초등학교 시험에서 침대의 분류를 가구로 하지 않은 답이 많이 나왔다는 얘기이다. 그러나 이 카피는 허위 광고로 분류되지는 않는다. 왜냐하면 이것은 비유적 수사법을 사용한 것이기 때문이다. '가구'와 '과

학'은 양자택일적인 관계에 있는 두 구체물이 아니다. 그러므로 논리적으로 가구가 아니라 과학이라 했다 하여 가구가 아닌 과학의 부류에 속하게 하는 효력이 없다. 물론 침대를 만드는 데에 굉장한 과학이 필요하지는 않을 수 있다. 그러나 침대를 과학이라고 말함으로써 침대를 만드는 일이 단순한 일이 아니라 굉장히 중요한 의미를 지닌다는 것을 강조한 의미로 해석될 수 있다. 과학이라는 것이 분석하고 증명해서 정확성과 신뢰성을 기본으로 하는 것이므로, 침대에 과학이라는 단어를 사용함으로써 이 침대는 믿을 수 있다는 의미를 가지게 되었다. 게다가 이 광고를 한 에이스 회사는 인체공학소를 함께 운영하고 있으므로 과학적인 침대 설계를 했다는 점을 얘기함으로써 이 회사에 대한 이미지를 한층 더 좋게 만드는 효과도 노렸다.

이 논리적 의미는 특히 부당 허위 광고 카피를 만들지 않기 위해 꼭 검토해야 할 관점이 된다. 세상의 사실에 대해 그 표현이 참인가 거짓인가 하는 점을 판단하는 것은 의외로 매우 어려운 문제가 된다.

✔ 언제, 어디서든, 무엇이든, 살 수 있는 쇼핑의 자유!

위 광고는 어디서나 사용할 수 있다고 하였는데, 실제로 문제의 상품권은 그 계열사에서만 사용할 수 있는 것이었기 때문에 현실 세계에서 거짓의 요소를 안게 되었다. 따라서 논리적 의미가 합당하지 않은 예라고 할 수 있다.

✔ 물보다 흡수가 빨라야 한다.

위 예는 게토레이 광고로 준엄한 한 마디로서 기능성 음료가 시장 진입에 성공한 사례가 된다. 여기서 만일 단정의 문장 표현으로 '빠르다'라고 했다면 허위 광고가 되었을 것이다. 그러나 당위성 표현인 '빨라야 한다'로 표현하고 있다. 이렇게 함으로써 논리적 의미에 위배되는 요인을 피해 가면서 한편으로는 당위성 표현만을 보고서도 사람들은 운동 후엔 물보다 게토레이가 좋겠구나 하는 인식을 하게 된다.

광고의 논리적 관점에서 본다면, 가령 사탕 맛 때문에 머리가 곤두서는 사탕 광고, 세탁기에 사람이 들어가는 장면 같은 것은 문제가 될 수 있다. 이들은 과장 광고 내지는 허위 광고로 분류될 소지가 있다. 또한 상품과는 무관한 내용의 광고도 있는데, 이런 것은 어찌 보면 소비자를 농락하고 있는 듯도 하다. 그러나 요즘 신세대의 포스트모더니즘적 성향을 따라가고 있는 것이라는 해석도 가능하다. 컴퓨터 프린터 광고에 모델의 화려한 옷과 춤이 선보이고, 핸드폰 광고에 감각적인 영상만이 흐른다. 절대로 그 제품의 장점이나 성능에 대해 말하지 않는다. 그렇게 함으로써 궁금증을 유발하고 이미지적인 감각으로 그 제품을 선택하게 하는 목적이 있다. 그러나 이러한 광고는 부당 광고로 분류될 성격은 아니다.

신선경(1999)에서는 "광고는 정보 제공을 기본 기능으로 하지만 듣고 보는 이로 하여금 광고물에 욕망과 믿음을 함께 일어나게 해야 하는 고도의 종합 기술을 요하는 분야이다. 광고는 시각 디자인, 청각 디자인을 일차적으로 필요로 한다. 광고에서 등장하는 언어는 디자인과 합세하여 광고의 주제를 성립시키고 아울러 광고를 대중들에게 어필될 수 있게 하는 의미 통로를 제공한다.”고 하였다. 고객은 자신들의 주요한 욕구를 남달리 감싸주는 그런 상품이나 서비스를 찾고 있다. 그러므로 광고 카피는 더욱 섬세하게 광고 대상에 대해 표현해야 할 개념적 의미를 발굴하고 거기에 표현의 묘를 살려 표현적 의미를 더하며 아울러 표현된 내용이 합당한 논리적 의미를 갖는지에 대해서 철저히 검토해야 한다.

03 | 광고 카피 실습

그러면 이제 광고 카피 실습을 해 보자. 다음의 몇 과제를 해결하면서, 광고 카피 실습에 대한 감각을 맛보기로 하자.

❶ 다음의 광고 카피를 보고, 다른 소재와 콘셉트를 사용하여 패러디를 해 보자.

<초코파이>
선배님, 그동안 힘드셨죠?
시험 보러 가기 전에 제가 드린
초크파이 꼭 드세요.
왜 초코파이는 情이잖아요.
정답만 쓰시라고요.
맘속으로 열심히 응원할게요.
[내레이션]
情은 따뜻한 힘이 됩니다.
오리온 초코파이 情

〈초록매실〉
안녕하세요, 조성모예요.
노래하다 지칠 때면
전 초록매실을 마시거든요.
상큼한 게 얼마나 맛있는데요.
상큼한 초록음료 초록매실
제가 초록매실 모델이라서가 아니라
정말정말 맛있어요.
우리 초록매실 같이 마셔볼까요?

❷ 자기가 소유하고 있는 물건 하나를 설정하여, 텔레비전 광고 구성을 하고 카피를 만들어보자.

> ※ 광고 카피부터 제시하고, 설정 이유, 광고 주안점을 이 장에서 살펴본 여러 요건들과 관련하여 설명, 전체적인 영상 구성 설명, 광고 카피 어느 시점에서 어떤 형식으로 표현될 것인지 등을 설명할 것.

❸ 사회의 시민 의식을 높일 것을 목적으로 하는 벽보 공익광고 카피를 만들어 보자.

• 만날수록 새롭다. 특별한 당신을 만드는 시간 9월 독서의 달

—문화체육관광부 한국간행물 윤리위원회

• 나에게 장애는 長愛일 뿐입니다. 서울 메트로가 응원합니다.

1 다음 광고 카피에 대해 잘 된 카피인지 아닌지 평가해 보고, 이 중 다섯 개를 골라 자신의 카피를 만들어 보시오.

※ 다음의 광고 카피들은 상명대학교 한국어문학과 학생들이 만든 것입니다.

공익광고 카피

- 세계 일류 문자 한글. 〈병호〉
- 한 줄기 희망으로–헌혈 〈유리〉
- 사랑을 나누면 두 배로 건강해집니다. –헌혈 〈혜진〉
- 숨을 쉬고 살아가도 죽은 것과 같습니다. –금연 〈덕희〉
- 서울시 Hi, Seoul → 친구 같은 도시, 서울 〈찬주〉
- 초록특별시 서울 〈윤수〉
- 대한민국 행복특별시–서울시 〈양희〉
- 휴지가 길어질수록 나무는 줄어듭니다 〈한준〉
- 아빠의 두 번째 출근–삼성생명 봉사활동 〈한준〉

제품 카피

- 내 손안의 귀여운 가분수 친구–츄파춥스 〈미혜〉
- 한입에 쏘옥, 달콤한 사랑느낌–ABC 초콜릿 〈미혜〉
- 내 인생의 상승곡선, 비비안 〈유경〉
- 남편의 어리광을 잠재우다, 보디가드 〈희원〉
- 눈을 보고 말해요, 정확한 시력 교정, ○○콘택트 렌즈 〈희은〉

- 아직 전하지 못한 마음 … 캔 맥스웰 하우스가 전해드립니다. 〈승은〉
- 하늘 속 자유로움, 밀키스 〈유리〉
- 행복할 수 있다면, 행복할 수 있다면-서울우유 〈찬주〉
- 내 손안의 큰 자부심-애니콜 〈양희〉
- 다 죽여버리겠다, 컴베트 〈보현〉
- 머리에서 발끝까지 뚫린다, ○○음료 〈현아〉
- 너와 함께라면 언제까지나-○○건전지 〈덕희〉
- 어머니의 품을 느꼈습니다. -○○침대 〈덕희〉
- 네가 보이길, 느껴지길-변비약 〈덕희〉
- 젊음!! 그 상쾌한 햇살이 좋다!! 코카콜라 〈도형〉
- 그대에게 내리는 사진의 힘, 올림푸스 〈보미〉
- 내 손 안의 무한변화, 스카이 〈보미〉
- 너의 삶을 운전하라!!-HONDA 〈지은〉
- 아무것도 없는 넓은 바다, 그 속에 떠 있는 통나무가 되어줄게. -실론티 〈승은〉
- KG X-canvas "더 많은 세상보다는 더 맑은 세상을 보여드리겠습니다." 〈수정〉
- 친구와 함께 똑! 애인과 함께 딱!-똑딱초콜릿 〈내별〉
- 너를 돌이켜!-주름개선화장품 〈내별〉
- 못 세울 건 없다, 헤어왁스 〈병호〉
- 본능대로 가라-헬로 에이피엠 〈효선〉
- 내 안에 대자연의 숲이 들어왔다, 솔의 눈! 〈희은〉
- 행복이 눈앞에 펼쳐집니다. 마시는 행복, 델몬트 〈희진〉
- 술병을 비워갈수록 당신의 마음을 채워갑니다, 산사춘 〈희원〉
- 길이 아닌 길을 좋아한다. 야생본능, 갤로퍼 〈희원〉
- 내 요리의 마침표. -다시다 〈양희〉

2 다음의 광고의 효과에 대해 토의해 보시오.

1___○○ 케첩 광고(텔레비전 광고)

아이와 엄마가 외식을 하는 상황, 아이가 실수로 케첩을 엄마에게 묻힘. 붉은 케첩을 묻힌 엄마가 순간적으로 쓰러지듯,

> **"나의 죽음을 적에게 알리지 말라"**

하며 아이의 실수를 재미있게 받아치는 장면

※ 광고 카피의 수사법과 관련하여 토의해 보기

2___성모병원의 광고 카피(옥외 현수막)

> 건강검진의 르네상스를 만나실 수 있습니다.
> 새로운 프로그램의 건강검진

※ 광고 카피의 의미와 관련하여 토의해 보기

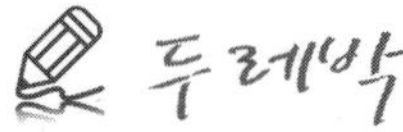

1 식품, 자동차, 화장품 등 자신의 관심 분야를 하나 선정하여, 그 분야 광고 카피들의 성향에 대해 분석하여 보고서를 작성해 보자.

2 위에서 선택한 분야 중 한 제품을 선정하여 광고를 만들어 보자. 광고 카피와 함께 어떤 이미지가 함께 놓여야 할 것인지, 어떤 동영상이 함께 들어가야 할 것인지에 대해서도 구상하여, 한 편의 광고를 만들어 보자.

※ 광고 공모전을 참고하여 형식을 갖추기

참고문헌

강길호 외(1998), 『커뮤니케이션과 인간』, 한나래.
강연임(2006), 「광고 문구에 나타난 '화용적 대립어' 연구」, 『한국어의미학』, 한국어의미학회.
강준만 외(1998), 『우리 대중문화 길 찾기』, 개마고원.
고바야시 야스오 외 엮음, 오상현 옮김(1996), 『지의 기법』, 경당.
고바야시 야스오・후나비키 다케오 엮음, 유진우・오상현 옮김(1997), 『지의 논리』, 경당.
구니시 요시히코, 유인경 옮김(2002), 『20대 나 자신을 발견하는 책』, 자유문학사.
김광규・백금남(2004a), 『창조형 인간의 아이디어 발전소』, 영진닷컴.
김광규・백금남(2004b), 『창조형 인간의 엉뚱한 발상』, 영진닷컴.
김기영(2008), 『창의력 문제 해결의 힘』, 위즈덤하우스.
김미형(2004), 『언어와 사회』, 한국문화사.
김미형(2005), 『생활의미론』, 한국문화사.
김미형 외(2005), 『인간과 언어』, 박이정.
김상우 편(2003), 『논설문 분석을 위한 언어논리해설』, 청송.
김영순・오장근(2006), 「광고비평 분과 : 광고언어의 텍스트언어학적 분석―텍스트화용론적
        방법론을 중심으로」, 한국광고홍보학회 춘계학술대회.
김용석(2002), 『깊이와 넓이 4막 16장 : 해리 포터에서 피버노바까지』, 휴머니스트.
김홍열(2007), 『짜릿한 실전 네이밍』, 무한.
김홍규 외 역(1999), 『현대 매스커뮤니케이션 개론』, 나남출판.
노자키 아키히로 지음, 홍영의 옮김(1994), 『궤변 논리학』, 팬더북.
데이비드 핸더슨(2007), 『언론 마케팅』, 지형.
로저 트리그, 최용철 옮김(1996), 『인간 본성에 관한 10가지 철학적 성찰』, 자작나무.
모리오까 케지・후지나가 다쓰모, 곽영철 옮김(1994), 『인간과 언어』, 한양대학교 출판원.
문금현(2002), 「광고문에 나오는 간접표현의 의미 분석」, 『한국어의미학』 10, 한국어의미학회.
박문기(2009), 『명품 브랜드를 만드는 네이밍의 기술』, 김앤김북스.
박영준・김정우・안병섭・송민규(2006), 『광고언어론』, 케뮤니케이션북스.
박영준・김정우(2007), 『광고 언어 창작론』, 집문당.
박옥숙 옮김(1993), 『의미의 논리를 위하여(로베르 마르땡, 1992)』, 한국문화사.
박우현(2004), 『논리를 모르면 웃을 수도 없다』, 책세상.
박웅현・강창래(2009), 『인문학으로 광고하다』, 알마.
박종한・김민수(2008), 『중국 시장 브랜드 전략』, 궁리.
서정섭(1999), 『언론과 언어』, 북스힐.
신선경(1999), 「TV 광고의 텍스트언어학적 특징」, 『텍스트언어학』 7, 한국텍스트언어학회.

앨빈 토플러 외, 김중웅 옮김(2006), 『부의 미래』, 청림출판.

오택섭·강현두·최정호(2005), 『미디어와 정보사회』, 나남.

올리비에 르불 저, 홍재성·권오룡 역(1995), 『언어와 이데올로기』, 역사비평사.

위기철(1992), 『반갑다 논리야』, 사계절.

윤희원 옮김(1993), 『논리적으로 생각하기─개념분석법(John Willson 지음)』, 책과 사람들.

이경희(2006), 『기사되는 보도 자료 만들기』, 루비박스.

이관수(2003), 『브랜드 만들기』, 미래와 경영.

이민규(2000), 『생각을 바꾸면 세상이 달라진다』, 양서원.

이왕주 외(2000), 『지성과 윤리』, 인간사랑.

이은희(2004), 「인터넷 광고의 소통구조와 언어적 특성」, 『한국어의미학』 15, 한국어의미학회.

이재경 편(2002), 『기사 쓰기. 이렇게 공부하라』, 나남출판.

이재원(2004), 『광고 언어 연구』, 한성문화.

이태영 외(2000), 『언어와 대중매체』, 신아출판사.

조오현·김용경·박동근(2005), 『토박이말 이름의 실태와 분석』, 경진문화사.

지병주 외(1999), 『광고 만들기』, 시공 아카데미.

최진우 외(1994), 『대중매체론』, 대광문화사.

탁석산(2005), 『오류를 알면 논리가 보인다』, 책세상.

하이 럭클릭스·샌드라 오도 지음, 한상기 옮김(2002), 『명료한 사고』, 서광사.

한스 요아스 지음, 신진욱 옮김(2002), 『행위의 창조성』, 한울아카데미.

홍성호(2000), 『교열리포트』, 커뮤니케이션북스.

황인성(1999), 『텔레비전 문화 연구』, 한나래.

Claire Kramsch(1996), Language and Culture,

Evans, James R.(1991), *Creative Thinking In the Decision and Management Sciences*, South-Western.

Guilford, J. P.(1967), *The Nature of Human Intelligence*, McGraw-Hill Companies.

Guilford, J. P.(1968), *Intelligence, Creativity and Their Educational Omplications*, RR Knapp.

Mackinnon, D.W.(1968), 서홍달 역(1968), 「창조적 인간에 관한 연구 : 방법과 몇 가지 결과」, 『문교경북』 13, 경상북도 교육위원회, pp.50~58.

Schaefer, Charles E.(2003), Foundations of Play Therapy, John Wiley & Sons.

Voss, J. F.(1989), Toward a Model of Creativity Based upon Problem Solving in the Social.

언어문화콘텐츠 실습 ❶

국어국문학도의 대중매체 언어문화콘텐츠 창작

초판 1쇄 인쇄 2011년 2월 5일 | **초판 1쇄 발행** 2011년 2월 15일

지은이 김미형

펴낸이 이대현 | **편집** 권분옥

펴낸곳 도서출판 역락 | **등록** 제303-2002-000014호(등록일 1999년 4월 19일)

주소 서울 서초구 반포4동 577-25 문창빌딩 2층

전화 02-3409-2058(영업부), 2060(편집부) | **FAX** 02-3409-2059 | **이메일** youkrack@hanmail.net

ISBN 978-89-5556-914-8 94710

     978-89-5556-913-1(세트)

정가 15,000원

* 잘못된 책은 교환해 드립니다.